DOMAINE DU POSSIBLE

La crise profonde que connaissent nos sociétés est patente. Dérèglement écologique, exclusion sociale, exploitation sans limites des ressources naturelles, recherche acharnée et déshumanisante du profit, creusement des inégalités sont au cœur des problématiques contemporaines.

Or, partout dans le monde, des hommes et des femmes s'organisent autour d'initiatives originales et innovantes, en vue d'apporter des perspectives nouvelles pour l'avenir. Des solutions existent, des propositions inédites voient le jour aux quatre coins de la planète, souvent à une petite échelle, mais toujours dans le but d'initier un véritable mouvement de transformation des sociétés.

PAYSANS ET CITOYENS

L'autrice de cet ouvrage a bénéficié d'une aide à l'écriture de la Région Nouvelle-Aquitaine.

Collection créée par Cyril Dion en 2011.

ISBN 978-2-330-18083-6
www.actes-sud.fr

VÉRONIQUE DUVAL

PAYSANS ET CITOYENS

ENQUÊTE SUR LES NOUVEAUX LIENS À LA TERRE

DOMAINE DU POSSIBLE
ACTES SUD

La Terre a perdu sa solidité et son assise, cette colline, aujourd'hui, on peut la raser à volonté, ce fleuve l'assécher, ces nuages les dissoudre. Le moment approche où l'homme n'aura plus sérieusement en face de lui que lui-même, et plus qu'un monde entièrement refait de sa main à son idée – et je doute qu'à ce moment il puisse se reposer pour jouir de son œuvre, et juger que cette œuvre était bonne.

JULIEN GRACQ, *Nœuds de vie*, éditions Corti, 2021.

INTRODUCTION

L’USAGE DE LA TERRE

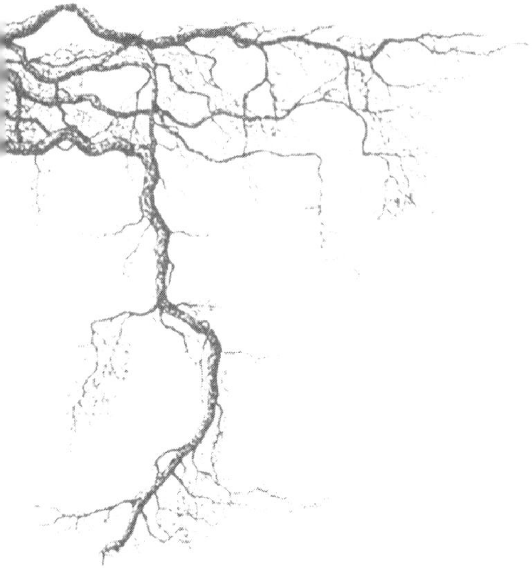

En France, une ferme sur deux est dirigée par un agriculteur de 55 ans ou plus, qui va partir à la retraite d'ici 2030. D'année en année, les chefs d'exploitation agricoles sont de moins en moins nombreux. Le renouvellement des générations est loin d'être assuré et 200 fermes disparaissent chaque semaine. Qui nous nourrira demain ? D'ici 2030, 5 millions d'hectares vont changer de main. Cela représente un cinquième de la surface agricole française. Que vont devenir ces terres ?

Le 25 janvier 2020, je me rends avec ces questions en tête à une réunion publique dans un village de Charente-Maritime. La salle des fêtes est comble : plus de 150 personnes ont répondu à l'invitation de l'association régionale Terre de Liens. Celle-ci annonce la naissance d'une nouvelle ferme. Un jeune couple s'installe sur 24 hectares pour créer une bergerie et une fromagerie en agriculture biologique. Dans cette plaine céréalière dévolue à l'export, leur projet semble insolite. Pourtant largement soutenu, il a bien failli ne jamais voir le jour[1]. Loin d'être un cas isolé, le parcours semé d'embûches de ces jeunes agriculteurs illustre un phénomène massif : les futurs agriculteurs n'accèdent que très difficilement à des terres. Pourtant, tant d'hectares changent de main ! Ce paradoxe constitue l'un des points de départ de ce livre. Je suis partie dans cette enquête sur la terre comme on prend la mer : avec beaucoup de questions et peu de repères. La traversée de ce continent silencieux s'est effectuée avec l'aide de navigateurs plus expérimentés : membres bénévoles et salariés du mouvement Terre de Liens, agriculteurs et autres experts. Le projet a pris forme au fil de nombreux échanges, lectures, interviews et reportages, durant deux ans.

La disparition des paysans, c'est un peu comme la disparition des abeilles : on en entend parler, mais tant que l'on continue à entendre des bourdonnements au printemps, on se dit que ce n'est pas pour

[1] Voir "Récit. S'installer, un parcours du combattant. La ferme de la Houlette, Charente-Maritime", p. 60.

tout de suite. Parmi toutes les questions qui déterminent notre avenir commun, celle de la préservation et de l'accès à la terre agricole est l'une des moins visibles dans le débat public. Comment la rendre visible ? Car cette question est vitale : notre alimentation dépend des sols et du travail des agriculteurs, autant que des abeilles et de l'eau.

Nous nous nourrissons des produits de la terre. Certes, des pistes de nourriture hors sol apparaissent dans nos assiettes : viande produite en laboratoire, légumes éclairés artificiellement et cultivés dans des espaces sous contrôle. Mais ces productions ne poussent pas à partir de rien : elles nécessitent elles aussi des énergies et des matières, extraites des milieux. On n'a pas trouvé mieux que de faire pousser des plantes en pleine terre avec l'énergie solaire, souligne l'agronome Marc Dufumier. Les nourritures terrestres, la saveur d'une pomme de terre du jardin, d'un fromage fermier au lait cru, d'une tomate ou d'un raisin mûris au soleil font partie des expériences qui nous relient au monde. Quant à croire que le high-tech va alimenter l'humanité… Aujourd'hui, l'agriculture paysanne nourrit toujours la majorité de la population mondiale sur un modèle de ferme familiale. Cependant, le secteur s'industrialise, et des sociétés prennent le contrôle de surfaces immenses. Est-ce le visage de l'agriculture du futur ?

La fin annoncée du pétrole, les tensions internationales ajoutent à l'instabilité du monde. À l'heure des bouleversements climatiques, écologiques et des pandémies, relocaliser les productions alimentaires pour nourrir les habitants est une nécessité. Comment assurer la sécurité alimentaire, lorsque les terres agricoles qui ont disparu sous le bitume et les lotissements sont principalement les riches terres maraîchères autour des villes ?

Il y a 50 ans, le rapport Meadows pointait les limites à la croissance. Depuis, les scientifiques alertent : notre modèle de développement est à bout de souffle. Or, notre agriculture est issue de ce modèle. Une politique agricole forte et cohérente s'est mise en place à partir de 1960, à l'échelle nationale et européenne. Elle a bouleversé les paysages. Elle a transformé les paysans, et accéléré la diminution de la population agricole.

Le nombre de nouveaux agriculteurs qui s'installent ne cesse de diminuer depuis les années 2000 et moins de deux agriculteurs sur trois[I] sont aujourd'hui remplacés. Le nombre d'exploitations a été divisé par cinq en 60 ans : un peu moins de 2 millions en 1960, 390 000 en 2020[II]. Les fermes ne cessent de s'agrandir, mais la surface agricole totale diminue : elle représente moins de la moitié du territoire français, 26,9 millions d'hectares en 2020. Nous avons perdu depuis 1980 l'équivalent de cinq départements, soit près de 6 millions d'hectares, principalement en raison de l'artificialisation des sols[III]. Ce phénomène est plus rapide que la croissance démographique. La France se situe au-dessus de la moyenne européenne d'artificialisation des sols rapportée au nombre d'habitants[I].

Cette tendance n'est pas inéluctable. Les alternatives existent partout autour de nous. Aux côtés des agriculteurs, des femmes et des hommes de tous milieux ont compris que l'accès à la terre est la clé qui ouvre la porte à de nouveaux paysans, ou le verrou qui la ferme. Nous irons à la rencontre d'un archipel d'initiatives.

Ce livre est autant une enquête qu'une quête : une enquête sur l'accès à la terre et le renouvellement des générations agricoles. Et une quête des solutions qui, partout en France, permettent de produire pour aujourd'hui et pour demain l'alimentation dont nous avons besoin, en préservant des structures à taille humaine et des sols vivants. Ces exemples sont inspirants. Mais comment passer à un stade supérieur ?

La question de l'accès à la terre renvoie à une autre, plus large : celle de l'usage de la terre. Quel usage faisons-nous de la terre ?

[I] 13 400 installations pour 21 000 départs en 2019, 12 500 installations en 2020.
[II] En France métropolitaine. Agreste, recensement agricole 2020, décembre 2021.
[III] L'artificialisation des sols désigne tout processus impliquant une perte d'espaces naturels, agricoles ou forestiers (Enaf), conduisant à un changement d'usage et de structure des sols (affectés notamment à des fonctions urbaines ou de transport). Deux tiers des sols artificialisés sont recouverts d'une couche imperméable.

Juridiquement, la notion d'usage renvoie au droit d'usage et interroge la conception contemporaine de la propriété. La terre n'est pas un bien marchand comme un autre. C'est une ressource indispensable à toute société. Sur le chemin d'écriture de ce livre, j'ai rencontré des personnes très diverses qui la considèrent comme un bien commun. Intéressons-nous à cette conception, qui éclaire les enjeux politiques et démocratiques de nos liens à la terre. Plutôt qu'apporter des réponses, ce livre propose des éléments de réflexion et se fait l'écho de questionnements nécessaires, dans une décennie décisive.

Auparavant, un voyage dans le temps s'impose, pour poser quelques jalons et comprendre d'où nous venons, avant de regarder vers où aller, et comment.

PARTIE 1

D'OÙ VENONS-NOUS ?

1

IL Y A 100 ANS… POSSÉDER, C'EST POUVOIR

Au début du XXe siècle, l'écrivain Ernest Pérochon[1], fin observateur du monde rural dont il est issu, met en lumière l'attachement à la terre chez les paysans de l'Ouest de la France, dans son roman *La Parcelle 32* (1922). L'action se situe lors de la Première Guerre mondiale. Un grand-père et son petit-fils, Bernard, sortent de chez le notaire et s'en retournent à la ferme par les champs.

L'enfant montra d'un geste la plaine illuminée que les cultures différentes morcelaient à l'infini.

— Toutes ces terres, au-delà des nôtres, à qui sont-elles ?

— Aux voisins de Fougeray..., quelques-unes, à ceux des villages autour de Quérelles..., chacun a son petit coin. Il y a aussi des fermes qui ne sont pas à des gens du pays. (...)

Malgré le vent aigre, ils furent un moment songeurs devant cette bonne terre étendue à perte de vue sous le jeune soleil. Et puis l'enfant montra la grande parcelle qui, sur la droite, venait finir en coin au cimetière des Maquereau.

— Ce champ qui nous touche et qui est de la Millancherie, à qui appartient-il ?

— La Millancherie est à un monsieur de la ville ; je crois qu'il vient de mourir... Mais ce champ a été nôtre autrefois ; c'est ton grand-oncle qui l'a vendu.

— Il faut le racheter.

— Mon petit gars, c'est le désir de ma vie.

Le grand-père s'était approché de l'enfant et celui-ci, appuyé d'une main à son épaule, se dressait sur la pointe des pieds.

— Je voudrais être riche, dit Bernard, pour racheter les champs de chez nous qui ont été vendus. Je voudrais être très riche... J'achèterais tous

[1] Né dans une famille de paysans petits propriétaires, dans les Deux-Sèvres, Ernest Pérochon (Courlay 1885-Niort 1942) a couru dans les champs avec les enfants des journaliers agricoles, les "cherche-pain", avant de devenir instituteur, puis écrivain. En 1920, il obtient le prix Goncourt pour *Nêne*. Il est l'auteur d'une vingtaine de romans, dont *Les Gardiennes* (1924), adaptées au cinéma par Xavier Beauvois en 2017.

les champs que tu vois, ceux de la Millancherie, ceux de Monte-à-peine, les champs aux voisins de Fougeray, les champs à ceux de Quérelles et aussi les fermes qui sont aux messieurs... J'achèterai toutes les terres.

Son bras se tendait et se repliait en un geste d'avare, comme pour appeler à lui les parcelles innombrables et pour les grouper jalousement autour du cimetière des Mazureau.

Et le grand-père, redressé lui aussi et tremblant d'émotion, ouvrait sur la plaine des yeux avides d'amoureux.

À la fin des années 1920, au moment où Ernest Pérochon écrit ses romans sur le monde paysan, l'exploitation familiale est devenue une norme. Les prix des terres ont chuté à la fin du XIXe siècle et au début du XXe, les rentiers s'en détournent et les paysans achètent. Durant la Première Guerre mondiale, 500 000 agriculteurs sont tués, autant reviennent blessés. De nombreux domaines changent de main à l'issue de la guerre. En 1929, parmi 3 650 000 chefs d'exploitation, les trois quarts sont propriétaires[1]. Il subsiste toutefois d'importantes disparités d'une région à l'autre.

L'attachement paysan à posséder la terre qu'il décrit apparaît de façon similaire dans plusieurs romans du XIXe siècle, de George Sand à Balzac et à Zola. Rien d'étonnant : monarchistes ou républicains, les régimes politiques qui se succèdent au XIXe siècle assoient l'ordre social et le développement économique sur la propriété. Avec un corollaire : malheur à ceux qui ne possèdent rien.

2

1789-1945 : LA PROPRIÉTÉ “DROIT INVIOLABLE ET SACRÉ”

La Révolution française en compagnie d'Edgard Pisani

J'ai longtemps cru que le problème foncier était de nature juridique, technique, économique, et qu'une bonne dose d'ingéniosité suffirait à le résoudre. J'ai lentement découvert qu'il était le problème politique le plus significatif qui soit, parce que nos définitions et nos pratiques foncières fondent tout à la fois notre civilisation et notre système de pouvoir, façonnent nos comportements.

Edgard Pisani, *Utopie foncière*, Gallimard, 1977.

Remontons le temps en compagnie d'un grand connaisseur des questions agricoles et foncières : Edgard Pisani[1]. On doit à cet ancien ministre de l'Agriculture la loi d'orientation agricole de 1962. Cet homme politique dont l'œuvre interroge sans relâche notre façon d'habiter la terre a consacré de nombreux ouvrages aux enjeux de l'alimentation, de l'agriculture et de l'usage de la terre. Dans *Utopie foncière*, il analyse notre conception contemporaine de la propriété privée et la relie à un moment charnière de notre histoire : la Révolution française.

Le 26 août 1789, l'Assemblée constituante vote les quatre derniers articles de la Déclaration des droits de l'homme et du citoyen, qui se clôt par l'article 17 : "La propriété étant un droit inviolable et sacré, nul ne peut en être privé, si ce n'est lorsque la nécessité publique, légalement constatée, l'exige évidemment, et sous la condition d'une juste et préalable indemnité."

[1] Edgard Pisani (1918-2016) fut résistant, préfet, sénateur et ministre de l'Agriculture de 1961 à 1966 (gouvernements Debré puis Pompidou). Voir "Les lois d'orientation agricole de 1960 et 1962 pour une agriculture compétitive", p. 30. Ministre de l'Équipement et du Logement dans le quatrième cabinet Georges Pompidou en avril 1967, il porte le projet de loi foncière qui est voté en décembre 1967 après sa démission. Cette loi dite "d'orientation foncière" a établi en France les principaux documents d'urbanisme qui ont servi à l'aménagement local : plan d'occupation des sols, schéma directeur d'aménagement et d'urbanisme, etc.

La Révolution française se nourrit d'une pensée libérale, née en Europe entre le XVIe et le XVIIe siècle, dans des sociétés régies par des monarchies absolues et le pouvoir religieux. Largement diffusée par les philosophes des Lumières, cette pensée affirme des droits individuels intrinsèques ; en économie, elle prône la libéralisation des échanges marchands, ardemment souhaitée par la bourgeoisie.

La Révolution, souligne Edgard Pisani, "est le couronnement d'une longue évolution économique et sociale qui a fait de la bourgeoisie la maîtresse du monde et qui, en France, l'a placée aux portes du pouvoir. Les événements... n'ont eu d'autre objet que de lui permettre de franchir les derniers pas (...) pour détenir les moyens de consacrer par la loi la réalité de son pouvoir". Cette révolution bourgeoise coïncide avec une révolution paysanne, provoquée par une crise économique et une disette liée à des événements climatiques. Différentes conceptions se confrontent.

Les phases de la Révolution française sont marquées par les affrontements internes au tiers état et les divergences d'intérêts entre possédants et non-possédants. Au cœur de ces débats revient sans cesse la définition du droit de propriété. C'est en effet un conflit entre deux visions économiques et politiques : l'une, libérale, prône la liberté individuelle, notamment en matière économique. L'autre est attachée aux usages collectifs et aux droits coutumiers, dans la lignée d'une organisation sociale issue du Moyen Âge. Dans la société féodale, les terres sont attribuées par le souverain pour services rendus à des vassaux. Les paysans et villageois ont des droits d'usage, qui diffèrent d'une province à une autre. Ce système ancien réglemente le commerce et taxe les produits. Dans une certaine mesure, il garantit les conditions d'existence des plus démunis. Edgard Pisani raconte : "La petite paysannerie est fondamentalement hostile à l'appropriation privative du sol, elle est fidèle à ses pratiques communautaires (...) Les paysans veulent que la propriété ne trouve son fondement que dans le travail personnel et se limite au fruit de celui-ci, et qu'elle trouve ses disciplines dans le seul intérêt collectif[1]."

Le marché foncier est inexistant dans la société féodale. À la Révolution, la conception libérale de la propriété s'imposera. Une phase décisive sera la vente des biens nationaux. Ce vaste transfert de propriété attache à la Révolution ses bénéficiaires, les paysans aisés et les bourgeois. Elle consacre aussi la terre comme bien marchand et non collectif. Lors de la loi agraire de 1791, l'Assemblée constituante accorde au propriétaire la pleine disposition de sa terre ; il l'autorise à clore et ainsi à supprimer les usages traditionnels, comme la vaine pâture[1]. La France s'engage dans une dynamique d'*enclosures*, à la suite de l'Angleterre où le mouvement a commencé dès le XVIe siècle : les communs, des landes et pâtures utilisées collectivement par des communautés paysannes anglaises, sont divisés et enclos de haies pour l'élevage des ovins par les grands propriétaires.

Après la Convention montagnarde qui tente d'instaurer une économie dirigée, la Convention thermidorienne, puis le Directoire (1795-1799) adoptent une logique économique fondée sur la propriété privée et le libéralisme. La propriété est perçue comme un signe de compétence et comme garante de stabilité politique. "Contrairement à la propriété privée grecque ou romaine, qui sont pensées à partir de la communauté organique et autorisées à des fins publiques, la propriété bourgeoise de la Convention thermidorienne est exclusive, individuelle et compétitive. Elle est protégée par l'État, prétendument au profit de la communauté. La caractéristique de cette propriété privée n'est pas juste d'organiser et de séculariser un rapport de

[1] "Anciennement, après la levée du foin ou de la récolte, les troupeaux individuels ou collectifs pouvaient parcourir toutes les parcelles sans que le propriétaire de celles-ci puisse s'y opposer ; mais chacun d'entre eux ne pouvait envoyer paître qu'un troupeau proportionnel à la superficie des terres qu'il livrait lui-même à la vaine pâture (on dit aussi vide pâture). Ce droit a subsisté jusqu'au XXe siècle dans les pays où les usages communautaires étaient restés vivaces (...) Avec l'usage des communaux et avec la glandée, la vaine pâture était pour les pauvres gens le seul moyen d'entretenir un petit troupeau." Roger Béteille, https://www.universalis.fr/encyclopedie/vaine-pature/

l'Homme aux choses, mais d'organiser le rapport qu'entretiennent les hommes entre eux[2]."

Cette conception exclusive de la propriété va dominer jusqu'à nos jours. Toutefois, des usages et droits qui reposent sur une conception collective du foncier subsistent sous différentes formes suivant les régions, jusqu'à aujourd'hui, comme le remarque la juriste Sarah Vanuxem[1]. Citons à titre d'exemple les communaux du Marais poitevin ou encore la gestion collective de pâturages dans des zones de montagne, en Alsace ou dans les Pyrénées.

Au XIXe siècle : une société de propriétaires

Dans le dernier quart du XIXe siècle, Léon Gambetta, député de la IIIe République, voit dans l'accès à la propriété un moyen de se prémunir des débordements ouvriers comme d'un retour des monarchistes. La Révolution française a attaché à la République les bourgeois et les paysans riches en leur permettant d'accroître leurs propriétés lors de la vente des biens nationaux, rappelle-t-il dans un discours en 1874. Il est convaincu que pour faire des paysans républicains, il faut en faire des propriétaires. "Ce que nous demandons, ce qui est une loi sociale de démocratie, c'est que la propriété se divise, c'est qu'elle aille à celui qui l'exploite et qui la féconde de tous ses efforts pour lui faire produire chaque jour davantage, à son avantage personnel, mais aussi au plus grand avantage social[3]."

Dans une France alors majoritairement rurale, les fermes familiales très nombreuses coexistent avec de grands domaines. Lors du recensement de 1892[4], les exploitations inférieures à dix hectares représentent les trois quarts des 5,7 millions d'exploitations, mais seulement 23 % de la surface agricole. Les moyennes exploitations (10 à 40 hectares) couvrent 20 % du nombre total et 30 % du

[1] Voir "Les communs, une longue histoire", p. 251.

sol. Les exploitations supérieures à 40 hectares sont rares (4 % du nombre), mais elles couvrent près de la moitié de la surface (47 %).

Les responsables politiques de la IIIe République, partisans d'une société de propriétaires, sont en cela héritiers du Code civil de 1804, dit aussi Code Napoléon. Lequel, souligne Edgard Pisani, consacre une conception individuelle de la propriété et l'inscrit dans un corpus législatif et réglementaire durable. "Fondamentalement, l'œuvre napoléonienne poursuit et achève celle de la révolution bourgeoise : stabiliser, organiser, institutionnaliser un ordre économique et social dominé par les propriétaires, créer les normes juridiques et l'appareil d'État qui le soumettront[5]." Le Code civil accorde la primauté à la propriété sur l'usage. Les droits des citoyens sont définis relativement à leurs possessions.

Après la Première Guerre mondiale, la profession agricole s'affirme

Retour au XXe siècle. Passons rapidement sur l'entre-deux-guerres, qui voit l'émergence d'organisations professionnelles agricoles et la création des chambres d'agriculture. La profession revendique de s'organiser avec "son autonomie relative, son autorité, ses institutions et ses lois propres". C'est une force politique et sociale qui s'affirme, en revendiquant le nom de "paysan[6]". En 1929 est créé le mouvement de la Jeunesse agricole catholique (JAC) "formé initialement autour d'une mission traditionaliste de reconquête chrétienne dans les campagnes, ce mouvement adopte peu à peu une nouvelle approche de son engagement, plus progressiste et éducative, et jouera un rôle majeur dans l'évolution de l'agriculture dans les décennies qui suivront[7]". Le Front populaire élu en 1936 a des projets dans le domaine agricole, notamment le statut du fermage.

Lors de la Seconde Guerre mondiale, le gouvernement de Vichy célèbre autant qu'il contrôle le monde paysan. Le 2 décembre 1940, il crée une Corporation paysanne placée sous l'autorité de l'État et dissout tous les organismes agricoles existants. La Corporation paysanne disparaît avec la Libération, mais la plupart des dirigeants joueront un rôle dans le syndicalisme agricole jusqu'à la fin des années 1950.

3

APRÈS 1945 : MODERNISER L'AGRICULTURE

Après la guerre, une génération d'hommes jeunes, issus de la Résistance, arrive au pouvoir. Edgard Pisani est de ceux-là. Concernant l'agriculture, en France comme partout en Europe, l'urgence est dans un premier temps à la restauration de la sécurité et de l'indépendance alimentaires. La pénurie cesse en 1948 en France. La modernisation agricole ne fait que commencer, avec de multiples aspects. Elle modèlera les paysages et les hommes au cours des décennies suivantes. Cette modernisation débute par une dérogation aux principes du Code civil : elle restreint la liberté d'usage de la propriété privée par les lois sur le statut du fermage.

Sécuriser le droit de travailler la terre : le statut du fermage

En 1945, la population française comprend 40 millions de personnes dont moins de la moitié vit en milieu rural. La population agricole compte plus de 10 millions de personnes. Cette dernière "vit et exerce son activité dans des conditions difficiles, dans des structures où l'ensemble de la main-d'œuvre familiale parvient difficilement à se rémunérer. La population agricole est âgée, faute de retraite, et les successions aboutissent au morcellement des exploitations et à l'éparpillement des parcelles[I]".

Les fermes familiales assurent une économie de subsistance, où l'autoconsommation domine. Une proportion importante de terres sont travaillées en faire-valoir indirect[1], sous forme de prêt, de location ou de métayage. Sécuriser les droits des exploitants qui ne sont pas propriétaires est un enjeu majeur et une revendication de longue date des organisations paysannes en France. La loi sur

[1] Lorsque le propriétaire exploite lui-même ses terres, on parle de faire-valoir direct. Lorsque l'exploitant prend la terre en location auprès de tiers moyennant un loyer d'un montant fixe, on parle de fermage. Dans le cas du métayage, l'exploitant cède un pourcentage de sa production au propriétaire.

le statut du fermage date de 1945, avec des avancées entre 1936 et 1943[I]. Elle modifie profondément le rapport de force entre propriétaires bailleurs et exploitants non propriétaires, en accordant un droit d'usage très étendu à ces derniers.

Le statut du fermage imposé comme régime de droit commun[II] est la première grande mesure qui privilégie l'usage agricole de la terre. Elle limite le pouvoir social du propriétaire bailleur sur les fermiers ainsi que la rente foncière. Ce plafonnement maintient à un niveau relativement bas tant les loyers que les prix des terres agricoles. Il permet lors d'une installation de modérer le montant du capital à mobiliser. Ce statut facilite ainsi l'investissement productif, hors achat du foncier, par l'exploitant, tandis que s'ouvrent de nombreux bureaux du Crédit agricole. Cependant la possibilité, même restreinte, de reprise du bien par le propriétaire, incite le fermier à acquérir la terre.

"Ce statut du fermage français s'approche de la « propriété culturale du fermier », concept forgé par le syndicalisme agricole au cours de la première moitié du XXe siècle. (...) L'ensemble des restrictions aux prérogatives du propriétaire (durée minimale, loyer encadré, limitation du droit de reprise, droit de préemption du fermier, etc.), quand elles sont associées, conduisent à donner une forte autonomie au fermier, créant une quasi « propriété culturale du sol[2] »."

[I] Conçu lors du Front populaire, le statut du fermage est voté par les députés mais repoussé au Sénat. Les lois sur le statut du fermage sont votées en 1943 et 1945, complétées par extension au métayage en 1946.

[II] Avant le statut du fermage de 1946, le fermage et le métayage sont certes réglementés dans le Code civil, mais il s'agit d'une réglementation succincte. Les parties peuvent y déroger et se trouvent libres d'organiser comme elles l'entendent leurs relations juridiques. Les fermiers sont à la merci des pressions des propriétaires. La loi de 1946 donne un statut au fermage. Un ensemble de règles s'applique automatiquement lors de tout bail rural, comme le renouvellement automatique des baux.

Le statut du fermage en France aujourd'hui[3]

Un accès à la terre garanti dans la durée et transmissible

Les contrats sont écrits ou verbaux. La durée minimale légale du bail est de 9 ans. Des baux à long terme de 18 ou 25 ans ainsi que des baux de carrière (dont le terme est fixé à l'âge de la retraite du preneur) sont aussi possibles.

Le preneur a droit au renouvellement automatique, sauf en cas de résiliation pour motif grave ou exercice du droit de reprise. Le bailleur ne peut reprendre le bien loué que pour le travailler lui-même ou son conjoint ou au profit d'un descendant qui doit participer aux travaux de l'exploitation de façon effective et permanente. En cas de décès du preneur, le bail continue au profit de son conjoint, de ses descendants et de ses ascendants participant à l'exploitation ou y ayant participé effectivement au cours des 5 années antérieures au décès.

Le preneur qui a apporté des améliorations au fonds loué a droit à une indemnité du bailleur à l'expiration du bail. Le fermier est prioritaire pour acheter la terre si le propriétaire souhaite la vendre.

Un niveau de rente foncière contrôlé par l'État

Des minima et des maxima entre lesquels le fermage peut varier sont fixés par arrêté préfectoral par région agricole, tant pour les terres que pour les bâtiments d'habitation et d'exploitation.

Un dispositif spécifique de règlement des conflits

Les tribunaux paritaires des baux ruraux sont compétents en premier ressort pour tous les litiges provenant de l'application du statut du fermage et du métayage. Ils sont constitués par 2 propriétaires bailleurs et 2 producteurs preneurs, et le juge d'instance, qui en assume la présidence.

Une articulation avec les autres politiques de développement

Le contrat de bail est soumis au "contrôle des structures", politique mise en place à partir de 1960 ayant pour objectif d'éviter une concentration trop forte de la terre, de renforcer les exploitations moyennes en favorisant la disparition des petites, perçues comme non viables économiquement. La validité du contrat est liée au respect de cette réglementation et à l'obtention par le preneur de l'autorisation d'exploiter.

Les lois d'orientation agricole de 1960 et 1962 pour une agriculture compétitive

Les dirigeants de l'époque veulent aller plus loin dans la modernisation. La loi d'orientation agricole de 1960, sous le gouvernement de Michel Debré, se fixe comme objectif "d'établir la parité (des revenus) entre l'agriculture et les autres activités économiques". Le 24 août 1961, Edgard Pisani, alors sénateur radical, est nommé ministre de l'Agriculture "et non des agriculteurs" comme le lui rappelle le général de Gaulle, afin d'amplifier la réforme. Dans la perspective de la construction européenne, il s'agit de moderniser l'agriculture, de la rendre compétitive et de la faire entrer dans une économie de marché. Si l'exode rural est considéré comme nécessaire, l'enjeu de maintenir la vitalité des territoires ruraux impose de favoriser le maintien et l'installation des jeunes. Cela suppose une politique volontariste et cohérente des structures. Une véritable révolution se prépare.

Le ministre n'y va pas par quatre chemins. Dès début juillet, il déclare devant le Sénat : "Le premier obstacle à la solution du problème agricole est le conservatisme de la profession elle-même qui offre à toute réforme, à toute entreprise de rénovation, une résistance extrêmement lourde." Edgard Pisani va s'appuyer sur la jeune génération. "Cette vision fait particulièrement écho aux aspirations du CNJA (Cercle national des jeunes agriculteurs, branche jeune et moderniste du syndicat agricole unique, la FNSEA), qui va jouer un rôle majeur dans la construction d'un nouveau projet (...)", souligne Lisa Gauvrit[4]. Le modèle promu est celui d'une exploitation familiale, à deux unités de travail humain. Les lois instaurent un contrôle des structures[I] et encadrent le marché foncier en créant les Safer (Sociétés d'aménagement foncier et d'établissement rural[II]). La mise en œuvre de cette politique est fondée sur la cogestion entre l'État et le syndicalisme agricole.

Aujourd'hui, il est tentant de regarder cette période fondatrice de l'agriculture moderne, dite "conventionnelle", à l'aune de ses conséquences. Mais comprendre d'où nous venons implique de tenter de nous replacer dans le contexte de cette époque. La jeune génération qui s'est engagée dans ce changement de fond est née dans l'entre-deux-guerres. De nombreux écrits et films restituent cette période, mais la mémoire vive s'efface, la plupart des témoins directs ayant disparu.

L'un des derniers acteurs de cette période est aujourd'hui âgé de 91 ans. J'ai eu la chance de l'interviewer. André Boutteaud[III] était alors membre du conseil d'administration du CNJA, proche de son leader Michel Debatisse, et comme lui et bien d'autres formés dans le mouvement d'éducation populaire de la JAC. Il n'avait pas 30 ans alors. Son regard s'anime lorsqu'il se remémore cette époque : "On était tout nouveau syndicat, puisqu'on s'était affranchi de la tutelle de la FNSEA à l'époque. On était en train de s'installer rue de la Boétie (...). Faire passer ces différentes lois dans le paysage agricole de l'époque, c'était loin d'être gagné. Il se trouve que Pisani s'était

[I] Voir "Réguler la taille des exploitations", p. 35.
[II] Voir "Instaurer la transparence sur les transactions des terres", p. 33.
[III] Ancien président de la chambre régionale d'agriculture de Poitou-Charentes, auteur de *Quelle agriculture pour demain ? Témoignage et réflexions*, La Nage de l'ourse, 2018.

beaucoup appuyé sur nous, le centre des jeunes, pour faire bouger les choses." De fait, la loi sera votée en un temps record. Pour ces jeunes, une période intense s'ouvre : "J'allais presque toutes les semaines à Paris, par le train de nuit toujours... Je partais le mardi soir par le train de 11 heures. On arrivait à Austerlitz de bonne heure... Et je repartais le soir du jeudi... j'arrivais pile pour la traite."

Le contexte est à la transformation sociale. Dans les syndicats de salariés, on cherche aussi à secouer des tutelles anciennes. André se souvient des réformateurs de la CFTC, qui fonderont en 1964 la CFDT. "Nous, petits paysans, il fallait qu'on essaie de mettre notre nez dans cette faune parisienne. Ce n'était pas évident..." La relation qui s'instaure entre ces "petits paysans" et le ministre est fructueuse. André Boutteaud se souvient de séances de travail informelles. "Pisani disait : Venez chez moi. On y allait le soir, avec de la bière et des sandwiches, pour être prêts le lendemain avec des textes plus récents, améliorés, qui avaient une possibilité de passer et ensuite d'être exploitables."

Les jeunes agriculteurs se répartissent les tâches et s'initient à ce qu'on n'appelait pas encore le lobbying : "Il y avait des débats au Parlement. On était dans les couloirs pour essayer d'obtenir des majorités, de faire passer des amendements."

Dans un contexte agricole très conservateur, avec des leaders de la FNSEA issus de la Corporation paysanne de Vichy, et de très influents organismes agricoles comme l'Association générale des producteurs de blé (AGPB) la pêche aux soutiens parlementaires va s'avérer ardue. "Il nous manquait des députés pour voter (la loi complémentaire). On avait fait nos comptes. Ça ne passerait pas." C'est alors que les syndicalistes de la future CFDT leur indiquent un "filon" inattendu : Henri d'Orléans, comte de Paris. "Il éditait un bulletin mensuel à l'époque, qui était assez ouvert. Il avait réuni toute une équipe de juristes... Ceux de la CFDT nous disaient : « Vous devriez les voir, ils ont un peu l'influence sur une vingtaine de députés... »" Rendez-vous est pris avec le prétendant au trône de France, qui met les jeunes agriculteurs en contact avec des parlementaires. "Ça nous a bien aidés pour obtenir une majorité et faire passer la loi complémentaire, en 1962."

J'imagine les couloirs de l'Assemblée en 1960-1962. Un monde d'hommes. Les ombres de la guerre de 39-45. Dans ces couloirs, les jeunes paysans du CNJA, argumentant auprès des parlementaires, tandis que passe la haute silhouette d'Edgard Pisani. En toile de fond, celles du comte de Paris et du président, de Gaulle. Et l'Algérie. Un demi-million de jeunes appelés. Dans cette génération, nombreux sont ceux qui ne veulent pas partir pour se battre. Écrite en 1954, la chanson de Boris Vian, *Le Déserteur,* est censurée.

Les lois d'orientation agricole de 1960 et 1962 instaurent des mesures structurelles et cohérentes "visant à favoriser le développement des exploitations moyennes (de 30 à 50 hectares), avec deux actifs, utilisant des « techniques modernes » et ayant une productivité suffisante pour dégager un revenu équivalent au reste de la population active[5]".

Instaurer la transparence sur les transactions des terres

Les Safer sont créées par la loi d'orientation agricole du 5 août 1960. Ces sociétés anonymes de droit public placées sous le contrôle des ministères de l'Agriculture et des Finances doivent instaurer une transparence nécessaire dans un marché opaque. Elles sont aussi dotées d'un pouvoir de préemption : elles sont systématiquement informées des projets de vente de biens ruraux par les notaires et peuvent acheter prioritairement le bien en lieu et place de l'acquéreur initial. En 1977, Edgard Pisani se souvient des réactions passionnées à l'Assemblée lors de l'examen de ce droit de préemption qu'il qualifie de "modeste réforme" : "Dès ce premier débat, je comprends qu'en ne parlant pas de la propriété du sol avec des trémolos dans la voix, je me place hors de la cohorte des bien-pensants, des défenseurs du droit, de l'ordre et de la patrie. Quel acharnement ne faut-il pas pour faire aboutir le droit de préemption des Safer alors qu'il a pour objet d'éviter que, par le jeu du libre marché, seuls des propriétaires importants ou des non-professionnels puissent acheter les biens mis en vente ! Il n'existe pas d'autre moyen pour éviter la disparition de nombreuses petites exploitations[6]."

André Boutteaud se souvient quant à lui d'une "révolution". "Avec un droit exorbitant : le droit de préemption ; et l'obligation de déclarer toutes les ventes ! C'était exceptionnel. Quand on voit comment les terres étaient transmises ! Les notaires essayaient de voir qui pourrait acheter, avec des histoires de dessous-de-table... et ça nous passait toujours sous le nez, à nous les jeunes." Le jeune agriculteur est chargé des structures au bureau du CNJA, qu'il représente en 1961-1962 au comité d'agrément des Safer qui se constituent dans chaque département. En parallèle, il participe à la fondation de la Safer Poitou-Charentes Vendée et se souvient des premières préemptions. "On démarrait avec rien. On n'avait pas de personnel qualifié, c'était tellement nouveau. En tant qu'administrateur fondateur, on faisait le boulot... c'est moi qui ai signé les sept premiers actes d'acquisition de la Safer en Charente-Maritime. On préparait les dossiers. Après, chez les notaires, on m'a fait patienter plusieurs fois... Des notaires avaient bien compris que ça ne pouvait pas continuer comme avant. Ils se montraient coopératifs. D'autres étaient farouchement contre." Les jeunes agriculteurs associent des représentants de gros propriétaires fonciers à la gestion. "Pour qu'ils nous donnent une image, non pas de révolutionnaires, mais plus respectable. Ça nous a donné une certaine audience dans certains milieux qui n'étaient pas prêts à bouger." André est conscient que l'outil a aussi connu des dérives. "Après, des Safer ont fait un peu n'importe quoi. L'outil peut être intéressant, mais ça dépend comment tu t'en sers."

Réguler la taille des exploitations

Dans les années 1960, les jeunes ruraux ont de grandes difficultés à s'installer. Ils souffrent de la concurrence des producteurs plus aisés, qui peuvent cumuler des terres, et de non-agriculteurs qui achètent des terres. La loi d'orientation de 1962 instaure le contrôle des structures : elle définit un seuil minimum de superficie pour qu'une exploitation puisse faire vivre une famille agricole[1] et un seuil maximum au-delà duquel on s'écarterait de l'agriculture familiale. Les politiques d'État vont chercher à favoriser le développement des structures se situant entre ces deux seuils[7]. Elles vont soumettre à une autorisation d'exploiter préalable tout agrandissement (par achat ou location) des unités de production qui aurait pour conséquence de dépasser la superficie maximale ou de faire descendre sous le seuil minimum. André Boutteaud souligne : “Habituellement, ça se faisait de gré à gré, dans le noir le plus complet. Alors que là, pour prendre d'autres terres, il fallait passer par la commission.” Le contrôle des structures se base sur les surfaces d'exploitation et non sur les surfaces possédées. Quelques années plus tard, en 1968, sera définie la SMI, la superficie minimum d'installation, qui restera pendant 30 ans l'indicateur de référence de la politique des structures.

Faciliter les transmissions

Les retraites agricoles, très faibles, incitent les agriculteurs à rester en activité. Pour favoriser la disparition des petites structures jugées non viables économiquement et l'installation des jeunes, un autre nouveau dispositif est instauré : l'indemnité viagère de départ (IVD),

[1] Les seuils de surface repères ont été différenciés entre les territoires. Plus les territoires étaient dotés de grandes unités de production, plus les références étaient élevées. Pour tenir compte de la diversité des productions, des équivalences ont été calculées entre les diverses activités des exploitations. Les candidatures à la reprise de terre étaient évaluées selon le revenu potentiel généré.

"un événement", se souvient André Boutteaud : "Quand le cédant partait, s'il confiait ses terres, en fermage par exemple, à un jeune, il avait droit à une indemnité viagère pour compléter sa retraite. En 1962, j'en ai bénéficié en tant que jeune exploitant. On m'avait transmis 35 hectares et on est monté à 70 en plusieurs périodes, avec l'IVD. Cette démarche pour libérer des terres, soit en acquisition, soit par fermage, a été un outil très important. Avec les lois anticumul, etc., tout allait dans le même sens."

Mutualiser les outils de travail

Enfin, la loi complémentaire de 1962 instaure également des formes de mutualisation : groupements agricoles fonciers (GAF), groupements agricoles d'exploitation en commun (Gaec), centres d'études techniques agricoles (Ceta), coopératives d'utilisation de matériel agricole (Cuma)...

Les GAF sont destinés à attirer des investisseurs pour porter le foncier qui est confié à un fermier. Ils préfigurent les groupements fonciers agricoles (GFA) créés en 1970, qui sont aujourd'hui très utilisés, sous différentes formes : GFA familial, mutuel, ou investisseurs, comme on le verra[1].

Un agrandissement des exploitations

Le statut du fermage sécurise le droit d'usage. Cependant, la possibilité de reprise des terres par un propriétaire exploitant subsiste. Les fermiers peuvent redouter le non-renouvellement de leur bail en cas de rachat d'une parcelle par un voisin agriculteur. Cette possibilité les encourage à acheter des terres, au détriment d'autres investissements, comme le raconte André Boutteaud. "Quand un voisin arrêtait, je pouvais augmenter la surface et passer de 35 à

[1] Voir encadré "Les GFA, couteaux suisses de la préservation du foncier ?", p. 82.

80 hectares en fermage, mais après, les héritiers disaient : « On vend. » Tous les 3 ou 4 ans, il y en avait un qui arrêtait. Et simplement pour maintenir l'exploitation, il fallait racheter. On était piégés. Bien sûr, on a capitalisé. Mais ça ne fait pas bouillir la marmite ! Ça nous a empêchés de nous développer sur le plan de l'exploitation. Pendant une trentaine d'années, ça a mobilisé tous les moyens financiers. Quand on a arrêté, on a fait un apport au GFA par une donation : on a transféré les terrains aux enfants." L'agrandissement des exploitations entraîne des niveaux élevés du capital. La possibilité de transmettre de tels outils s'en trouve restreinte. Ces conséquences sont confirmées dans un rapport officiel en 2013[8].

Évolution du fermage

Le statut du fermage n'a évolué qu'à la marge depuis 1946. Toutefois, des contrats nouveaux sont apparus afin de prendre en compte des évolutions, notamment dans la transmission des exploitations.

Le bail de carrière
Introduit en 1983, le "bail de carrière" ou "de 25 ans" est conclu pour une durée minimale de 25 ans. Il prend fin l'année au cours de laquelle le locataire atteint l'âge de la retraite.

Le bail cessible en dehors du cadre familial
Dans un bail classique, le fermier ne peut transmettre son bail qu'à un descendant. Or avec l'arrivée de porteurs de projet "hors cadre familial" des fermiers ne pouvaient transmettre leur exploitation en cas de désaccord des propriétaires sur le choix du repreneur. Créé par la loi d'orientation agricole de 2006, le bail cessible permet d'insérer une clause dans un bail rural autorisant le locataire à céder son bail à

des personnes autres que ses descendants ou son conjoint. La durée du bail initial est fixée à 18 ans et il doit être signé devant notaire. Il se renouvelle par tacite reconduction. Le bail cessible peut contenir des conditions particulières dérogatoires au statut du fermage, qui ne sont pas admises dans les autres baux à long terme (par exemple, le bailleur peut refuser sans motif le renouvellement du contrat ; la pratique du pas-de-porte n'est pas interdite et un droit d'entrée peut donc être demandé au fermier).

Des investissements massifs aux résultats visibles

Les outils de contrôle des structures et de régulation du foncier qui se mettent en place entre 1960 et 1962 s'accompagnent de moyens financiers importants : "en 10 ans, entre 1954 et 1964, le budget de l'agriculture bondit de 1 % à 10 % du total du budget de l'État. Les résultats de cet engagement sont à la hauteur : entre 1964 et 1984, 659 000 agriculteurs ont bénéficié de l'indemnité viagère de départ (IVD), 1,4 million d'hectares ont été acquis par les Safer, 12 millions d'hectares remembrés entre 1945 et 1984[9]".

En France comme dans le monde, la révolution dite "verte" est lancée. Les agriculteurs sont incités à produire toujours plus. De nouvelles semences sont mises sur les marchés. L'accroissement spectaculaire des rendements s'effectue au prix d'investissements massifs dans du matériel et des intrants. En France, le nombre de tracteurs passe de 50 000 en 1945 à 1 300 000 en 1980 ; le recours aux engrais chimiques est multiplié par 8 entre 1950 et 1990, il s'accompagne d'une dépendance croissante aux herbicides, insecticides et fongicides.

Un remembrement accompagné de destructions sans précédent des milieux

Le remembrement a connu un essor considérable avec les lois d'orientation de 1960 et 1962. Les procédures d'aménagement foncier visent à recomposer la propriété rurale et à remodeler le parcellaire des exploitations pour faciliter leur modernisation. Le remembrement rural peut être sollicité par toute partie prenante (propriétaires, élus ou agriculteurs, exploitants) qui juge l'intervention utile et les échanges amiables sont encouragés. Entre 1950 et 1985, il s'étend sur plus d'un tiers de la surface agricole. À la demande des agriculteurs concernés, le remembrement en tant que tel s'est accompagné dans de nombreux cas de la destruction des haies, de l'arasement des talus, de travaux de drainage, etc. qui à l'échelle du pays ont entraîné une transformation sans précédent des milieux cultivés. À la même époque, la déprise agricole s'accompagne d'aides[1] à la plantation d'arbres, ou plus exactement de monoculture de résineux : "Ces subventions ont eu un effet dévastateur dans les secteurs en déprise comme certaines vallées des Vosges ; elles ont conduit à des pertes de surfaces majeures et à des déserts écologiques", note Marie Balthazard, de Terre de Liens Alsace. Nous sommes les contemporains de ce bouleversement écologique et paysager. Les prairies permanentes sont retournées. 70 % des haies ont disparu. Soit 1,4 million de kilomètres, au rythme de 45 000 kilomètres par an dans les années 1960-1980. Le rythme est passé à 15 000 kilomètres par an pour les années 1980-1990 mais depuis 2017, il est reparti à la hausse, constate le ministère de l'Agriculture dans un rapport sur la haie paru en avril 2023. Certes on replante, mais de nos jours, les haies continuent de régresser, tout comme les arbres épars, prés-vergers et bosquets[10].

[1] Via le Fonds forestier national, créé en 1946 et qui a fonctionné jusqu'en 1999.

1960-2000. D'une politique cohérente à un bouleversement global

Le modèle agricole français et l'Europe

Edgard Pisani est aussi l'un des pères de la politique agricole européenne (PAC) lancée en 1962. Celle-ci fixe des prix garantis pour le blé, la viande, le lait, accompagne et renforce encore la réforme agricole nationale. Le documentaire *Nous, paysans* donne la parole à des producteurs qui ont vécu cette "révolution" : "Jusque-là, on vend d'après le marché. Si on produit trop, ça baisse ; si on ne produit pas assez, ça monte. Mais on remplace ça par une politique dirigée, avec des prix garantis, chaque année. Donc on n'a plus de limites. La voie est ouverte, pour produire de plus en plus, tout ce qu'on veut, n'importe où, n'importe comment[II]..."

La PAC soutient l'agriculture des États membres (qui passent de six en 1957 à neuf en 1973, puis douze en 1986 et quinze en 1995) par des prix garantis et par une intervention publique sur les marchés lorsque les prix passent en dessous du seuil, et un soutien à l'exportation. De 1962 à 1992, cette politique incite fortement les agriculteurs européens à intensifier et augmenter leur production. Les conséquences de ces mesures dépassent les attentes : dès les années 1970, la Communauté européenne doit écouler des surplus énormes de viande, de lait, de sucre et de céréales. Elle les exporte à prix cassés vers les pays tiers, ruinant les agricultures locales, notamment en Afrique. Ces surplus provoquent une crise, qui s'accentue dans les années 1980. Les quotas sont alors mis en place.

En 1992, la réforme de la PAC baisse fortement les prix garantis et, tout en maintenant des aides à l'exportation, instaure des aides directes au revenu (montants compensatoires) proportionnelles à la taille des exploitations. Cette réforme se conforme mieux aux règles du commerce mondial[I]. Les agriculteurs sont incités à s'adapter au

[I] En 1994, lors de la clôture du cycle de négociations de l'Uruguay Round (négociations commerciales internationales du Gatt – Accord général sur les tarifs douaniers

marché : les PAC de 1993 et 2003 visent explicitement à "encourager la compétitivité de l'agriculture européenne", en clair à diminuer les prix des produits européens. 2003 voit aussi la création d'une enveloppe (dite "second pilier") pour aider au développement rural et à la protection de l'environnement.

Depuis, la course aux hectares continue. La réforme de 2006 instaure un paiement unique par l'exploitation indépendant de la production (le découplage) en fonction des montants perçus dans les années 2000. D'autres évolutions sont instaurées à chaque nouvelle PAC, mais en maintenant à chaque fois les aides proportionnelles à la taille des exploitations. Or ces aides dites du "premier pilier" sont les plus importantes (80 % des crédits) et représentent une part considérable des revenus des agriculteurs ; elles ont un effet direct sur la course à l'agrandissement : s'agrandir, cela veut dire en effet plus d'aides et donc plus de revenu. La PAC bénéficie aux plus grosses exploitations : en moyenne, en 2013, 20 % des exploitations européennes concentraient 80 % des montants. En France, 53 % des exploitations en recevaient 85 %.

Dans un rapport adressé en 2018 au ministère de l'Agriculture, la Cour des comptes n'y va pas par quatre chemins : elle souligne que les aides directes du Fonds européen agricole de garantie (Feaga), soit 7,8 milliards d'euros par an en moyenne de 2008 à 2015 pour la France, "souffrent d'une insuffisance d'évaluation et de pilotage par objectif, que leur mode de répartition, facteur de fortes inégalités, n'a plus de justification pertinente et, enfin, que leurs effets sont, au mieux, incertains, que ce soit au regard du revenu des agriculteurs, de l'économie des exploitations ou de l'environnement[12]". La Cour note que ce système avantage les grandes exploitations les plus profitables (en particulier céréales, oléagineux et protéagineux). Il incite à des investissements "excessifs", notamment en machines,

---

et le commerce –, de 1987 à 1994), les pays membres de l'OMC (Organisation mondiale du commerce) se sont engagés à réduire les aides qui ont un impact direct sur la production agricole.

à l'accroissement de la consommation d'engrais et de pesticides, et contribue à substituer le capital au travail. De plus, ces aides "ont davantage soutenu les systèmes agricoles spécialisés, au détriment des systèmes agricoles bénéfiques à l'environnement". Le "verdissement" annoncé de la PAC de 2015 est resté lettre morte.

Dans la perspective de la PAC 2023-2027, un rapport de France Stratégie[I] propose en 2019 d'allouer l'essentiel des futures aides de la PAC en fonction de l'unité de travail par exploitation, et non plus en fonction de sa taille. Cette réorientation par le soutien de l'emploi agricole favoriserait une agriculture plus respectueuse de l'environnement. L'institution propose aussi de taxer l'utilisation des pesticides et les émissions de gaz à effet de serre, afin d'inciter l'agriculteur à transformer ses pratiques. Ces propositions sont saluées par le collectif Pour une autre PAC, au sein duquel plus de 40 organisations citoyennes et paysannes plaident également pour un soutien en fonction des emplois, pour un plafonnement des aides de base et pour des soutiens bel et bien conditionnés à des exigences environnementales, sociales et de bien-être animal[13]. Que pèsent ces voix face au lobby agricole européen Copa-Cogeca, présidé par Christiane Lambert, patronne de la FNSEA de 2017 à 2023 ? Le lobby mobilise ses troupes pour le statu quo. La PAC 2023-2027 ne change pas fondamentalement les règles antérieures. De plus, le plan stratégique national de la France, remis en 2022, est critiqué par la Commission européenne pour son manque d'ambition notamment en matière de transition écologique. Le gouvernement est resté sourd aux propositions de France Stratégie, à celles du collectif Pour une autre PAC, et même aux recommandations de la Cour des comptes[II].

[I] France Stratégie est une institution autonome placée auprès du Premier ministre qui contribue à l'action publique par ses analyses et ses propositions, anime le débat public et éclaire les choix collectifs sur les enjeux sociaux, économiques et environnementaux. https://www.strategie.gouv.fr/publications/faire-de-politique-agricole-commune-un-levier-de-transition-agroecologique

[II] En 2022, la Cour des comptes, dans un rapport public thématique d'évaluation de politique publique, déplore que la politique de soutien à l'agriculture biologique reste

Premiers cris d'alarme

Au moment où les surplus s'accumulent dans les entrepôts de l'Europe, une photo donne pour la première fois une vision de la Terre tout entière depuis l'espace. Une image vaut mille mots, dit-on. Celle-ci vient de la mission *Apollo 17* et a été prise à 45 000 kilomètres. Le 7 décembre 1972, *The Blue Marble (La Bille bleue)* révèle la beauté et la vulnérabilité de notre planète.

La même année, le Club de Rome, groupe de réflexion international, publie un rapport sur les limites à la croissance, le rapport Meadows[14], qui sera diffusé à 16 millions d'exemplaires. L'année suivante survient le premier choc pétrolier. En France, René Dumont, ingénieur agronome, à l'origine fervent partisan de la modernisation agricole en France et de la révolution verte dans le monde, est l'un des premiers à dénoncer les conséquences de ces politiques et déclare en 1975 "seule une agriculture paysanne peut nous sauver de la famine".

Mais la première de celles et ceux que l'on n'appelait pas encore "lanceurs d'alerte" est une biologiste américaine. Dès 1962, Rachel Carson démontrait dans *Silent Spring*[15], les effets négatifs de l'utilisation des pesticides sur l'environnement et en particulier sur les oiseaux, mais aussi sur les humains. Elle accusait également l'industrie chimique de pratiquer la désinformation et les autorités publiques de manque de vigilance. L'ouvrage connaît un immense retentissement, aux États-Unis et dans le monde. Il est considéré comme l'un des grands textes fondateurs de l'écologie. La biologiste fut attaquée avec violence par l'industrie chimique, mais son livre contribua à l'interdiction du DDT aux États-Unis en 1972.

D'autres travaux alertant sur les risques systémiques d'une course continue à la croissance paraîtront. Pas de quoi cependant ralentir les courbes. En 1990, le premier rapport du groupe d'experts

---

insuffisante et propose de réorienter les soutiens publics à l'agriculture au profit de la filière bio. https://www.vie-publique.fr/sites/default/files/rapport/pdf/285540_0.pdf

intergouvernemental sur l'évolution du climat (Giec) établit avec certitude un "effet de serre" et un réchauffement climatique causé par l'activité humaine. Le groupe qui rassemble 195 États membres a depuis publié six autres rapports, le dernier en mars 2023. D'autres publications alertent sur la disponibilité des ressources en eau, l'épuisement des terres, l'effondrement de la biodiversité. L'agriculture est l'une des clés de ces questions fondamentales.

En 2020, la pandémie accentue la prise de conscience mondiale de l'interdépendance des choses et des êtres. "Au vu de toutes ces alertes posées, on peut estimer que la modernisation agricole n'était pas la seule politique possible en France et en Europe au XXe siècle", avance Tanguy Martin, chargé de plaidoyer à Terre de Liens.

4

AU XXIe SIÈCLE, L'HÉRITAGE DU XXe SIÈCLE. COMMENT ATTERRIR ?

Depuis les années 1960, l'agriculture française s'est modernisée, est devenue exportatrice. Les revenus se sont améliorés. Les enfants d'agriculteurs se sont formés et la plupart ont choisi d'autres professions[1]. Cette modernisation est aussi un changement de civilisation.

Le passage à une ère dominée par la technique signe la fin des transmissions de savoirs paysans. La population agricole diminue de façon massive et continue. Dans le même temps, les fermes disparaissent et la surface moyenne par exploitation augmente. Certes, le phénomène de concentration a démarré bien avant : dès 1890, les statistiques montrent une diminution du nombre d'unités ainsi qu'une augmentation du capital foncier et du capital d'exploitation[1]. N'empêche, l'accélération du processus est impressionnante.

En 1955, 80 % des exploitations ont moins de 20 hectares et la surface moyenne par unité est de 15 hectares. Elle passe à 24 hectares en 1988 et elle atteint 69 hectares en 2020. Le nombre d'exploitations a été divisé par 5 en 60 ans : il est passé de 1,9 million en 1960 à 390 000 en 2020. En 2019, on dénombre 21 000 départs et 13 400 installations, soit un taux de remplacement de 64 %. La tendance est constante et claire : de moins en moins de paysans, sur de moins en moins de fermes qui coûtent de plus en plus cher à reprendre.

Cette même politique productiviste, qui pour agrandir les parcelles a arraché des millions d'arbres, comblé des kilomètres de

[1] La loi du 2 août 1960 sur l'enseignement et la formation professionnelle agricoles engage une réforme qui va harmoniser les structures de l'enseignement agricole, sous tutelle du ministère de l'Agriculture, avec celles de l'enseignement général et élever le niveau des formations. La pédagogie se renouvelle sous l'impulsion d'Edgard Pisani. Dans les années 1980, les formations se diversifient. Cependant le contenu des formations reste sous influence d'un modèle agricole dominant. En 2013, la loi d'avenir reconnaît la nécessité d'"enseigner à produire autrement" ; mais l'évolution des pratiques reste lente, déplore en 2021 Jean-Marie Le Boiteux, professeur de biologie-écologie dans l'enseignement agricole public. https://carnetsrouges.fr/agriculture-et-ecologie-lenseignement-agricole-au-coeur-dune-transition-necessaire

fossés, drainé des champs, retourné des prairies, asséché des zones humides, fait disparaître des haies et qui a eu recours massivement aux pesticides – aussi appelés "phytos" –, est une cause majeure, incontestable, de la disparition ou de l'affaiblissement de populations d'insectes, d'oiseaux, de reptiles, d'amphibiens.

Un modèle qui a pour conséquence l'effondrement de la biodiversité comme l'épuisement des hommes et leur isolement est à bout de souffle. Faut-il rappeler que nombre d'agriculteurs vivent en dessous du seuil de pauvreté ? Que la profession agricole est la plus exposée au risque de suicide ? Des voix dénoncent un vaste plan social qui ne dit pas son nom. Et qui pousse sans ménagement vers la sortie.

Malgré les différents programmes et mesures qui s'accumulent, les tendances se poursuivent. Pour comprendre ces processus, les obstacles et les véritables leviers du changement, il nous faut réatterrir. Et regarder de plus près les enjeux liés à la terre, à la qualité des sols et à la maîtrise du foncier.

La terre : sol vivant, bien limité et convoité

Savez-vous que nous marchons sur des horizons ? C'est en effet ainsi que sont nommées les différentes couches du sol qui forment sa structure. Leur étude est une discipline qui, après avoir été marginalisée au sortir de la Seconde Guerre mondiale[2], fait son retour dans les années 1960 grâce à des rencontres entre mouvements paysans et scientifiques critiques. Connaître et préserver cette inestimable ressource est vital. Milieu de vie à part entière, les sols jouent un rôle déterminant pour notre alimentation, la disponibilité en eau de qualité, la préservation de la biodiversité et la lutte contre le changement climatique. Pas de sol cultivable sans humus : cette couche supérieure du sol, dont l'épaisseur dépasse rarement quelques dizaines de centimètres, est entretenue par de multiples micro-organismes. Si l'humus est absent des déserts et des zones dépourvues de végétation, la terre agricole, le sol vivant et nourricier, s'épuise et s'amenuise partout sur la planète, alertent les Nations unies *(voir encadré)*.

Sols en souffrance

Pour former un centimètre de sol, il faut des centaines d'années "jusqu'à 1 000 ans", rappelle l'Association française pour l'étude des sols[3]. De même que la Terre, notre planète, est un monde fini, la terre, indispensable à la vie comme l'eau et l'air, est une ressource limitée. La terre agricole n'est pas extensible, bien au contraire ! Pour Benoît Grimonprez, enseignant et chercheur en droit rural et de l'environnement, le monde souffre d'un "mal de terre[4]" en raison d'un déséquilibre dans l'accès à la terre, comme on va le voir, mais aussi d'un autre "grand dommage tellurique" : l'artificialisation des sols, à travers deux phénomènes. L'un, quasi invisible, ce qui le rend d'autant plus préoccupant, est observé partout : les sols se dégradent sous l'effet des techniques culturales intensives qui conduisent à leur épuisement : tassement, érosion, acidification et destruction des organismes vivants. Après des décennies de marginalisation, l'écologie des sols s'impose à nous. Les dommages causés nous concernent et engagent notre responsabilité envers les générations futures qui se voient privées des bienfaits économiques, alimentaires et sanitaires d'un sol de qualité.

Aujourd'hui, la connaissance des sols en France progresse. Après la création de Gessol (en 1998), consacré à l'étude des fonctions environnementales et à la gestion de ce patrimoine, le groupement d'intérêt scientifique Gis Sol apparaît en 2001 pour constituer et gérer un système d'information sur les sols[5]. L'un de ses programmes est consacré à la mesure de leur qualité. Les échantillons prélevés sont archivés dans un conservatoire européen des échantillons géré par l'Inra.

**Un appel international pour les sols,
ces "alliés silencieux de l'humanité"**

Les sols ne se renouvellent que très lentement. Or ils subissent sous l'effet des activités humaines des dégradations multiples : érosion, diminution de matière organique, contamination et artificialisation. En 2016, un rapport des Nations unies[6] montrait que la majorité des sols du monde est dans un état préoccupant et préconisait un ensemble de mesures pour préserver ces "alliés silencieux de l'humanité". Le 3 juin 2021, l'ONU lançait un appel aux pays qui "doivent tenir leurs engagements actuels de restaurer un milliard d'hectares de terres dégradées". Un second phénomène, bien visible celui-là, menace les sols : c'est leur disparition pure et simple, en raison de l'urbanisation qui, "chaque jour, avale les meilleures couches arables du pays", rappelle Benoît Grimonprez. En France, comme en Europe, des terres agricoles fertiles disparaissent sous le bitume et les constructions. Près de 6 millions d'hectares de notre pays ont été artificialisés en 40 ans. Les politiques d'urbanisme tentent de ralentir ce processus à l'aide de réglementations et d'outils contre l'artificialisation*. Emmanuel Hyest, le président de la Fédération nationale des Safer soulignait en 2021 : "En 2019, 22 900 hectares d'espaces naturels, agricoles et forestiers ont été consommés, relate l'observatoire de l'artificialisation. En 2020, ce sont 27 200 hectares de plus qui sont vendus sur le marché foncier de l'urbanisation."
Ressource limitée, la terre agricole est un bien convoité, et pas uniquement par des agriculteurs.

* En France, le plan biodiversité de 2018 instaure l'objectif "zéro artificialisation nette" et un observatoire de l'artificialisation des sols.

Déséquilibres et concentration accrue

Docteur en géopolitique, Pierre Blanc propose une lecture agropolitique de l'histoire des conflits[7]. Il montre comment, de l'Europe à l'Afrique, de l'Asie à l'Amérique du Sud, le déséquilibre de l'accès à la terre a finalement produit de l'instabilité politique : rébellions agraires, dérives autoritaires et guerres civiles. "Ce tour du monde a permis de montrer la portée profondément déstabilisatrice de la question foncière (...) force est de constater qu'une violence agropolitique s'est invitée sur tous les continents à chaque fois que la terre a été appropriée de façon très inégalitaire. S'il n'explique pas à lui seul l'histoire de la violence politique, ce prisme foncier doit avoir toute sa place dans l'analyse de cette violence."

L'auteur alerte sur un nouveau cycle de concentration foncière à l'œuvre, à partir de 2008, en Afrique, mais aussi dans le monde. "Il s'effectue dans le cadre d'une nouvelle forme de capitalisme agricole où émerge une agriculture de firme en rupture avec le modèle d'agriculture familiale. Certes, cette dernière n'est pas étrangère à cette dynamique de concentration de la terre, mais avec la firme caractérisée notamment par une déconnexion entre capital et travail et une forte financiarisation, les leviers d'expansion foncière sont plus puissants." Qu'elle soit le fait d'États en quête de sécurité alimentaire, d'investisseurs étrangers ou nationaux, cette vague de concentration privative s'installe dans les failles creusées par la libéralisation et la dérégulation.

Or le phénomène est difficilement réversible. L'accaparement des surfaces productives entre les mains de quelques-uns s'effectue au détriment des autres : les paysans privés de terre, mais aussi la relève agricole par les jeunes générations ainsi que les générations futures. "Le bilan est si lourd que la mainmise sur les ressources foncières compte parmi les fléaux à combattre au nom de l'intérêt général", s'alarme Benoît Grimonprez.

Ce double phénomène de la concentration des terres et du développement d'un capitalisme agricole s'exerce partout, y compris en

Europe. En France, ces processus apparaissaient jusqu'alors relativement contenus en raison de la régulation du foncier, du statut du fermage et du contrôle des structures. Mais une étude récente à laquelle a participé Pierre Blanc nous alerte : nous verrons qu'ici comme ailleurs, le capitalisme agricole gagne du terrain[I]. Son développement est sous-évalué, alerte Lucile Leclair, dont l'enquête *Hold-up sur la terre*[8] montre l'appétit croissant de grands groupes de l'agroalimentaire, du luxe ou de l'industrie pour les terres agricoles. Un phénomène qu'a bien identifié Antoine Bertin, responsable foncier de la FDSEA Marne. "Le groupe LVMH est aujourd'hui propriétaire de 1 400 hectares de vignes en Champagne ; ce ne sont pas tellement les hectares[II] qui intéressent LVMH, mais le fait de contrôler les raisins qui sont produits."

L'arrivée de ces investisseurs n'explique pas tout, pointe Tanguy Martin, chargé de plaidoyer à Terre de Liens. "En France, la concentration des terres est un mouvement à bas bruit, peu spectaculaire. Mais de quatre hectares en quatre hectares, c'est la moyenne de l'agrandissement en France, les fermes deviennent peu à peu intransmissibles. C'est une responsabilité collective que personne n'endosse[9]." Élus politiques de différents partis, Safer et organismes agricoles, ONG : tous s'accordent pour dire que les filets de sécurité sont aujourd'hui largement insuffisants pour mesurer et réguler la concentration. Outre son action déstabilisatrice, ce phénomène fait monter le prix des terres.

Très chères terres

Certes, les disparités régionales sont grandes : le marché des terres en Champagne viticole ou dans le Var a peu à voir avec celui dans les

[I] Voir "De plus en plus de firmes, de moins en moins de fermes", p. 54.
[II] Rappelons qu'un hectare de vignoble de champagne se négocie autour d'un million d'euros (plus ou moins suivant les appellations).

montagnes de Lozère ou d'Isère. Mais les observateurs s'accordent à dire que depuis la crise financière de 2008 la terre agricole est redevenue une valeur attractive pour les investisseurs financiers. Le placement a la cote : c'est le bien le moins volatil qui soit, et de plus, le prix des terres tend à augmenter. Cette augmentation marquée en Europe l'est toutefois moins en France. L'encadrement des tarifs des fermages et le rôle des Safer ont jusqu'à présent maintenu une relative stabilité des prix, qui se situent dans la moyenne basse comparée à celui des pays voisins[10]. Par exemple, le montant moyen d'un hectare de terre agricole était en 2019, de près de 13 000 euros en Espagne ; il atteignait 34 000 euros en Italie et il dépassait 69 000 euros aux Pays-Bas ; en France, il se situait autour de 6 000 euros, un niveau comparable à la Suède (9 000 euros) ou la République tchèque (autour de 8 000 euros). Les tarifs les plus bas (inférieurs à 5 000 euros/hectare) étant dans les pays baltes, ainsi qu'en Roumanie, Bulgarie, Croatie, etc. Cependant, les outils de régulation du foncier en France ont perdu de leur efficacité.

Le contournement de la Safer par des formes sociétaires

La création des Safer en 1962 a permis d'instaurer un contrôle sur les mouvements de terres et une transparence sur les prix du marché. Mais au fil des ans, des trous dans la raquette sont apparus. Le contrôle des agrandissements est de moins en moins contraignant au fil des ans.

La loi d'orientation de 2006 a ouvert une première brèche : elle a retiré de la liste des opérations soumises à autorisation les changements dans la répartition des parts ou actions des sociétés à objet agricole. “Les transferts de parts ne sont plus soumis à autorisation des commissions départementales d'autorisation agricole (CDOA) et les Safer restent largement ignorantes de ces transferts[11].” En clair, jusqu'à l'entrée en application de la loi Sempastous[I], une opération ne relevant pas d'un contrôle total et ne franchissant pas le seuil de superficie maximale n'est pas soumise au contrôle des structures. Une société à objet agricole peut céder 99 % de ses parts sans que la Safer ait son mot à dire.

Or, un nombre croissant de structures adoptent des formes sociétaires. À y regarder de plus près, les sociétés de type Gaec et EARL restent dans la logique du modèle familial, remarque Robert Levesque[12], de l'association Agter[II] qui s'appuie sur des chiffres du recensement 2013 du ministère de l'Agriculture : dans la majeure partie des Gaec, les associés détiennent le capital d'exploitation et participent aux travaux agricoles. Le capital des EARL est détenu par des personnes physiques (10 maximum) et la moitié du capital social doit être détenue par des associés participant aux travaux agricoles. En 2013, les Gaec représentent les trois quarts des exploitations pour près de 60 % de la surface agricole, les EARL 30 %. Si l'on considère le nombre d'exploitations, l'agriculture française est encore majoritairement une agriculture familiale et/ou paysanne. Toutefois, observe Robert Levesque, ces chiffres officiels sous-estiment la concentration des terres. "Certaines unités de production sont constituées de plusieurs exploitations officielles, chacune établissant une demande d'aide communautaire. Une même personne physique peut aujourd'hui détenir la majorité des parts de plusieurs sociétés d'exploitation agricole en détenant même par ailleurs une exploitation individuelle ou une EARL. Ainsi, en Haute-Normandie, une étude de la FNSafer montrait que 48 exploitations étaient finalement réunies en 19 unités de production." L'opacité des montages sociétaires et le démembrement de propriété faussent la lisibilité du phénomène : "une concentration invisible" est en train de s'opérer, qui empêche à très long terme l'accès à la terre de nouvelles générations.

[I] Voir encadré "La loi Sempastous entre en application", p. 97.

[II] Agter : association internationale pour contribuer à l'amélioration de la gouvernance de la terre, de l'eau et des ressources naturelles créée en 2005. https://www.agter.org

Aujourd'hui, les défaillances de la régulation foncière sont soulignées tant par les représentants politiques que par ceux de la profession agricole et des ONG. Emmanuel Hyest, président de la FNSafer, rappelle en 2022[13] que "600 000 hectares sont transférés, par an, dans le cadre de transferts de société, alors que le marché du foncier agricole ne représente que 420 000 hectares. Si on laisse continuer, une grosse partie du foncier serait transférée sans aucune régulation possible, et donc sans possibilité de l'orienter vers l'installation des jeunes". Ces transferts sont plus importants en volume, et le prix des terres s'y négocie à la hausse : ils représentent le double de leur poids en équivalent foncier.

De plus en plus de firmes, de moins en moins de fermes

Les auteurs de l'ouvrage intitulé *Le Nouveau Capitalisme agricole, de la ferme à la firme*[14] livrent une analyse approfondie de ce phénomène. Fruit de 3 ans de travaux et de 80 études de cas, ce livre ouvre la boîte noire de la firme agricole : 10 % des exploitations agricoles françaises relèveraient de cette catégorie en 2013. Elles représentent 28 % de l'emploi et 30 % de la production brute standard du secteur.

Ces structures se caractérisent par une organisation complexe, une séparation entre ceux qui détiennent le capital et ceux qui gèrent l'entreprise, et une très forte utilisation de la main-d'œuvre salariée, permanente et saisonnière.

Parmi ces firmes, on trouve des entreprises de travaux agricoles (ETA), expose Geneviève Nguyen : "Vous avez des propriétaires fonciers qui ont hérité d'une exploitation, mais qui ont une autre activité professionnelle, ou encore des agriculteurs à la retraite sans repreneur, qui délèguent intégralement la gestion de leur domaine à une entreprise de travaux agricoles. Du coup, certaines ETA gèrent plusieurs milliers d'hectares. C'est ça, l'intégration amont-amont. On sait par exemple que 20 % des exploitations en grandes cultures ont totalement délégué leur surface à des ETA."

L'autrice confirme que l'exploitation familiale reste, en nombre de structures, le modèle dominant en France aujourd'hui. "Mais d'autres formes apparaissent, comme la firme ou encore des formes paupérisées d'exploitation. (...) Si notre choix de société est de maintenir l'exploitation familiale, il faut savoir que la forme historique à 2 UTH (unité de travail humain) disparaît à un rythme de 26 % entre 2000 et 2010."

En 2022, la publication des chiffres du recensement 2020 confirme que la tendance se poursuit : avec 389 500 exploitations comptabilisées, 100 000 ont disparu entre 2010 et 2020, soit 20 %. "Une diminution très forte", déclare la sociologue Véronique Lucas[I], à Mediapart. "Cette tendance touche une grande part des pays développés, ce qui montre que l'on s'approche peut-être d'un seuil incompressible. (...) La baisse continue des fermes et des actifs est devenue préjudiciable à une partie des agriculteurs eux-mêmes, confrontés aux surcharges de travail." La sociologue souligne : "L'agrandissement n'est pas bénéfique sur le plan économique. Lorsque la taille des exploitations s'accroît, il n'y a pas augmentation concomitante en termes d'emploi et de valeur ajoutée : le travail est remplacé par des intrants et des machines dont le coût est important. Ces agrandissements génèrent en réalité une moindre performance économique."

Aujourd'hui, 20 % des entreprises agricoles (toutes structures confondues) exploitent 52 % des terres en France. Un taux de concentration que certains jugent encore insuffisant. Le très libéral *think tank* Ifrap[II] estime qu'il place la France à la traîne ; il dénonce "toujours

[I] À l'Institut national de recherche pour l'agriculture, l'alimentation et l'environnement (Inrae) de Rennes.

[II] Institut français pour la recherche sur les administrations publiques. Inscrit comme lobby auprès de l'Assemblée nationale, l'Ifrap argumente depuis des années pour une concentration accrue des structures agricoles et la suppression des Safer.

plus de réglementations franco-françaises" dans les exploitations agricoles et appelle de ses vœux moins de contrôle des Safer, moins de contraintes environnementales et des exploitations plus importantes[15].

N'en déplaise aux tenants du libéralisme sans limites, la terre agricole est un bien "rival" : ce que les uns acquièrent n'est plus à disposition d'autres. C'est pourquoi la régulation des marchés est nécessaire, tant pour la sécurité alimentaire, que pour conserver un accès possible à la terre des jeunes générations. Cette régulation est de plus souhaitable au niveau européen, plaide Robert Levesque : "Est-il réellement possible d'envisager une politique agricole commune sans avoir défini le modèle d'agriculture souhaité ? Est-il possible de soutenir des exploitations de plus de 10 000 hectares comme des exploitations de 30 hectares ?"

Perçues comme des choses que l'on peut s'approprier, les terres sont des objets juridiques. Mais parce que les enjeux de leur préservation nous concernent tous, ce sont aussi des objets politiques. Penser notre relation à la terre est notre responsabilité collective. C'est devenu un enjeu crucial aujourd'hui, pour le renouvellement des générations agricoles.

Renouvellement des générations : le compte n'y est pas

De l'avis unanime, le renouvellement des générations agricoles est un défi essentiel à relever. Or, le nombre de nouvelles installations baisse depuis les années 2000. Le dispositif instauré depuis la loi d'avenir de 2014 *(voir encadré)* n'enraye pas la tendance. En 2019, on a compté 21 000 départs pour seulement 13 400 installations. Le rythme actuel des arrivants est loin de compenser les départs : on estime qu'ils ne compensent qu'environ deux tiers des quelque 20 000 cessations d'activité par an. Sur plus de 400 000 hectares cédés chaque année, la moitié seulement va à l'installation de nouveaux agriculteurs, tandis que 40 % partent à l'agrandissement. Or, "pour garantir la sécurité alimentaire dans les prochaines décennies, assurer le dynamisme des zones rurales et réussir les transitions écologique, climatique, énergétique, économique et sociale qui s'imposent, la présence de très nombreux agriculteurs et salariés agricoles répartis sur l'ensemble des territoires est indispensable", souligne le Conseil économique, social et environnemental (Cese) dans un avis très instructif[16].

À quoi tient ce grand écart entre les objectifs et la réalité ? Est-ce une crise des vocations ? Le Cese pointe surtout la complexité des dispositifs ainsi que l'inadaptation des aides et de l'enseignement aux nouveaux porteurs de projets. Car le métier attire des jeunes, mais ils sont de moins en moins issus du milieu agricole.

Pour ces derniers, classés dans la catégorie "Nima" (non issus du milieu agricole), la complexité du parcours d'installation est telle que beaucoup ne parviennent pas à concrétiser leur projet. Ce constat est encore aggravé pour les femmes, qui représentent 40 % des nouveaux installés[1] et pour les porteurs de projets désireux de s'installer sur de petites surfaces (inférieures à 40 hectares) : or l'installation s'opère sur des exploitations dont la superficie moyenne est de 35 hectares, bien inférieure à la surface moyenne constatée d'une manière générale (69 hectares). La majorité des porteurs de projets "Nima" aspire à travailler en agriculture biologique et privilégie les circuits courts. Nombre d'entre eux visent une installation en collectif et leurs projets s'inscrivent dans une démarche porteuse de valeurs environnementales et sociétales. Des aspirations largement négligées par les dispositifs de formation existants en lycées agricoles, où l'agriculture biologique reste une option. Enfin, les critères de la dotation jeune agriculteur (DJA) sont tels que seulement 40 %

[1] En incluant les transferts entre époux. Voir *Entre transmettre et s'installer, l'avenir de l'agriculture !* Avis du Conseil économique, social et environnemental (Cese) présenté par Bertrand Coly au nom de la section de l'agriculture, de la pêche et de l'alimentation, juin 2020.

des nouveaux installés l'ont perçue ces dernières années. Pourtant, "ce dispositif (...) permet d'assurer aux exploitations bénéficiaires un taux de pérennité très important", souligne le Cese.

Parallèlement, les agricultrices et les agriculteurs qui souhaitent prendre leur retraite éprouvent des difficultés à trouver des successeurs. La situation est paradoxale, déconcertante. Or, lorsqu'on cherche à comprendre ce qui bloque, on en vient inévitablement à la question de l'accès au foncier et du partage de la terre.

Un point accueil installation par département

"Le renouvellement des générations d'agriculteurs, facteur de dynamisme d'un secteur économique compétitif en capacité de répondre au défi agroécologique par des pratiques agricoles innovantes, est une priorité pour les pouvoirs publics." Le ministère de l'Agriculture affirme cet objectif en introduction du cahier des charges national pour le dispositif national d'installation/transmission, mis en œuvre en 2015 dans le sillage de la loi d'avenir pour l'agriculture, l'alimentation et la forêt, promulguée en octobre 2014. Cette loi a apporté de nouveaux outils d'accompagnement pour les jeunes agriculteurs et les nouveaux de moins de 40 ans. Mis en œuvre à l'échelon régional, le dispositif rénové d'installation/transmission a instauré dans chaque département un guichet unique pour tous les porteurs de projets : le point accueil installation. Contrat de couverture sociale, nouveau dispositif d'incitation financière pour favoriser la transmission d'exploitation hors cadre familial à des jeunes de moins de 30 ans, répertoire de l'installation... L'ensemble des dispositions a été élaboré avec les représentants de la profession agricole et les régions.

Edgard Pisani a appelé dès 1977 à redéfinir les rapports de l'homme et de la terre. À la fin de sa vie[17], il appelait à clore le chapitre productiviste qu'il avait largement contribué à écrire : "J'ai été quant à moi productiviste... hier." L'agriculture doit avoir d'autres ambitions et le problème concerne la société globale. "Il s'agit d'inventer une civilisation qui, mêlant les avantages de la ville et ceux de la campagne, serait faite de la synergie d'une agriculture paysanne modernisée et d'une société se développant en milieu rural. Rien de moins." Il rejetait tout aussi fermement le libéralisme, en concluant : "Le monde a besoin de toutes les agricultures du monde et chaque pays a le droit de se nourrir lui-même."

L'agriculture productiviste n'a pas emprunté cette voie et ne semble pas prête à la suivre aujourd'hui plus qu'hier. En effet, le système qui s'est créé autour d'elle, par et pour elle, en amont et en aval, la tient serrée sur les rails du marché, de la compétitivité, ce qui la rend quasi sourde aux alarmes écologiques. Cependant, des minorités actives et solidaires ont tracé une autre voie, celle d'une agriculture paysanne modernisée et d'une société se développant en milieu rural, créant ses liens entre ruraux et citadins. Elles ont inventé notamment des outils collectifs pour acquérir, gérer les terres et installer de jeunes agriculteurs. Car c'est là que se dessine l'avenir de l'agriculture, et par elle celui de nos paysages et de notre alimentation.

Allons rendre visite à ces pionniers, mais auparavant, regardons de près le parcours emblématique de deux jeunes agriculteurs décidés à s'installer. Les obstacles et les difficultés qu'ils ont rencontrés, loin d'être un cas isolé, reflètent ceux de milliers de jeunes et révèlent un système verrouillé, qu'il est urgent de faire évoluer.

5

RÉCIT.
S'INSTALLER, UN PARCOURS DU COMBATTANT.
LA FERME DE LA HOULETTE, CHARENTE-MARITIME

Le métier de paysan fait toujours rêver, pourtant moins d'un aspirant paysan sur trois va finalement parvenir à s'installer. Parmi toutes les raisons avancées à cette froide réalité, l'une d'elles les surplombe toutes : la difficulté de l'accès à la terre.

Cette difficulté est signalée de façon récurrente dans plusieurs travaux[1]. Mais qu'est-ce que cela veut dire, concrètement ? "Tant que vous n'aurez pas trouvé de foncier, vous ne serez pas agriculteur et tant que vous ne serez pas agriculteur, vous aurez beaucoup de difficulté à trouver du foncier[2]." C'est, de manière à peine caricaturale, le message adressé aux porteurs de projets. J'ai cherché à comprendre pourquoi c'était si difficile, à travers le parcours de deux jeunes agriculteurs.

Le récit qui suit est celui de la ferme de la Houlette, en Charente-Maritime, dont les terres ont été acquises en 2020 par la foncière Terre de Liens et louées en fermage à de jeunes agriculteurs.

La ferme de la Houlette

- 24,11 hectares
- Une centaine de brebis
- Production laitière et fromagère

Caroline Thomas et Sébastien Lavau se sont installés en 2020 en Charente-Maritime, sur la commune de La Devise. Leur ferme, la Houlette, propose des produits en agriculture biologique issus du lait de leur cheptel constitué d'une centaine de brebis Lacaune. Leurs fromages frais, yaourts et autres tommes sont tout simplement délicieux. Le couple distribue en circuit court sa production : vente directe à la ferme, en magasin de producteurs, à des restaurateurs. Il respecte le cycle naturel de lactation et ne fabrique plus de fromage d'octobre à avril.

Comment Caroline et Sébastien sont-ils parvenus à s'installer sur les 24,11 hectares de terres de leur ferme ? Un soir de juillet 2021, je vais les rencontrer, pour qu'ils me racontent leur parcours. La fromagère installe deux chaises en plastique à l'ombre de la bergerie. Elle est aussi vive et volubile que son compagnon est réservé.

Caroline vient d'avoir 40 ans. Elle a grandi dans une ferme en Bourgogne, auprès de parents vignerons et éleveurs, avec son grand frère. Lors du départ à la retraite des parents, ce dernier convertit les vignes en bio. Les céréales vont à un agriculteur conventionnel.

Elle évoque la genèse de leur projet, peu après la naissance de leur fils, 4 ans auparavant. Leur histoire commence comme une romance : un jeune couple en quête d'idéal décide de changer de vie. Caroline et Sébastien ont des prénoms de héros de livres pour enfants. Mais leurs aventures sont dignes d'une série à suspense sur Netflix. Quête semée d'obstacles et de difficultés, rencontre décisive d'alliés, secrets, coups de théâtre et coups fourrés : c'est une histoire riche en rebondissements qui se révèle.

Saison 1 : Deux jeunes en quête de terres

Caroline et Sébastien vivent en Bourgogne. Ils sont jeunes parents et ont chacun un emploi stable ; cependant, ils cherchent à donner un sens à leur existence.

Épisode 1 : Le projet de deux jeunes parents

"On était tous les deux en CDI. Sébastien gérait un cinéma municipal sur la commune de Tonnerre, je tenais un magasin de vins, à côté de Troyes. Notre petit est arrivé, on s'est dit : c'est pour lui, pour les autres aussi. Déjà, Sébastien organisait des débats autour de la bio, de la nouvelle agriculture... mais on voulait clairement faire quelque chose de plus concret pour l'avenir agricole. Donc on a quitté nos jobs."

Caroline et Sébastien projettent de créer ou reprendre une ferme pour installer un élevage de brebis laitières et une fromagerie en agriculture biologique. Fonctionnaire territorial, Sébastien obtient une disponibilité. Caroline entame en janvier 2017 un brevet professionnel pour adulte à l'Énilia (École nationale d'industrie laitière et des industries agroalimentaires) de Surgères, en Charente-Maritime. Elle obtient son diplôme 6 mois plus tard. Sébastien la rejoint pour se former à la conduite du troupeau, l'agnelage (la mise bas des brebis) et les soins aux animaux. Il se forme aussi aux bonnes pratiques d'hygiène pour la fabrication de produits laitiers[3].

Le couple décide de chercher des terres aux alentours et commence dès l'été 2017 à effectuer des missions via le service remplacement de la MSA (Mutualité sociale agricole) et acquiert de l'expérience de ferme en ferme. Les deux apprentis éleveurs sont très demandés : "Peu de personnes avaient notre parcours : élevage, transformation fromagère et traite", observe Caroline.

Durant cette année, ils continuent à monter leur projet. Les premières expériences les confortent dans leur choix : ce sera les brebis, assurément.

Épisode 2 : Parcours et paysages

Dans le même temps, ils suivent le parcours d'installation avec la chambre d'agriculture : ils sont reçus au point accueil installation, un conseiller définit avec eux un plan de professionnalisation personnalisé ou "3P", agréé en décembre 2017 ; ils doivent également suivre un stage de 21 heures : autant d'étapes indispensables pour avoir le droit de s'installer et obtenir la DJA (dotation jeune agriculteur) à laquelle tout arrivant de moins de 40 ans peut prétendre. Caroline a 36 ans, Sébastien, 40 ans. En parallèle, le couple cherche des terres : 30 hectares, pour atteindre l'autonomie et nourrir les brebis sur leurs terres. Le temps est compté. À partir de décembre 2017, un compte à rebours démarre. Une fois agréé, le plan de professionnalisation personnalisé doit être validé dans les 2 ans : ils ont 24 mois pour trouver des terres et le financement. Ils se lancent dans l'aventure avec quelques économies et des allocations de retour à l'emploi.

Localement, leur projet est original : autrefois terre d'élevage laitier, le nord de la Charente-Maritime est devenu une terre dévolue aux grandes cultures. Si l'on trouve encore nombre d'élevages de chèvres et de bovins, il est rare d'y croiser des moutons. Champs de blé, de maïs, de colza et de tournesol alternent dans la plaine d'Aunis jusqu'à l'horizon, jusqu'au port de La Rochelle Atlantique. Deuxième port céréalier de France, celui-ci exporte bon an mal an près de 4 millions de tonnes de céréales et oléagineux. Quant à l'agriculture biologique (AB), si la région Nouvelle-Aquitaine se proclame deuxième région bio de France avec, fin 2022, plus de 9 000 fermes certifiées et 9,7 % de la surface agricole utile, la Charente-Maritime est à la traîne, avec 531 producteurs et 5 % de la surface agricole.

Cette originalité, qui leur apparaît comme un atout distinctif pour commercialiser leurs produits, va les desservir, Caroline s'en rend compte : "On arrive hors cadre familial, c'est une reconversion professionnelle, on fait de l'agriculture biologique, des ovins, il n'y en a pas dans le coin : on est un peu pris pour des extraterrestres."

Épisode 3 : En quête de terres : reprendre

Lorsque Caroline et Sébastien se rendent chez Évelyne Marchet, éleveuse de brebis et fromagère à Villiers-Couture, l'affaire semble faite pour eux : "Elle avait 200 brebis laitières, elle arrêtait au moment où on cherchait, expose Caroline. Elle nous a pris en stage, elle m'a formée sur ses types de fabrication ; on a passé du temps avec eux pour la reprise de leur exploitation. L'avantage, c'est que tout était monté ; elle avait sa clientèle sur Rungis, il y avait juste à continuer."

Mais alors ? "Évelyne et son mari louaient une partie de leurs terres à des membres de leur famille, or son mari avait encore besoin d'en exploiter une partie. Ils nous laissaient un droit de passage sur leurs prairies. Ce n'était pas un bail. Et on n'avait pas assez d'hectares. C'est tout le problème du foncier : le cousin ne veut pas louer à quelqu'un qu'il ne connaît pas ; on reprenait une ferme, mais sans aucune sécurité. Pour nous, ce n'était pas possible", se souvient Caroline.

Pour trouver des terres, Caroline et Sébastien utilisent tous les moyens à leur portée : les appels à candidatures de la Safer, les annonces Terre de Liens, le réseau InPact (Initiatives pour une agriculture citoyenne et territoriale).

À La Villedieu, en lisière du département des Deux-Sèvres, la ferme de Mélanie Boursin est à reprendre. Mais il n'y a que 10 hectares de terres. "On était bien loin du compte. On n'avait pas trop envie de compter sur le décès d'un tel et un tel. Surtout, il y avait une grosse parcelle au-dessus de la bergerie et cette parcelle était à un céréalier conventionnel. Toute l'année, l'hectare de récréation des brebis et le bâtiment auraient été exposés aux pesticides. Ça me posait vraiment un problème, d'être en agriculture bio et d'avoir ça juste à côté."

Caroline et Sébastien rencontrent des difficultés communes à ceux qui s'installent hors cadre familial. En France, la plupart des terres sont exploitées sous le statut du fermage. Depuis la loi de 1946, un propriétaire qui conclut un bail rural avec un fermier s'engage, avec un droit à renouvellement automatique, droit de préemption du preneur et droit de cession à ses descendants. Mais ce bail n'est pas transmissible aux repreneurs hors cadre familial[1].

[1] La loi d'orientation de 2006 a introduit la possibilité d'un bail cessible : une clause dans un bail rural autorise le locataire à céder son bail à des personnes autres que ses descendants ou son conjoint. La durée du bail initial est fixée à 18 ans. Il doit être signé devant notaire et se renouvelle par tacite reconduction.

Épisode 4 : En quête de terres : créer

Un agriculteur bio, Édouard Rousseau, leur propose une maison et des terres dans le marais de Rochefort. “Notre projet l’intéressait dans la mesure où des porteurs de projets bonifiaient ses terres. On a pensé que ce serait possible. Il nous avait proposé la vente de la maison.” Mais les terres et la maison sont situées en zone Natura 2000 et, surtout, la zone est classée N (zone naturelle) et non A (zone agricole). “Il était impossible de construire quoi que ce soit.” Sébastien ajoute : “Il aurait fallu construire du souple, donc du tunnel plastique ; ça devenait aberrant. Pas de possibilité de parking, pas de réception de clientèle. La grange existante n’était pas utilisable telle quelle et on n’avait pas le droit de l’améliorer pour la transformer en bergerie. On a travaillé avec la communauté d’agglomération, avec Édouard, avec la mairie. On a vu que ce serait vraiment compliqué.”

Sur l’île d’Oléron, les élus proposent des terres aux éleveurs, afin de les entretenir. “Mais on n’avait pas le droit de faire d’habitation, explique Sébastien. Et il ne fallait pas que la fromagerie dépasse du bâtiment existant. Ils nous ont certifié qu’en préfecture, ça ne passerait jamais.”

En Vendée, les bâtiments sont parfaits, mais il n’y a que 5 hectares de terres… Le jeune couple va de tentatives en renoncements, obstinément. “Ça nous a aidés tout ça. On a grandi et ça a fait grandir le projet”, estime Sébastien. Ils retravaillent les points faibles.

Épisode 5 : Le temps presse

Été 2018. Caroline et Sébastien sont sur le point de s’installer en Charente, sur 24 hectares, “mais avec un corps de ferme complètement à revoir, l’investissement était énorme ; et pour se rendre au premier marché, il fallait faire 50 kilomètres”.

C'est alors que paraît l'appel à candidatures Safer pour la reprise de terres sur la commune de La Devise. "On a postulé, mais on n'y croyait pas vraiment. Parce que 24 hectares, en vente, dans l'Aunis..." Le compte à rebours est bien entamé : il leur reste un an et demi pour trouver des terres et le financement.

Fin de la saison 1.

Saison 2 : Rencontres décisives

Le vent tourne : les porteurs de projet font une série de rencontres décisives.

Épisode 1 : Un paysan solitaire

Dans la plaine d'Aunis dévolue aux grandes cultures, les terres qui se libèrent partent souvent à l'agrandissement, sans que la Safer ait son mot à dire à l'époque. La manœuvre est simple : une fois que l'acheteur et le vendeur se sont mis d'accord, le cédant crée une société, l'acheteur acquiert 99 % des parts et le tour est joué. En effet, les cessions non totales de parts sociales ne sont pas soumises à autorisation. En France, en 2019, 616 000 hectares ont ainsi changé de mains en toute discrétion[4].

L'appel à candidatures pour les terres de La Devise a une origine accidentelle : l'agriculteur qui y était installé vivait seul, il a été victime d'un accident cardiovasculaire et ne pourra plus exercer. Il ne cultivait plus ses terres, élevait quelques vaches. Il est placé sous curatelle tandis que la Safer met ses terres en vente. "Pour nous, il fait partie de l'histoire de notre installation. Malheureusement, s'il ne lui était pas arrivé ça, on n'aurait jamais pu s'installer. Donc on lui doit quelque chose", estime Caroline.

Épisode 2 : Rencontre avec la Safer

Au cours de l'été 2018, le couple rencontre le conseiller Safer à Saintes. "Ils rencontrent tous les candidats. On a un dossier à remplir ; ils nous posent quelques questions sur notre projet, pour en discuter en comité, parce qu'on n'a pas le droit d'être présents." Le couple maîtrise le sujet. "On le présentait très naturellement et avec beaucoup de sincérité... Le conseiller nous a dit : vous avez tous les feux au vert. Mais vous êtes neuf candidats." Parmi eux, beaucoup de voisins : des céréaliers, mais un seul autre jeune agriculteur. Et la communauté de communes, qui demande 12 hectares dans le cadre d'un échange de terres pour une zone artisanale. Leur projet, en élevage et en bio, est théoriquement prioritaire.

Caroline et Sébastien postulent en septembre 2018. Leur dossier rejoint tous ceux qui seront examinés en comité technique départemental. Lequel est composé d'élus locaux, de représentants de l'État et de plusieurs organisations agricoles, mais aussi des associations environnementales et de la fédération de chasse. Il peut varier à la marge suivant les départements, en ouvrant plus ou moins la porte à des organisations agricoles non majoritaires. Ce comité technique rend un avis consultatif. Le comité directeur prendra ensuite la décision.

Épisode 3 : Réunir le financement

En quelques semaines, le couple doit trouver la solution pour acheter les terres. "Les syndicats nous ont dit clairement : pour que ça passe, il faut que vous ayez votre accord pour le financement." En septembre 2018, le couple dépose une demande de portage foncier pour 120 000 euros auprès de l'agence du Crédit agricole de Surgères.

Épisode 4 : Premier contact avec Terre de Liens

Octobre 2018, La Rochelle. Caroline se rend à une rencontre proposée par La Fabrique à entreprendre. Là, elle fait connaissance avec Claudette Bonnin, administratrice de l'association Terre de Liens Poitou-Charentes. Cette professeure d'économie à la retraite est aussi fille d'agriculteur. Elle se souvient bien de cette première rencontre : “On discute. Elle me dit : on a trouvé des terres et on passe en comité technique Safer la semaine prochaine. Or, pur hasard, je suis invitée à assister au comité Safer ce même jour. Le directeur m'avait invitée le mois précédent, je n'avais pas pu venir ; donc je me rends à ce comité.”

Malgré ses demandes réitérées, le mouvement Terre de Liens ne siège dans aucun des comités Safer. En tant qu'invitée, sa représentante a le droit d'observer, mais pas d'intervenir.

Épisode 5 : Tour de table au comité technique

21 novembre 2018, Saintes. Une vingtaine d'affaires sont examinées. Vient le tour des terres de La Devise. Claudette raconte : “La présentation de ces terres et la présentation ensuite de tous ceux qui souhaitent acquérir ces terres sont faites par un technicien de la Safer ; et le vote, presque à l'unanimité, se porte sur le projet de Caroline et Sébastien, à savoir : première installation, élevage, bio, dans les plaines aunisiennes de grandes cultures. Ça a retenu l'attention de tous, y compris des JA (Jeunes agriculteurs).”

C'est à souligner : chacun est sensible au projet de Caroline et Sébastien, porteur de sens pour eux, mais aussi pour ces terres aux haies préservées, épargnées par les pesticides depuis des années et sur lesquelles passe un petit cours d'eau. Chacun des membres du comité a à cœur d'installer de jeunes éleveurs en bio, conformément aux principes énoncés par le ministère de l'Agriculture.

Claudette poursuit son récit : “On arrive au dernier intervenant, qui dit : non. Et le dernier, c’était la banque, le Crédit agricole.”

Coup de théâtre : sans financement, le dossier ne passe pas.

Épisode 6 : Secrets et omission

Caroline a depuis cherché à retracer le fil des événements ayant conduit à ce crash test. Pour motiver son refus, le représentant du Crédit agricole aurait indiqué qu’il n’y avait pas de demande de portage déposée. Or, le couple avait bien accompli toutes les démarches. “On avait formulé notre demande auprès du Crédit agricole de Surgères.” Cette démarche est attestée par un document, remis à la Safer, insiste-t-elle : “On avait un certificat de notre passage en agence.”

Dans la foulée, Caroline m’apprend que les porteurs de projet n’ont pas le choix de l’agence : “On a essayé d’avoir des rendez-vous ailleurs. À chaque fois, on nous a renvoyés à l’agence de Surgères.”

Quelques semaines plus tard, Caroline et Sébastien se verront confirmer par leur agence qu’au moment du passage en commission, leur dossier n’avait pas été transmis au représentant départemental de la banque qui siège au comité. *A posteriori*, la banque avance pour motif le besoin de “travailler l’étude économique” que les porteurs de projet avaient pourtant longuement effectuée avec la chambre d’agriculture.

Quelle explication à cette situation ? Une erreur humaine ? Un manque de connaissance du sujet : l’élevage ovin, l’agriculture bio ? Ou d’autres raisons ? L’un des administrateurs du conseil d’administration de l’agence de Surgères avait également postulé pour acheter des terres mises en vente. Y aurait-il eu des pressions ?

Dans le soir qui vient, je les presse de questions. D’après Sébastien, cela dépasse leur cas personnel : c’est un véritable système. “Ce qu’on a compris maintenant, c’est que des gens se placent dans tous les syndicats. Dès qu’il y a une terre qui se libère, ils sont sur le coup. On a compris que c’était un système pour continuer à grossir, ça se passe un peu partout. Ils font ce qu'il faut pour bloquer les projets et pour nous, en tout cas, ils ont essayé."

"Le calcul c'est : ils n'ont pas le financement, ils n'auront pas les terres", complète Caroline.

Leur histoire prend une autre tournure, tout à coup. L'accès au foncier est-il un western moderne, une guerre sans merci, où tous les coups sont permis ?

Épisode 7 : L'engagement de la Safer

Revenons à Saintes, au moment du comité technique. Comme tous les présents, Claudette Bonnin vient d'entendre le "Non" du représentant du Crédit agricole. Second coup de théâtre : Paul Arnold, le directeur de la Safer, se tourne alors vers l'administratrice de Terre de Liens : Terre de Liens serait-elle prête à acheter ces terres ? Claudette Bonnin réplique : "Je ne peux pas répondre immédiatement comme ça, mais pourquoi pas ?" Le président et le directeur disent alors : "Très bien ; on va stocker les terres... La région sera ravie de faire un portage foncier, c'est un beau projet." Dans le cadre d'un dispositif de portage foncier régional, la Safer peut acheter les terres avec l'aide de la région, afin d'accorder du temps pour trouver le financement. "Dans ce cas-là, on devient fermier de la Safer 2 ans, renouvelable une fois", me précise Caroline.

Saintes, 5 décembre 2018. Le comité directeur suit l'avis du comité technique. La Safer stocke les terres. Caroline et Sébastien signent un bail. Les voici fermiers, pour 2 ans. Le plus dur semble derrière eux : ils ont enfin des terres pour accomplir leur projet. Caroline remplit toutes les conditions pour obtenir la dotation jeune agriculteur. En réalité, ils n'ont encore ni habitation, ni bergerie. Ils vont devoir trouver les financements pour ces bâtiments. Il leur reste un an pour s'installer. Leur victoire semble bien fragile.

Fin de la saison 2.

Saison 3 : La course contre la montre

Douze mois pour s'installer.

Épisode 1 : Le choix du propriétaire

En janvier 2019, le bail est signé avec la Safer, pour 24,11 hectares de terres répartis en trois parcelles, dont une grande de 18 hectares et deux d'environ 3 hectares, dont une de marais. Bonne nouvelle : les terres sont classées immédiatement en bio, sans période de conversion, car elles ne sont plus cultivées depuis 5 ans.

Les nouveaux fermiers logent dans un mobile home sur la ferme. "Il fallait qu'on s'installe avant décembre 2019 ou janvier 2020, sinon, mon 3P (plan de professionnalisation personnalisé) n'était plus valide. Il fallait recommencer tout le parcours depuis le départ."

"Là, a commencé une sorte de parcours du combattant", commente Claudette Bonnin. Caroline et Sébastien s'attellent à la fois à trouver une solution pérenne pour les terres, à réunir les financements pour construire le bâtiment qui abritera la bergerie, la fromagerie et le local de vente... et à accomplir moult démarches administratives.

Deux organismes sont en mesure d'acquérir les terres préemptées par la Safer : la foncière Terre de Liens, et le GFA (groupement foncier agricole) de la Fondation Léa Nature, dont le siège est à côté de La Rochelle. Sébastien raconte : "On a rencontré le groupe local, qui nous a expliqué ce qu'était Terre de Liens, comment ça fonctionnait. Par rapport à Léa Nature, on n'a peut-être pas poussé la recherche assez loin, mais on a vite choisi Terre de Liens. C'était à notre taille." "Ça nous a plu, poursuit Caroline, le côté social, le côté environnemental, la terre protégée. Nos terres resteront en bio et iront sur un projet, mais ça ne partira pas à l'agrandissement, ça ne pourra pas être revendu."

Les fermiers évoquent aussi la dimension humaine et le travail en réseau. Par-dessus tout, ils insistent sur la pérennité de ce choix. Sébastien :

— Si notre fils voulait continuer derrière nous, il serait prioritaire. Et il y avait surtout avec Terre de Liens cette question de la transmission qu'on réglait dès l'installation. Ce sera bien plus simple pour le prochain.

— Et pour nous ! coupe Caroline.

— Pour le suivant, reprend Sébastien, ça sera bien plus simple que ça ne l'a été pour nous. On s'enlève le poids de transmettre.

— On a mis toute notre énergie, notre âme dans ce projet, conclut Caroline, c'est notre deuxième bébé. Pour nous, c'est important que ça puisse être transmissible facilement et que derrière, ça reste protégé... On n'est que de passage.

Épisode 2 : Convaincre la banque

Pour qu'un agriculteur soit officiellement installé, il doit non seulement disposer de terres et d'outils de travail nécessaires à son exploitation, mais aussi satisfaire les obligations légales : avoir obtenu l'autorisation d'exploiter auprès de la direction départementale des territoires et de la mer, déposer les dossiers de demande d'aides et effectuer les démarches juridiques et sociales auprès du centre de formalités des entreprises (CFE) et de la MSA.

Après le désistement, en 2018, du Crédit agricole et du Crédit mutuel, le couple s'est adressé à la NEF[1], avec le soutien de l'association territoriale Terre de Liens : cette coopérative de finances

[1] La NEF (Nouvelle économie fraternelle) est une banque éthique, créée en 1978 sous forme associative, inspirée de banques hollandaise (Triodos Bank), suisse et allemande, qui a participé à la création de Terre de Liens (voir "Naissance de Terre de Liens", p. 140). La NEF soutient au départ des projets en lien avec le mouvement anthroposophique : des écoles Steiner-Waldorf, le mouvement d'agriculture en biodynamie. Devenue société coopérative en 1986, elle permet de financer différents projets non soutenus par le système bancaire classique.

solidaires est un partenaire historique du mouvement. Mais elle est peu familière de ce type de projet. "La NEF aide beaucoup de petits et moyens projets, mais ça, c'était plus gros", explique Claudette. La banque commence par refuser. L'association territoriale et sa salariée Ivette Madrid travaillent d'arrache-pied pour faire évoluer sa position. De leur côté, les fermiers persévèrent et diversifient les sources de financement : prêts d'honneur, différentes subventions dont l'aide européenne Leader, et même financement citoyen Cigales[1]. Le 25 août 2019, la NEF accorde enfin le prêt de 160 000 euros.

Épisode 3 : Ultime coup de théâtre

Reste à obtenir le sésame à l'installation, en commission départementale d'orientation de l'agriculture (CDOA). Cet organe consultatif donne son avis au préfet dans la mise en œuvre de l'ensemble de la politique des structures agricoles. C'est un passage obligé pour obtenir l'autorisation d'exploiter et la dotation jeune agriculteur (DJA). Outre des représentants de l'État et du conseil départemental, la commission réunit notamment des représentants de la chambre d'agriculture, des syndicats agricoles, de la MSA, de coopératives agricoles. Les porteurs de projets ne sont pas présents lors de la commission.

D'abord annoncé pour le printemps, le projet d'installation de Caroline et Sébastien est présenté à la commission du 15 octobre 2019, à La Rochelle. Ce passage semble une simple formalité : ils ont accompli toutes les démarches, ils ont le bail de la Safer, Terre de Liens s'est engagée pour les terres, ils ont l'accord bancaire et ils remplissent toutes les conditions pour obtenir la fameuse DJA. Cette fois, Claudette Bonnin est absente, mais certains des membres de

[1] Les Cigales – Club d'investisseurs pour une gestion alternative et locale de l'épargne solidaire – sont un réseau citoyen d'accompagnement et de financement issu de l'économie sociale et solidaire.

cette commission connaissent très bien leur projet : Karine Trouillard, représentante du GAB 17 (groupement d'agriculture biologique) et Antoine Tiercelin, de la Confédération paysanne. Vient le tour du projet de la ferme de la Houlette.

À ce moment-là, Claudette est en Dordogne. Elle reçoit un texto d'Antoine Tiercelin : "« Ont-ils l'accord de la banque ? » Je dis : Oui. Deuxième texto : « Mais, pour la totalité ? » – Oui." Simultanément, Karine Trouillard envoie une demande identique à Caroline. Celle-ci confirme : elle a bien envoyé l'accord bancaire à la chambre d'agriculture, et le renvoie aussitôt par mail à son interlocutrice. À La Rochelle, la représentante du GAB montre le document au représentant de la chambre d'agriculture. Celui-ci rétorque : "Je n'ai pas mes lunettes." "Il avait le dossier devant lui fermé, et il ne l'a pas ouvert", relate-t-elle.

À nouveau, le projet est sur la sellette : cette fois, c'est l'obtention de la dotation jeune agriculteur qui est en jeu. Une subvention vitale pour l'équilibre de leur dossier. Il faudra qu'un tiers s'interpose pour que le dossier passe, *in extremis*. Caroline obtient la dotation à laquelle elle a droit. L'installation a lieu en décembre 2019.

Épisode 4 : Vers une nouvelle ferme Terre de Liens

Du côté de Terre de Liens, la démarche suit son cours. Le projet est soumis à l'association régionale Terre de Liens Poitou-Charentes. Le conseil d'administration émet un avis favorable en septembre 2019. Le coordinateur, Pierre-Marie Moreau, présente alors le projet au collectif d'experts du comité d'engagement de la foncière Terre de Liens, qui l'approuve en octobre. Vient ensuite l'acquisition des terres.

Chaque acquisition donne lieu à une collecte citoyenne. Celle-ci s'achève en décembre de la même année sur un franc succès : la mobilisation a dépassé les espérances. Claudette se souvient de l'enthousiasme du groupe local, pour qui c'est une première acquisition : "C'était un beau projet Terre de Liens. Vu l'environnement, il valait mieux que ça n'aille pas à l'agrandissement et aux céréales."

Dès le 25 janvier 2020, Terre de Liens avait organisé une réunion publique sur la commune pour annoncer officiellement son engagement et la naissance de cette nouvelle ferme. Plus de 150 personnes sont présentes. Outre les membres du mouvement et le directeur de la Safer, il y a des agriculteurs locaux, bios et conventionnels, et de nombreux habitants. Debout dans le fond, Caroline et Sébastien, toujours fermiers de la Safer, semblent intimidés.

En fait, ils sont démoralisés : l'automne précédent, dès le prêt accordé, ils ont entrepris la construction du bâtiment qui abritera la bergerie, le laboratoire, la salle de traite et le local de vente. Mais une malfaçon du terrassement retarde les travaux. Comment vont-ils dans ces conditions accueillir les brebis et commencer enfin leur activité ?

Épisode 5 : Des brebis et une pandémie

Le 14 février 2020, une centaine de brebis – les "Valentines" comme les appelle Caroline – arrivent à la ferme.

Le bâtiment est clos et couvert. Mais il n'y a encore ni salle de traite ni laboratoire. Les épreuves se succèdent : quatre semaines plus tard, le premier confinement bloque tout. Les fermiers ont créé leur société en octobre 2019, mais les travaux ne s'achèvent qu'en juin 2020. La vente des premiers fromages débute en juillet. Ils signent le bail rural environnemental[1] avec Terre de Liens en octobre 2020.

[1] Ce bail rural spécifique permet d'orienter les pratiques agricoles vers la préservation de la ressource en eau, de la biodiversité, des paysages, des sols, de l'air ou encore la prévention des risques naturels.

Épilogue

Un an plus tard, le 18 octobre 2021, un groupe de membres de Terre de Liens se rend sur la ferme pour réaliser le diagnostic Humus. Ce diagnostic permet d'évaluer la fertilité des sols à travers 17 indicateurs, répartis en cinq finalités : préserver les sols contre l'érosion, préserver leur structure, maintenir et augmenter la biodiversité, le taux de matière organique, retenir les éléments minéraux. Depuis, les fermiers se sont investis dans un diagnostic de la biodiversité sur les terres, avec l'aide de la Fondation Terre de Liens[I].

Caroline et Sébastien logent toujours en mobile home. Mais les jeunes parents peuvent vivre et travailler près de leurs brebis. Ils ont désormais la certitude que les terres seront préservées même après eux.

Repenser l'accès à la terre pour renouveler les générations

Si le jeune couple a réussi à s'installer, c'est grâce à son incroyable persévérance, à sa foi en son projet, et à l'intérêt que ce dernier a suscité auprès de tout un réseau. Combien de porteurs de projets, moins déterminés ou moins soutenus, ont abandonné en route ? Le parcours ponctué d'obstacles à l'installation de Caroline et Sébastien n'est pas un cas isolé.

Du nord au sud, les campagnes bruissent d'histoires sombres, où des jeunes en quête de terre se voient proposer, en lieu et place d'un fermage, des “pas-de-porte[II]”, voire des loyers de fermage non

[I] Dans le cadre du programme biodiversité, voir “Propriétaire collectif et citoyen”, p. 164.

[II] Sanctionné par le droit rural depuis 1946, le pas-de-porte est une pratique qui consiste pour le locataire d'une terre agricole à payer un droit d'entrée au locataire sortant et éventuellement au propriétaire de la terre.

déclarés et autres "arrangements" précaires qui les privent de la sécurité d'un accès durable à la terre.

Pour les organisations engagées dans l'agriculture paysanne et l'agroécologie, assurer le renouvellement des générations appelle à un changement systémique et à une autre gouvernance dans les instances de décision. Les acteurs historiques méconnaissent tout un pan de l'agriculture d'aujourd'hui. Dans les instances de décision et de mise en œuvre des politiques d'installation (tels les comités Safer et les commissions CDOA) la représentation des organisations qui connaissent bien les problématiques spécifiques d'installation hors cadre familial et en agroécologie reste très faible. Si le verrouillage des espaces de décision se maintient, les parcours d'installation des jeunes continueront à ressembler à de périlleuses séries à suspense.

PARTIE 2

LES COMMUNS, OUI, MAIS COMMENT ?

Sommes-nous condamnés collectivement à ce que la terre se dérobe sous nos pieds ? Et si la solution venait du collectif, justement ? De nombreuses initiatives locales d'appropriations collectives de terres agricoles fleurissent. Nous irons à leur rencontre du Grand Est au Sud-Ouest, du Larzac à la Bretagne. Ces initiatives sont nées de solidarités, de luttes foncières, de prises de conscience. Elles partagent une vision politique où la terre n'est pas une marchandise. C'est l'outil de travail des paysans, c'est aussi un bien commun à préserver dans l'intérêt de tous. Les toutes premières éclosent dans les années 1970 ; d'autres à la fin du siècle dernier.

Ce qui rassemble cet archipel d'initiatives, c'est le portage collectif de la terre *(voir encadré)*. Nombre d'entre elles adoptent et adaptent pour fonctionner un outil juridique né en 1970, le groupement foncier agricole, ou GFA *(voir encadré)*, mais elles utilisent aussi d'autres solutions.

Les tout premiers groupements fonciers agricoles mutuels naissent dans le département de la Marne, à l'initiative du syndicat majoritaire, la FDSEA. Dans la foulée, les paysans du Larzac les utilisent comme un moyen de lutter contre l'expropriation de terres dans le cadre de l'extension d'un camp militaire. Des différences politiques séparent ces deux exemples, comme le choix d'un modèle d'agriculture. Les scissions syndicales qui verront naître la Confédération paysanne, puis la Coordination rurale n'interviendront que dans les années 1980. Mais ces mouvements inspirent des paysans d'autres régions, notamment au Pays basque, en Bretagne, en Alsace... Souvent issues de l'éducation populaire, ces initiatives se fondent sur une conception paysanne et citoyenne de l'agriculture. Elles inspirent les fondateurs du mouvement Terre de Liens, né en 2003, qui est présent aujourd'hui dans toute la France métropolitaine. Terre de Liens propose des formes collectives et citoyennes d'acquisition pour préserver les terres agricoles et "faire pousser des fermes".

Ces alternatives font réseau. D'autres émergent. Chacune questionne notre relation à la terre, que l'on soit paysan ou non, rural ou citadin. Elles tissent des liens entre ceux qui produisent la nourriture et ceux qui l'achètent. Elles s'ancrent dans des réalités locales souvent invisibles au plan national. Pour les rencontrer, il faut accepter de multiplier les points de vue, délaisser un discours national centralisé. Réatterrir.

Chaque terre a son histoire. Dans la Marne ou au Larzac, en Alsace, au Pays basque, en Bretagne, chacune raconte la sienne. Chacune est une histoire humaine. Aucune n'est isolée, et les liens entre elles dessinent la carte d'une autre géographie agricole. Un récit est en train de s'écrire, dans les luttes et dans l'urgence, dans les rencontres et les liens, dans la conscience de la nécessité de s'engager pour changer un système. Pour replacer l'agriculture en tant que socle du contrat social et des relations avec les écosystèmes. Le choix d'un modèle agricole nourricier viable, durable est un choix véritablement politique.

Le portage collectif de la terre : une dimension du portage foncier

Les "opérations de portage foncier" ont pour objectif de maîtriser la propriété de la terre afin de la mettre à disposition d'un agriculteur. On désigne par portage foncier "des actions rassemblant différents types d'acteurs locaux (collectivités locales, organisations professionnelles agricoles, associations...), visant à acquérir des terrains de manière non temporaire afin d'en maintenir l'utilisation agricole[1]".
Toutes les initiatives présentées ici ont mis en œuvre le portage collectif de la terre. Le groupement foncier agricole, GFA, est le principal outil utilisé par des acteurs non institutionnels. Ces acteurs ont recours à d'autres structures, telle la

société civile immobilière, SCI, pour répondre à la problématique de gestion du bâti, et la société coopérative d'intérêt collectif : SCIC. De forme privée et d'intérêt public, la SCIC associe des personnes physiques ou morales autour d'un projet commun alliant efficacité économique, développement local et utilité sociale.

Les GFA, couteaux suisses de la préservation du foncier ?

Créés par la loi n° 70-1299 du 31 décembre 1970, les groupements fonciers agricoles sont destinés à favoriser le transfert des exploitations agricoles et à les protéger des risques de démembrement, en privilégiant la transmission de parts sociales plutôt que le partage de biens en direct. Ils succèdent aux GAF (groupement agricole foncier) mis en place par la loi d'orientation agricole de 1962, en même temps que les Gaec.
La loi précise que le GFA est une société civile formée entre personnes physiques. Par dérogation, certaines personnes morales peuvent être associées : Safer, sociétés civiles de placements immobiliers agréés, entreprises d'assurances et de capitalisation, coopératives agricoles... le groupement foncier agricole a pour objet la création et/ou la conservation d'une ou plusieurs exploitations agricoles. Le GFA requiert la rédaction de statuts et leur dépôt au greffe du tribunal de commerce, ainsi que l'immatriculation au registre du commerce et des sociétés. Cependant, contrairement à d'autres formes sociales, un GFA n'est pas autorisé à faire un appel public à l'épargne : ce qui explique que dans les différentes formes

de GFA mutuels que l'on va découvrir, les collectes de fonds s'effectuent essentiellement via des réseaux.
Si l'on parle de GFA familiaux, GFA mutuels, GFA citoyens, GFA investisseurs... en raison des finalités différentes, il existe en fait deux grands types de GFA : le GFA exploitant – par exemple des GFA familiaux – et le GFA bailleur, qui se traduit par un bail de location à un fermier.
Avantages :
Le GFA facilite le maintien et la transmission des exploitations ; il réduit l'endettement de l'exploitant ; il assure ou facilite la gestion des terres dont il est propriétaire, notamment en les donnant en location dans les conditions prévues dans le cadre du statut du fermage et du métayage.
Inconvénients :
Les associés sont responsables des dettes du groupement foncier vis-à-vis des tiers sans aucune limite et proportionnellement à leur participation dans le capital social. Les associés non exploitants peuvent trouver des difficultés pour vendre leurs parts à des repreneurs existants ou encore à de nouveaux sociétaires.

Le fonds de dotation

Cette structure juridique entre l'association et la fondation fonctionne sans système de parts ni d'actions. Le fonds de dotation reçoit et gère des biens et des droits de toute nature qui lui sont apportés à titre gratuit et irrévocable en vue de la réalisation d'une mission d'intérêt général. Le projet ne peut donc être fragilisé par des personnes voulant récupérer leurs parts. Cet outil récent est mobilisé fréquemment

(380 ont été créés en 2020), car sa création nécessite une simple déclaration en préfecture. Les donations sont défiscalisables à hauteur de 60 % pour les entreprises, et 66 % pour les particuliers. Ce statut est souvent mobilisé pour des gestions collectives de foncier. Dans un fonds de dotation, le pouvoir n'est pas lié aux sommes apportées. La propriété et l'usage sont dissociés. Les acquisitions de terres et de bâtis réalisées deviennent un bien collectif. Le fonds peut confier selon des formes variées (baux, conventions, prêt, etc.) l'usage des terres, habitats, forêts et autres à des structures s'organisant collectivement et s'engageant à respecter les objectifs. Les décisions sont prises par un conseil d'administration constitué de personnes mandatées et non de bénéficiaires potentiels.

Inconvénients :

Le fonds de dotation ne peut s'appuyer que sur les dons et donc sur la générosité pour acquérir et gérer du foncier. Il ne peut pas faire appel à l'épargne, ce qui en limite les capacités d'action.

1

JOUER COLLECTIF POUR L'ACCÈS À LA TERRE : LES PIONNIERS

Investir dans la terre : les GFA mutuels de la Marne

La Marne

- Surface agricole utilisée (SAU) : 550 000 hectares, dont 23 000 hectares de vignoble (moins de 5 %)

Les GFA mutuels de la Marne*

- 27 GFA
- 3 500 hectares
- 3 500 porteurs
- 18 000 parts
- 280 fermiers

*Chiffres septembre 2022.

Les tout premiers groupements fonciers agricoles mutuels (GFAM) sont nés dans la Marne, il y a plus d'un demi-siècle, affirme avec fierté Antoine Bertin, responsable du pôle foncier à la Fédération départementale des syndicats d'exploitants agricoles de la Marne (FDSEA 51).

La mission principale de mon interlocuteur est d'accompagner ces sociétés. Répartis sur tout le territoire, les 27[1] GFA marnais détiennent 3 500 hectares. En 2022, 280 fermiers ont un bail avec ces sociétés civiles. Chaque année, de nouvelles opérations sont lancées et de nouveaux hectares entrent dans les GFA. “On achète en moyenne par an 130 à 150 hectares. C'est une grosse logistique.”

[1] À la suite d'une fusion entre deux GFA.

Nous réalisons l'entretien par téléphone fin janvier 2022. Antoine Bertin a une vision transversale de la problématique foncière du département : il siège notamment au comité technique Safer et veille sur la section départementale des propriétaires ruraux, qui dépend de la FDSEA 51. Il est aussi en relation avec des associations foncières de remembrement (AFR). Elles sont près de 600 en Marne et gèrent les chemins, silos et autres équipements collectifs.

Son employeur est la plus grande FDSEA de France : elle compte plus de 300 salariés répartis en 9 entités, dont un centre de gestion, un pôle viticole, un éditeur, etc. Ce large éventail de services s'est développé dès l'origine. Un choix atypique : "Dans les autres départements, cela relève souvent de la compétence de la chambre d'agriculture." En 2022, la FDSEA 51 est présidée par Hervé Lapie, également secrétaire général adjoint de la FNSEA[1]. Agriculteur en polyculture-élevage, le président est lui-même gérant du GFA de son canton, celui de Suippes. "Aujourd'hui, on accompagne une trentaine de fermiers sur le GFA", me précise-t-il lors d'un entretien téléphonique en septembre 2022.

Hormis son vignoble, le département dans sa partie champagne crayeuse est une terre de grandes cultures de céréales et de betteraves. Les paysages sont modelés par le remembrement, le plus abouti de France, d'où sont nés un ensemble d'équipements collectifs, dont un dense réseau de chemins d'exploitation entre parcelles et silos à betteraves. Ici, le prix moyen à l'hectare est près du double de la moyenne nationale : entre 11 000 et 12 000 euros, hors vignoble ; pour ce dernier, les prix à l'hectare dépassent le million d'euros.

Dans la Marne, le syndicat majoritaire nourrit une culture mutualiste en matière de foncier, depuis les tout premiers GFA, créés pour s'opposer à une vente aux enchères de terres. Hervé Lapie précise : "Notre objectif n'a jamais été d'acquérir des fermes ou des exploitations, il a toujours été de venir en aide à des agriculteurs confrontés

[1] En charge également des dossiers environnementaux.

à des achats de fonciers qui ne pouvaient pas y faire face tout seuls." Le président souligne que "le poids du foncier fait partie des problèmes importants au niveau investissement et endettement".

Au départ, l'initiative mutualiste a pu surprendre, "surtout dans le cas d'un département comme la Marne, souvent cité en référence", reconnaît le président. Certains ne comprenaient pas "que les agriculteurs ne s'achètent pas leur foncier eux-mêmes". Les fondateurs et le syndicat ont soutenu une vision différente : "des agriculteurs n'ont pas la capacité [d'acheter le foncier] et notre souhait, c'est de maintenir un maximum d'agriculteurs sur les territoires ; et aussi que ce ne soient pas toujours les mêmes qui puissent ramasser la mise autour du foncier". Cette ambition est toujours là : "maintenir un gros tissu agricole dans le département et donner la chance à chacun de pouvoir rester agriculteur malgré des structures plutôt moyennes". Par exemple, le GFA de Suippes dont il est cogérant s'est constitué pour aider un exploitant en fermage sur plus de 60 hectares. À l'origine, raconte mon interlocuteur, "le propriétaire décide de lui vendre tout le foncier. Cet exploitant dit : mais je suis incapable d'acheter mon foncier tout seul. Il y a eu une grosse mobilisation sur le canton, et une grosse solidarité, notamment de la part des agriculteurs, pour lui venir en aide et acheter le foncier à sa place ; en contrepartie, les investisseurs avaient une partie de la rémunération du fermage qui venait rétribuer l'effort des porteurs de parts. La dynamique est née comme ça dans le canton de Suippes, et elle est toujours restée".

Les conditions du succès

Le département pionnier fait figure de référence. "On nous appelle souvent", se réjouit Antoine Bertin, en place depuis 2004. "Plus il y aura de départements avec des GFA mutuels, plus on sera écoutés." Un essaimage fécond, en particulier dans le Grand Est, qui a vu se créer "six GFA mutuels dans l'Aisne, six dans les Ardennes, un en Moselle, un dans la Meuse et un récemment dans l'Aube, en 2021", énumère-t-il. Quelles sont les conditions de ce succès ?

Des statuts limpides et une administration rigoureuse

Désireux de diffuser les bonnes pratiques, Antoine Bertin se déclare admiratif de la clairvoyance des statuts tels que rédigés à l'origine. "Il n'y a rien à jeter." Hormis des actualisations à la marge, ces statuts sont toujours utilisés aujourd'hui. "C'est d'une limpidité ! Exemple, le droit de vote (en assemblée générale) : ils avaient pensé à l'époque que quelqu'un qui aurait 50 % du capital serait limité à 5 % des droits de vote. Aujourd'hui, qu'est-ce que ça nous sert ! Ça empêche une OPA d'une personne physique sur un GFA."

Sur sollicitation d'un agriculteur confronté à un achat de foncier, le GFA analyse la pertinence de l'opération et décide de proposer l'achat lors de l'assemblée générale des GFA mutuels, explique Hervé Lapie : "C'est l'assemblée qui décide, en fonction du prix, de la personne aussi, de l'investissement de l'agriculteur dans les mouvements mutualistes, coopératifs, syndicaux." La vigilance sur le prix est un point important : "Les GFA mutuels ont aussi une action de régulation du prix du foncier sur le département. Ce qu'on cherche, c'est une valeur correcte, sans créer une bulle spéculative autour du foncier agricole."

Tous les GFA mutuels marnais sont organisés sur le même modèle : l'assemblée générale annuelle se réunit au premier trimestre de l'année civile pour valider les comptes de l'année précédente et valider la nouvelle valeur de parts ainsi que le versement du dividende annuel[1]. Cette assemblée générale renouvelle par élection trois des neuf membres du comité de gérance. Lequel élit deux cogérants, qui gèrent et administrent la société.

La limpidité des textes et une organisation démocratique ne sont pas les seules raisons de la longévité de ces GFA. Encore faut-il

[1] 27 euros par part en moyenne.

respecter les statuts : tenir des assemblées générales, revaloriser les parts, etc. Ce qui, glisse Antoine Bertin, n'est pas toujours le cas dans les GFA familiaux. "Un GFA mutuel est extrêmement bien organisé parce que quand vous avez 400 porteurs, il faut une rigueur administrative... en famille, c'est la difficulté : on s'écarte des fondamentaux. Après, le jour où il y a un problème, c'est difficile à gérer."

Une gestion désintéressée

Les GFA sont répartis selon un maillage territorial correspondant aux anciens cantons : GFA de la région de Reims, GFA de la région de Châlons... Le plus petit compte 15 hectares et le plus gros, 450 hectares. Une proximité intéressante, mais qui entraîne une organisation assez lourde. Antoine Bertin travaille au quotidien avec les cogérants, bénévoles, des différents GFA. "Ce sont mes interlocuteurs privilégiés... Il y a des GFA mutuels parce qu'il y a des bénévoles, souligne-t-il. Un établissement financier veut une marge commerciale de minimum 10 à 12 %, plus la gestion locative, ça fait 20 %. Avec des niveaux de fermages tels qu'ils sont en France, l'équation est simple : ça ne tient pas."

Comment les GFA marnais arrivent-ils à dégager une rentabilité locative "de 1,8 % en moyenne" et à valoriser la part ? La FDSEA Marne apporte un soutien administratif et juridique. Trois salariés travaillent partiellement pour les GFA mutuels. Les courriers partent de ses bureaux. Le syndicat prélève 4,8 % des recettes locatives (correspondant aux loyers des fermages, aux locations de chasse...). "On est dans un système mutualiste... cela fonctionne parce qu'il y a une implication de la fédération ; en même temps, c'est un outil syndical extraordinaire."

Un placement sûr et rémunérateur, des investisseurs dans la durée

Dans ces GFA mutuels, le placement est valorisé. Le prix de la part progresse chaque année. Il s'élevait à 1 610 euros en 2020, et à 1 640 euros en 2021. Un montant accessible à de petits porteurs, comme le proclame le slogan choisi : “Investir dans la terre à la portée de tous avec les GFA Marne.” Le placement est sûr, c’est la motivation première des investisseurs. Il s’avère aussi rémunérateur. “En Marne, le prix du foncier augmente régulièrement. La valeur des parts augmente. Quand on lance une souscription, on indique la valeur locative de la part et l’évolution du prix. Ce qui intéresse la plupart des gens, ce n’est pas tellement le dividende, c’est l’évolution du prix de la part.”

Antoine Bertin veille à ce que les investisseurs se projettent dans la durée. L’exonération des droits de donation ou de succession[1] les y incite. “Quand on a des gros porteurs, on explique : vous entrez dans une culture mutualiste sur du foncier et sur du temps long… Vous aurez une transmission facilitée pour vos enfants plus tard ; un bien sécurisé, avec une rentabilité locative. Mais on ne veut pas de gens qui font un coup.” Il insiste sur le faible turn-over des parts : “Sur 17 500 parts, on en a 50 cédées par an.”

La mutualisation au niveau départemental des outils et des compétences permet aux GFAM de bénéficier d’une vision d’ensemble. Dans son rôle de pilote, Antoine Bertin a ses instruments de navigation. D’après la typologie présentée au dernier conseil de gérance interdépartemental des GFA mutuels de la Marne, les porteurs de parts non agriculteurs sont principalement… des agriculteurs retraités. “Je ne vous le cache pas, notre cible, ce ne sont pas les actifs. On envoie un courrier… on a 1 400 adhérents anciens exploitants et 900 chez les propriétaires ; l’argent, il est là, chez les retraités.” Phénomène récent, des grands-parents souscrivent des parts pour leurs petits-enfants. “Nous ça nous va bien : on inscrit des jeunes. C’est ce qu’on appelle le transgénérationnel.”

[1] Les parts de GFA sont exonérées de droits de donation ou de succession à hauteur de 75 % de leur valeur lorsqu’elles n’excèdent pas 300 000 euros (article 793 alinéa 2 du Code général des impôts). Au-delà de cette somme, l’exonération se fera à hauteur de 50 % de leur valeur.

Un afflux de nouveaux investisseurs
Les opérations d'acquisition trouvent facilement preneur. "En 2021, on avait un taux de souscription de 147 % : on a plus de demandes que d'offres."

Ces acquisitions émanent de la demande d'un agriculteur ; parfois, une collectivité vend des terres. Des opérations peuvent se faire en coopération avec d'autres acteurs. En 2021, l'acquisition de terres d'une ferme en conversion bio a été répartie entre Terre de Liens (24 hectares) et un GFAM (8 hectares). En cette fin janvier 2022, 35 hectares ainsi que 25 ares de vignes sont en cours d'engagement. En professionnel organisé, Antoine Bertin détaille les différentes étapes. "Je calcule le prix principal, les frais de notaire, les frais de Safer, les frais d'augmentation de capital au tribunal de commerce, l'enregistrement. Je vais calculer le nombre de parts qu'il faut exactement pour cette opération. On va lancer un courrier à tous les agriculteurs, aux gens dans les réseaux, à des adhérents ou non-adhérents, je précise ; aux propriétaires ruraux non exploitants. Après, c'est le bouche-à-oreille qui joue."

Les investisseurs se répartissent en trois groupes : "Le premier cercle, ce sont les agriculteurs des années 1970 qui ont créé les GFA ; le deuxième cercle, dans les années 1980-1990, c'est la famille, les voisins. Et le troisième cercle depuis 2008 : les nouveaux porteurs qui n'ont pas de lien avec le département. On en a même un qui vit à Hong Kong, un autre à New York..."

Ces nouveaux investisseurs se manifestent depuis la crise financière de 2008, qui marque un véritable tournant. Particuliers comme professionnels prennent conscience que le système financier peut s'effondrer. "Même au Crédit agricole, on a eu des sueurs froides." Les gestionnaires de patrimoine préconisent à leurs clients d'investir une part de leur capital dans la terre. Face à ces demandes, le choix assumé est de prendre en priorité les nouveaux porteurs. "Plus on élargit notre socle, plus on a une liquidité de parts." La "liquidité" du capital ? Jolie métaphore pour désigner sa capacité à changer de main avec fluidité. C'est cette "liquidité" qui fait tant défaut aux GFA familiaux. "Dans le GFA mutuel, pour 100 hectares, il y a 100 porteurs, et jamais 25 % dans les mains du même. Si l'un vend, vous avez 99 acheteurs. La différence est là."

"Il y a une forme de solidarité et qui s'étend au-delà du monde agricole aujourd'hui", confirme Hervé Lapie. La mobilisation locale reste cependant centrale, estime-t-il. "Quand on fait une affaire, la famille se mobilise, il peut y avoir des artisans et commerçants qui ont parfois besoin de placer leur argent, et dans le foncier ça donne un peu de sens, et quand c'est en lien avec un jeune agriculteur ça donne un double sens... et derrière le placement il y a un visage : on accompagne aussi quelqu'un. Le local est important. L'échelle du canton, ça peut paraître vieux jeu, mais quand on fait une affaire et qu'on mobilise un canton, ça répond beaucoup plus facilement que quand on mobilise à l'échelle d'un département ou d'une région."

L'arrivée d'investisseurs professionnels est considérée avec prudence. "On est vigilants par rapport à des fonds de pension ou d'investissement qui veulent investir massivement dans les terres agricoles. On souhaite que ce ne soient pas eux, mais un collectif qui tienne le foncier."

Des relations coordonnées avec les fermiers

Les relations du GFA avec les fermiers s'établissent sous la forme d'un bail d'une durée de 25 ans à long préavis. À la différence du bail à ferme traditionnel de 9 ans, celui de 25 ans permet au propriétaire de reprendre les biens loués à l'issue de la période, sans donner de motif, à condition de donner son préavis 4 ans avant le terme.

"C'est une des clés de la réussite", argumente le responsable du pôle foncier. Les GFA ont en effet des exigences vis-à-vis des fermiers : venir à l'assemblée générale, payer son fermage à temps, prendre une part "pour aider un autre collègue". Hervé Lapie confirme : "On leur demande une implication assez forte pour leur montrer que quand on est venu, il y a tout un collectif qui s'est mobilisé, donc il faut rendre la pareille. C'est du gagnant-gagnant." Et en cas de manquement ? Le GFA peut alors mettre fin au bail au bout de 25 ans. Un recours largement théorique. "En plus de 52 ans, on ne l'a utilisé qu'une fois", reconnaît Antoine Bertin.

Concernant les fermiers qui font faire les travaux agricoles en prestation, il évoque "une ligne rouge à ne pas dépasser : la politique des GFA est claire là-dessus, le fermier doit exploiter lui-même".

Chaque année, mi-décembre, le conseil de gérance interdépartemental des GFA mutuels de la Marne et des Ardennes se réunit. "Chaque GFA envoie deux cogérants, qui vont avoir à voter la valeur de la part, à partir des statistiques fournies par la Safer sur l'évolution du prix du foncier agricole et viticole." Cette assemblée statutaire est aussi l'occasion de présenter des sujets d'actualité qui donnent lieu à des échanges et à des prises de position : l'agriphotovoltaïsme était au menu de l'assemblée 2021, après les éoliennes et l'agriculture biologique. "Trois gérants de GFA ont leurs fermes entièrement en conversion agriculture biologique. On n'a pas d'état d'âme là-dessus", tient à préciser Antoine Bertin. Il revendique aussi l'ouverture de l'organisation. "Dans nos comités de gérance, on a la porte-parole de la Confédération paysanne Grand Est, on a un responsable de la Coordination rurale. C'est une communauté de vues, ce n'est pas l'appartenance syndicale qui compte."

La loi Sempastous et le capitalisme agricole

J'interroge Antoine Bertin sur le phénomène de capitalisme agricole[1] qui s'étend. Sa réponse détonne avec l'assurance dont il a fait preuve jusqu'ici : "On regarde ça de très près. Et la loi Sempastous a été révélatrice de certains blocages." Qu'entend-il par là ? Officiellement, le syndicat agricole majoritaire approuve l'adoption récente de la loi dite "Sempastous" *(voir encadré ci-dessous)* "portant mesures d'urgence pour assurer la régulation de l'accès au foncier agricole au travers de structures sociétaires". Mais Antoine Bertin s'interroge : "Dans la Marne, la part de marché de mouvements fonciers sous forme sociétaire est supérieure à la forme physique. Sous-entendu, c'est un marché où il n'y a aucun contrôle. Est-ce que la loi Sempastous, qui est une grosse machine à gaz, va régler le problème ?"

Mon interlocuteur s'inquiète du manque de transparence et de contrôle du marché sociétaire. Ce dernier éveille des appétits d'acteurs importants, y compris au sein de la profession, laisse-t-il entendre. Cherchant à en savoir plus, je formule une hypothèse : certains adhérents puissants à la FNSEA, par exemple l'Association générale de producteurs de blé (AGPB), sont discrets, mais très influents auprès des responsables politiques, et ce depuis très longtemps. Auraient-ils œuvré pour minorer la portée de la loi ? La réponse est pleine de sous-entendus. "Si vous avez suivi le cheminement de la loi Sempastous, entre ce qui avait été voté à l'Assemblée nationale et la longue gestation pour arriver à la commission mixte paritaire parce qu'au Sénat, il y avait une série d'amendements ; ça en dit long sur le fait que la même vision n'est pas partagée par tout le monde. Y compris dans le monde agricole. Je n'en dis pas plus !"

Antoine Bertin finit par évoquer différents courants au sein du syndicat majoritaire, dont "un courant a poussé dans un sens ultralibéral".

Je n'ai aucune peine à trouver sur internet des porte-parole plus ou moins officiels d'un courant ultralibéral. Certains, tel l'Ifrap, plaident ouvertement pour la suppression des Safer. Antoine Bertin parle d'un "marché de la peur" qui prospère. "Beaucoup d'intermédiaires disent « il faut contourner la Safer sinon elle va préempter », et au passage on fait de beaux montages sur papier glacé de holding. Alors que la Safer, dans la Marne, pour mémoire, préempte à 0,8 % sur les transactions qu'elle voit passer."

Ces holdings ne sont que la partie émergée de l'iceberg. Dans une logique d'intégration, des industriels de l'agroalimentaire investissent dans le foncier pour contrôler leur approvisionnement, que ce soit en céréales ou en raisin, à l'instar du groupe de luxe LVMH, propriétaire de près de 1 400 hectares de vignes en Champagne.

La politique française de régulation du foncier[1] a permis de limiter l'évolution des prix des terres. Comme on l'a vu, les prix français restent nettement inférieurs à ceux des terres dans les pays voisins. Mais cela les rend d'autant plus attractifs pour les spéculateurs, analyse Antoine Bertin. "Depuis 2008, il y a un coup d'accélérateur." Appétits financiers et logiques d'intégration de grands groupes, y compris coopératifs, font monter les tarifs et rendent les terres de moins en moins accessibles aux agriculteurs[2]. La concentration croissante des exploitations accentue le phénomène : les fermes ne cessent de s'agrandir tandis que leur nombre diminue.

Dans le même temps, les prix du fermage, indexés sur les résultats d'exploitation, n'augmentent pas au même rythme, ce qui fait baisser la rentabilité locative. "Il y a encore 3 ans, on avait un ratio de 2 % ; aujourd'hui, on est plutôt à 1,8 %."

Quel avenir pour le portage collectif du foncier ?

Dans ce contexte, l'avènement d'une grande loi foncière semble peu probable à Antoine Bertin. "La loi Sempastous me fait dire que la loi foncière, on n'en aura pas. Je ne crois plus à une vraie loi, digne de celle des années 1960. Il n'y a plus cette volonté politique à tous points de vue pour y arriver."

Comment mes interlocuteurs voient-ils évoluer les solutions collectives de portage du foncier ? "On va rester dans cette stratégie, affirme Hervé Lapie, accompagner les agriculteurs confrontés

[1] Voir "Réguler la taille des exploitations", p. 35. La loi d'avenir de l'agriculture, de l'alimentation et de la forêt (LAAF) du 13 octobre 2014 a régionalisé le contrôle des structures afin de mettre en cohérence cette politique avec l'échelon de définition des politiques agricoles (région) et de réduire les disparités de traitement entre départements.

à des achats de foncier, qu'ils soient jeunes ou moins jeunes, et leur faire des baux de carrière. Ça amène de la stabilité et un peu de sécurité."

"Le nombre d'actifs diminue. Qui va faire le portage du foncier de demain ? s'interroge Antoine Bertin. Ce n'est pas le monde agricole en tant que tel." Il le reconnaît, le portage collectif de demain aura besoin de tous les acteurs existants : les GFA, Terre de Liens... Et il faudra élargir : pourquoi ne pas imaginer une solidarité rurale, avec des groupements fonciers ruraux ?

La loi Sempastous entre en application

Le capitalisme agricole est en plein essor, comme nous l'avons vu. En 2022, il bat un nouveau record avant le renforcement de la régulation. La FNSafer a notifié près de 9 500 projets de vente (+ 25 %), pour une valeur de 3,11 milliards d'euros (+ 105 %).

Votée en décembre 2021, la loi dite Sempastous est pleinement entrée en application le 1er avril 2023. Elle instaure un nouveau mécanisme de contrôle des cessions de parts de sociétés possédant ou exploitant des biens immobiliers à usage ou à vocation agricole. Depuis le 1er janvier 2023, toutes les opérations sociétaires, y compris certaines modifications du capital social, doivent être déclarées en ligne, à titre informatif, pour assurer la transparence du marché sociétaire. Et depuis le 1er mars 2023, toute opération (réalisée à partir du 1er avril 2023) conduisant à une prise de contrôle et au dépassement d'un seuil de superficie fixé par le préfet doit faire l'objet d'une demande d'autorisation.

Premier garde-fou à l'agrandissement excessif, les Safer peuvent désormais exercer leur droit de préemption dès qu'une vente est supérieure à 40 % des parts de la société (contre 100 % auparavant). Cependant, la loi exempte de ce contrôle les cessions entre époux, partenaires pacsés et les cessions intrafamiliales jusqu'au quatrième degré (cousins germains), dès lors que ces membres s'engagent à poursuivre l'exploitation. Sont aussi exemptées les transactions entre exploitants associés de longue date.

Second garde-fou, le droit de préemption peut s'exercer lorsque la surface totale détenue après l'acquisition de la société dépasse un seuil "d'agrandissement significatif", fixé en hectares par le préfet de région, et compris entre 1,5 fois et 3 fois la surface agricole utile moyenne régionale.

Si la FNSEA évoque "un consensus acceptable" et la Coordination rurale salue "un premier pas", les deux souhaitent que cette loi soit un prélude à une grande loi foncière. Pour la Confédération paysanne, Terre de Liens et de nombreux acteurs regroupés en réseau, cette loi est jugée "trop faible", voire "contre-productive" pour agir contre la spéculation foncière. Certes, elle instaure un contrôle des opérations sociétaires, mais ce contrôle complexe à mettre en œuvre semble aisément contournable dans la plupart des cas. Le député Dominique Potier, dont aucun des 17 amendements n'a été accepté lors des commissions qui ont examiné la proposition de loi, estime que "les accapareurs ont de quoi se réjouir". En effet, les seuils déclenchant une obligation d'autorisation sont plus élevés que pour les exploitations individuelles : ce texte introduit donc une discrimination en faveur de l'agriculture en société. La loi ne concerne pas non plus le travail délégué via les entreprises de travaux agricoles.

Le Larzac, terre de lutte et laboratoire foncier de l'agriculture paysanne

Repères historiques

- **28 octobre 1971** – Michel Debré annonce le projet d'extension du camp de 3 000 à 17 000 hectares. Les paysans du Larzac refusent les expropriations. Soutenus par Lanza del Vasto, ils optent pour une lutte non violente.
- **28 mars 1972** – serment des 103 : les signataires s'engagent à ne pas quitter leurs terres.
- **Avril 1973** – premier GFA Larzac.
- **Jusqu'en 1981**, acquisitions de terres (1 000 hectares), constitution de quatre GFA Larzac.
- **1981** – François Mitterrand annonce l'abandon du projet d'extension du camp.
- **1985** – création de la société civile des Terres du Larzac et signature du bail emphytéotique avec l'État.
- **2002** – les quatre GFA fusionnent et les terres sont regroupées dans la société civile GFA Larzac – remboursement des parts des sortants.
- **2020** – reprise des achats de terres – changement de génération.
- Société civile GFA Larzac – 1 300 hectares.
- Société civile des Terres du Larzac – SCTL – 6 300 hectares.

Sur le haut plateau du Larzac, face à l'extension annoncée en octobre 1971 du camp militaire de La Cavalerie, les paysans s'opposent à l'expropriation. Le serment des 103 de ne jamais quitter leurs terres reçoit de multiples soutiens locaux, puis de toute la

France. “Des moutons, pas des canons !” Créative, non violente, la lutte des paysans rassemblera jusqu'à 100 000 personnes. Elle durera 10 ans, jusqu'à l'élection de François Mitterrand en 1981, qui annonce l'abandon du projet d'extension. Dans ce laps de temps, le Larzac est devenu un symbole, et une source d'inspiration pour d'autres luttes. Depuis, c'est un “laboratoire foncier[I]”, toujours actif.

C'est ce que Ghislaine Ricez, cogérante de la société civile GFA Larzac, me confirme en mars 2022. Nous réalisons l'entretien par téléphone. José Bové est présent à cet entretien. Dans un article[3] publié en 2002, le cofondateur de la Confédération paysanne voit dans le Larzac la concrétisation de ce que proposait Edgard Pisani dans *Utopie foncière*[II]. “La société civile des Terres du Larzac présente un intérêt qui dépasse largement le cadre local. Il s'agit du seul « office foncier » qui ait été mis en place en France par les habitants, dans le cadre d'une réflexion nationale beaucoup plus large qui, elle, n'a pas abouti. Les habitants y gèrent eux-mêmes les terres qu'ils ont récupérées après leur lutte et qu'ils ont choisi de ne pas acquérir en propriété, mais de louer à l'État par le biais d'un bail emphytéotique. Cette petite région est aussi sans doute la seule en France qui a vu le nombre de ses agriculteurs et éleveurs augmenter au cours des trois dernières décennies.”

Aujourd'hui, le causse du Larzac est inscrit au patrimoine mondial de l'Unesco. Entre Lodève et Millau, ses 1 000 kilomètres carrés attirent une nouvelle génération de paysans. C'est le seul territoire où ils sont aussi nombreux aujourd'hui qu'il y a 50 ans. Le Larzac est la démonstration vivante qu'une autre agriculture est possible sur la durée. Elle repose sur l'engagement humain dans une gestion collective du foncier et le projet politique de maintien d'une agriculture paysanne.

[I] Selon les mots de Bernard Lambert (1931-1984), syndicaliste agricole à l'origine de la Confédération paysanne en 1983.
[II] Voir “Le sol, un bien d'intérêt national dans *Utopie foncière*”, p. 258.

Des outils de lutte

Au début des années 1970, la lutte pour préserver les terres agricoles donne naissance à des outils de portage collectifs toujours actifs. Très vite, les paysans optent pour le GFA, qui apparaît comme une réponse adaptée. "Le premier est créé à Pâques 1973", précise Ghislaine Ricez, qui a été salariée[I] en charge du foncier de 1987 à 2016. Pendant la procédure d'expropriation, les paysans organisent l'achat de petites parcelles par des citoyens sur tous les continents pour ralentir le processus.

Conçu comme un outil de lutte, le GFA vise à contenir l'agrandissement du camp que le ministre de la Défense Michel Debré veut faire passer de 3 000 à 17 000 hectares. 460 propriétaires sont concernés par l'expropriation. Parmi eux, certains, sans s'engager, ne souhaitent pas pour autant vendre à l'État. Le GFA offre une alternative, et achète les terres au même prix que l'armée.

Avocats, notaires, chercheurs, juristes fournissent aux paysans un appui juridique et administratif. Bientôt, ce premier GFA atteint la limite maximale de surface autorisée, fixée ici à 360 hectares. Un deuxième GFA est créé, puis un troisième et un quatrième. Autour du camp militaire, les GFA possèdent trois grosses fermes et des parcelles achetées au fur et à mesure.

Les acquisitions se poursuivent jusqu'en 1981. Les quatre GFA Larzac gèrent alors 1 200 hectares. 5 000 associés détiennent des parts.

"Il y avait trois gérants par GFA, précise Ghislaine Ricez. Ils travaillaient ensemble. Il y avait des paysans, des apporteurs de parts, des membres du comité Larzac[II], un technicien agricole de la chambre

[I] Salariée à la SCTL – société civile des Terres du Larzac – elle administrait aussi le foncier pour les GFA Larzac.

[II] Le premier comité Larzac voit le jour en 1972 à Rodez. On en comptera bientôt 150, dans toute la France. Ces structures de coordination locale pour les mouvements militants relaient les informations et organisent les actions de soutien à la lutte pour le Larzac. Des porte-parole de ces groupes viennent tous les mois sur le plateau pour une réunion.

d'agriculture de Millau... À l'époque, tout le monde se rendait disponible. C'était ça ou plus rien."

Stop ou encore ?

Après la victoire, une autre période s'ouvre. Des questionnements surgissent, des débats ont cours. Que faire des terres des GFA ? "Des assemblées générales ont été assez houleuses", se souvient Ghislaine Ricez. "Cet outil a été créé pour la lutte, on n'est plus dans ce cas-là, on rend tout", disent les uns. La jeune génération souhaite au contraire conserver les GFA : "C'est un outil précieux. Ça permet à des fermiers de s'installer sans avoir à acquérir du foncier."

Dans le même temps, les paysans imaginent des commissions d'aménagement foncier pour gérer les 6 300 hectares de terres et de bâtiments définitivement acquis par l'État, qui après l'abandon du projet doivent retrouver leur vocation agricole. Comment les gérer collectivement en favorisant l'installation de nouveaux paysans ? Leur réflexion débouchera en décembre 1984 sur la création de la société civile des Terres du Larzac (SCTL). En avril 1985, l'État confie à la SCTL les 6 300 hectares par un bail emphytéotique de 60 ans, qui sera prolongé de 39 ans en 2013. Ghislaine Ricez est embauchée par la SCTL en 1987. "À l'époque, le GFA s'est beaucoup appuyé sur l'expertise foncière de la SCTL." La SCTL et les GFA gèrent le foncier de façon homogène. Ils se coordonnent pour les appels à candidatures, ont fréquemment des fermiers communs et calculent les fermages de la même façon.

Le débat au sein des GFA se poursuit sur plusieurs années, au point qu'un conseil des sages se constitue en 1989. Lors des assemblées générales, la majorité se prononce pour poursuivre l'aventure. Le conseil des sages met en place des règles et une gestion plus professionnelle. Les GFA veulent partir sur des bases solides. Il s'agit de savoir qui souhaite rester et qui souhaite vendre ses parts. Un courrier est envoyé à près de 5 000 associés.

Ghislaine Ricez partage son temps entre les différentes structures à partir de 1990. La gestion des parts se révèle une tâche titanesque, se souvient-elle. Certaines personnes se sont regroupées pour acheter des parts, d'autres sont décédées... Dans cette période où l'informatique est balbutiante, d'ingénieux esprits créent un logiciel de gestion de parts. Il arrive à point nommé. "On avait rentré tout le monde en indiquant de quel GFA ils étaient, le nombre de parts achetées, par quel acte notarié, etc. Heureusement qu'il y avait ça, sinon je ne sais pas comment on s'en serait sortis, il y avait 5 000 associés, c'était énorme."

Les GFA programment d'étaler les remboursements de parts des sortants sur une dizaine d'années. "On a essayé de fixer un seuil : on remboursait 12 parts par an. Une part valait 152 euros. 1 000 francs la part sociale, c'était beaucoup à l'époque ! Pendant plusieurs années, on n'a pas pu acheter de terres parce qu'on devait rembourser les parts sociales."

Adapter les outils, continuer à acheter des terres

Au début des années 2000, les cogérants et salariés des quatre GFA réfléchissent à une évolution des structures. Ils ont pu évaluer ces outils. Outre la charge administrative et les frais de gestion de quatre sociétés, des facteurs limitants s'avèrent dans la durée particulièrement pesants. En effet, un GFA n'a le droit de gérer que de l'agricole, terres et bâtiments d'exploitation ; des personnes morales ne peuvent être associées ; la limite de superficie autorisée est vite atteinte, sur des terres pauvres essentiellement dédiées à l'élevage.

Peut-on imaginer des outils juridiques de gestion collective du foncier plus adaptés ? Des démarches s'engagent pour faire évoluer la loi sur les GFA. En vain. En 2002, les quatre GFA fusionnent au sein d'une société civile dénommée "SC GFA Larzac". Ce changement lève certaines limites : contrairement à un GFA, une SC n'a pas de limite de surface ; elle peut gérer des bâtiments d'habitation et associer des personnes morales.

Les remboursements de parts ont pris fin et les achats de terres reprennent. Le changement de structure allège le fonctionnement, mais les principes restent les mêmes : la gestion est bénévole et les parts sociales ne sont pas rémunérées. C'est un choix politique, mais aussi une réalité économique : en raison de la faible valeur agronomique des terres, les fermages sont peu rémunérateurs. Le temps d'amortissement des achats varie de 30 à 60 ans. "Quand on achète du foncier, je vais regarder le temps d'amortissement de l'achat par rapport au fermage payé ; les produits du GFA, ce ne sont quasiment que les fermages. Le résultat est infime sur l'année, on ne peut pas redistribuer. Donc au bilan, ces produits sont mis en réserve pour pouvoir acheter des terres."

Les terres du Larzac sont regroupées en quatre catégories, en fonction de leur valeur agronomique : terres, parcours, bois pacageables[I] et bois. Les revenus du fermage sont calculés à partir d'une grille qui attribue un nombre de points par catégorie : de 78 points par hectare pour les meilleures terres à 1 point pour les bois. Un arrêté préfectoral fixe chaque année la valeur du point[II]. "Les bonnes terres, il y en a très peu. À part la faille sur le plateau, qui va de l'Hospitalet à La Cavalerie, on n'a pas de terres profondes. On a des cailloux. Chez nous, il y a surtout de l'élevage ovin ; avec les parcours, il faut au moins entre 200 et 300 hectares (par ferme)."

Au début des années 2000, le mouvement Terre de Liens prend forme et Ghislaine Ricez participe aux premières réunions à Paris. Pour les fondateurs du mouvement comme pour ceux du Larzac, la terre n'est pas une marchandise. Cette vision perdure. Aujourd'hui comme hier, les arguments lors des opérations

[I] Bois où les animaux peuvent pâturer.
[II] En 2022, la valeur du point est fixée à 1,74 euro.

d'achat de parts sont toujours les mêmes, souligne-t-elle : "que la terre reste agricole, qu'on puisse installer des paysans sans avoir à dépenser des sommes importantes pour l'achat ; qu'on puisse rester fermier, qu'on puisse installer, et ne pas agrandir comme c'est le cas aujourd'hui".

Les relations entre le mouvement Terre de Liens et le Larzac restent vivaces, et la Fondation Terre de Liens a lancé récemment un appel pour conforter un achat de terres. "Nous sommes limités pour emprunter. Les banques exigent des garanties. Pour pouvoir acheter des terres, on a fait un emprunt, on a fait appel à des comptes courants associés, à des dons, à des prises de parts. On s'en est à peu près sorti, mais c'est toujours très compliqué. C'est difficile de négocier le prix des terres avec la Safer."

Pour pouvoir acheter des terres, encore faut-il être informé à temps qu'elles sont à vendre. Il arrive que des propriétaires fassent appel à la SC GFA Larzac, mais ce n'est pas le cas le plus fréquent. "On a du mal à savoir à l'avance ce qui est à vendre. Il faut qu'on appelle les représentants de chaque commune et qu'ils veuillent bien nous informer, mais ça dépend du syndicat majoritaire. Quand on sait que c'est à vendre, il y a déjà un acheteur. Quand c'est autour de chez nous, on arrive à savoir."

Des années 1970-1980 aux années 2020, la priorité reste la préservation du foncier agricole ; avec la particularité, aujourd'hui, d'assurer le passage de relais d'une génération à une autre. "Certains propriétaires sont des anciens du serment des 103. Ils n'ont pas d'héritier, ils arrêtent. Ils nous ont demandé d'acheter leurs terres." En 2020, la SCI GFA Larzac a réalisé trois acquisitions, dont deux concernant des anciens du serment des 103.

Maintenir une activité paysanne

La SC compte 24 fermes et la SCTL une soixantaine, mais les deux structures ont la plupart des fermiers en commun. Les deux structures se concertent et travaillent ensemble. “On envoie dans les réseaux les appels à candidatures. On explique le type de ferme, le type d’élevage... Les deux conseils de gérance se réunissent, examinent les candidatures et reçoivent les candidats qu’ils ont sélectionnés. Après pour les décisions, il faut que ce soit à l’unanimité des conseils, sinon ça passe en assemblée générale. C’est quand même un enjeu : on a un bail pour 30 ans.” Pour la SCTL, l’assemblée générale est composée des fermiers, des résidents non agricoles et d’un représentant GFA Larzac.

Dans les critères de choix des candidats, leur projet est déterminant et l’agriculture biologique est privilégiée. Dernièrement, cinq fermes ont accueilli de nouveaux fermiers. Les porteurs de projet contractent des baux ruraux à long terme, dits “baux de carrière[1]”. Sans être propriétaires, ils disposent cependant d’une grande autonomie en ce qui concerne les bâtiments agricoles et d’habitation. Un choix au départ motivé par “le piteux état” du patrimoine bâti, rappelle José Bové[4]. “La reprise de fermes ou de maisons nécessitait d’importants investissements, que la SCTL ne pouvait pas faire. Laissées à la charge des occupants, les améliorations du bâti sont prises en compte à leur départ. La SCTL a défini une valeur d’usage assurant au locataire sortant une juste indemnisation et aux personnes prenant leur retraite un pécule suffisant pour se reloger ailleurs.” Pour ceux qui arrivent, l’investissement de départ est réduit.

La société civile des Terres du Larzac a mené à bien une dizaine de transmissions suite à des départs à la retraite. Lorsque la ferme est en Gaec et que l’un des associés se retire, ce sont les associés restants qui cherchent la personne qui va pouvoir travailler avec eux. La génération de paysans qui s’est installée dans les années 1980 arrive à l’heure du départ à la retraite. Le renouvellement des générations est une priorité. Dans la région comme

[1] Voir encadré “Évolution du fermage”, p. 37.

ailleurs, le coût de certaines propriétés les rend inabordables. “Sur le causse Noir, pas loin de chez nous, de grosses propriétés n’ont pas de repreneur. C’est beaucoup trop cher. En plus des terres, il faut acheter le matériel, le cheptel, ça fait des sommes colossales. Ce sont de gros Gaec. Je ne sais pas ce qu’ils vont trouver comme solution.”

Le GFA se donne pour objectif de continuer à acheter du foncier. “Des propriétaires vont partir sans héritier, ou vont arriver à la retraite, sans vouloir vendre de suite. Notre priorité, c’est de faire une veille, pour savoir ce qui se vend, installer le maximum de fermiers et garder le milieu agricole, l’élevage, tout ce qui est dans le classement Unesco. Et sauver ce territoire.” Certaines actions sont menées avec le soutien du parc naturel régional des Grands Causses.

Jusqu’à présent, avec la SCTL et la SC GFA Larzac, les paysans du Larzac ont réussi à atteindre leur objectif prioritaire : maintenir une activité paysanne. “Sur le Larzac, avec ces deux outils fonciers, on a maintenu le même nombre de paysans. On fait attention à ce qu’il n’y ait pas d’agrandissement.”

Une nouvelle génération

Le renouvellement des générations concerne non seulement les paysans, mais aussi les gérants des deux structures. La pérennité de ces outils précieux est-elle assurée ? Ghislaine Ricez admet qu’il y a bien une relève. Quant à la transmission, c’est plus délicat.

“Gérer 6 300 hectares, ou 1 200 pour le GFA, ça nécessite des connaissances en matière de Code rural, de statut du fermage… choisir les meilleurs candidats, ne pas céder à son affect, passer du temps… Tout ça, ça s’apprend au fur et à mesure… Quand vous partez à la retraite, vous quittez la SCTL. Avec le départ des anciens, la transmission est plus difficile. Ce qui est vrai pour la structure l’est aussi pour la transmission des exploitations agricoles.”

Les nouveaux installés d'aujourd'hui font écho à ceux d'hier. Ils sont attirés par le Larzac. Par ce qui a été accompli et par la possibilité ici de réaliser un projet de vie qui a du sens aujourd'hui.

Le plateau compte 7 000 habitants sur 1 000 kilomètres carrés. Il peut accueillir de nouveaux habitants. Peut-on imaginer des solutions de logement, par exemple avec ces nouveaux outils que sont les baux solidaires[1] ?

Les paysages se modifient. Avec la disparition des bergers qui entretenaient les parcours, les pins sylvestres envahissent les espaces de pâture. La SCTL et le GFA ont créé en 2013 une association de type commercial, les Bois du Larzac, qui gère la ressource forestière. Les pins coupés sont transformés principalement en plaquettes forestières pour alimenter des chaudières individuelles ou collectives. De même, pour financer la restauration des toitures des bâtiments SCTL/GFA, une SAS Lum del Larzac installe des panneaux photovoltaïques sur les toitures.

Aujourd'hui comme hier, les nouveaux porteurs de parts de la SCI ne vivent pas forcément sur le plateau. Cette ouverture est importante, conclut Ghislaine : "Le Larzac reste un symbole. La gestion du foncier de manière collective se réalise sur une surface aujourd'hui inégalée en un même lieu, qui plus que jamais veut rester vivant."

[1] Le bail solidaire, aussi connu sous l'appellation "Solibail", est un dispositif mis en place par l'État pour permettre aux familles mal logées et aux revenus modestes d'accéder à des logements corrects à des prix abordables. Ce dispositif est gratuit pour le bailleur et des associations prennent à leur charge sans faute le loyer et l'entretien du bien. Concrètement, le locataire se voit attribuer un logement éco-performant pour un loyer relativement bon marché. En échange, les charges fiscales dues par le propriétaire sont réduites, sous la forme de baisse des impôts immobiliers.

L'expérience basque : l'action collective pour préserver la terre agricole

Pays basque

- SAU = 400 000 hectares, dont 100 000 d'estives, et 85 000 hectares de maïs
- Population de la communauté d'agglomération du Pays basque : 309 000 habitants

Repères historiques

- **1979** – Des paysans fondent le GFA Lurra, un groupement foncier agricole mutuel (GFAM) pour acquérir des fermes et installer de jeunes paysans. Au fil des années, il procédera à 15 acquisitions représentant 262 hectares. Le GFA sera l'une des références pour la création du mouvement Terre de Liens.
- **1982** – Le syndicat agricole Euskal Herriko Laborarien Batasuna (ELB) se crée pour défendre un modèle d'agriculture paysanne adapté aux particularités du Pays basque. ELB adhère à la CNSTP (Confédération nationale des syndicats de travailleurs paysans) puis à la Confédération paysanne.
- **1991** – Six associations d'agriculture paysanne, constatant leur difficulté commune de se faire entendre d'interlocuteurs professionnels et institutionnels, se regroupent pour créer Arrapitz ("Renaître"), fédération pour un nouveau développement rural, qui rassemble aujourd'hui 17 structures avec environ 1 000 fermes adhérentes.

- **2005** – Estimant que la chambre d'agriculture départementale officielle, située à Pau et dominée par le syndicat agricole majoritaire FNSEA, ne représente pas l'agriculture paysanne basque, le syndicat ELB crée une chambre d'agriculture alternative : Euskal Herriko Laborantza Ganbara (EHLG), sous forme associative. Les autorités françaises s'opposent à cet acte : plainte au pénal, perquisitions, convocations, menaces sur les communes attribuant des subventions se succèdent. Mais l'État perd ses procès. Depuis, les relations se sont normalisées. L'assemblée plénière de l'association regroupe des personnes de la société civile, des représentants d'associations environnementales, des consommateurs. Pour cette chambre d'agriculture associative, tous ceux qui s'intéressent à l'agriculture paysanne ont leur place dans le fonctionnement.
- **2007** – Une première Amap voit le jour au Pays basque. En 2011, l'association Inter Amap est créée, avec un but élargi : réfléchir sur l'accès à la terre, en particulier pour les maraîchers. L'association compte aujourd'hui plus de 110 paysans, 36 groupes Amap, et 1 600 foyers.
- **2013** – La SCA (société en commandite par actions) Lurzaindia prend le relais du GFAM Lurra. Lurzaindia signifie “garder, protéger la terre”. Porté par le syndicat agricole ELB, la fédération Arrapitz, la chambre d'agriculture basque (EHLG) et l'association Inter Amap, le mouvement Lurzaindia se complète ensuite d'une association et d'une fondation abritées par Terre de Liens. Outre des terres et bâtiments agricoles, les nouvelles structures peuvent acquérir des bâtiments à usage d'habitation pour les fermiers. En 2022, Lurzaindia a préservé 480 hectares de terres. 35 fermiers sont installés sur 27 fermes grâce à 3 674 actionnaires solidaires.

À l'été 2021, des médias régionaux et nationaux se font l'écho d'une occupation d'un domaine au Pays basque, sur la commune d'Arbonne aux portes de Biarritz. Propriété de la famille Borotra, un ancien domaine agricole de 15 hectares avec une grosse maison et une ferme vient d'être vendu à une riche héritière, Diane de L'Espée, pour la coquette somme de 3,2 millions d'euros. Sur ce territoire en forte tension pour le logement comme pour les terres agricoles, c'est la transaction de trop. Parmi les militants occupants se trouvent des paysans membres du syndicat Euskal Herriko Laborarien Batasuna (ELB), des membres de Lurzaindia, un mouvement paysan et citoyen de préservation des terres agricoles, et un collectif citoyen de soutien. Leur objectif commun ? Casser cette vente spéculative et sans projet agricole, et obtenir une séparation des terres et du bâti en vue de préserver le potentiel agricole. La Safer a bien proposé une préemption partielle, mais en vain. Après 120 jours d'occupation, une médiatisation et une mobilisation très larges, les occupants obtiennent gain de cause : l'acheteuse se désengage.

Lorsque j'apprends cette histoire, j'ai déjà prévu de me rendre au Pays basque ; il fait figure d'exemple en matière d'action collective pour préserver les terres agricoles, et cela ne date pas d'hier. Ici, la taille des exploitations est deux fois plus petite que la moyenne française et la densité de paysans y est plus importante qu'ailleurs. Paysans et militants font preuve depuis des décennies de leur capacité à se mobiliser, à s'organiser et à lutter pour défendre leurs terres et les spécificités de l'agriculture du Pays basque nord[1]. Ils ont créé plusieurs structures alternatives dans ce but.

[1] Le Pays basque nord ("Iparralde") est constitué des trois provinces historiques du Labourd, de la Basse-Navarre et de la Soule, situées dans le département des Pyrénées-Atlantiques. Les 158 communes de l'Iparralde constituent depuis le 1er janvier 2017 la communauté d'agglomération du Pays basque.

Présentations

Avril 2022. Ainhice-Mongelos. Dans ce village de 200 habitants situé entre Saint-Jean-Pied-de-Port et Saint-Palais, l'ancien hôtel-restaurant aux dimensions imposantes abrite maintenant la chambre d'agriculture alternative du Pays basque (EHLG) et le syndicat ELB. Je suis venue rencontrer des membres de Lurzaindia et des fondateurs du GFA Lurra. Il est 20 h 30 lorsque je pose le dictaphone sur la table autour de laquelle sept autres personnes prennent place. Les présentations commencent.

Outre la salariée de Lurzaindia, Myriam Pierrot, organisatrice de cette rencontre, tous sont engagés dans des organismes fondateurs de l'organisation.

Isabelle Capdeville représente l'association Inter Amap. “On trouve légitime, précise-t-elle, qu'il y ait dans Lurzaindia une place faite pour les non-paysans qui ont pour autant le souci de maintenir l'agriculture paysanne.”

Johanne Foirien est la plus jeune de l'assemblée. Elle a repris en 2016 la ferme[1] créée par son père et son élevage de brebis laitières en agriculture biologique, qui fournit du lait transformé en tomme de brebis d'appellation ossau-iraty. La ferme a été rachetée par Lurzaindia. “Mon père a pris sa retraite en 2016. J'avais travaillé le projet de reprendre cette ferme, et à ce moment, la propriétaire a émis le souhait de vendre l'ensemble de la propriété. On a fait appel à Lurzaindia pour racheter les terres, 38 hectares, et la bergerie.” La ferme contiguë, nommée ferme Kako, est également à Lurzaindia. Johanne représente la fédération Arrapitz au sein de Lurzaindia.

Fille de paysan et journaliste, Pantxika Maïtia faisait partie d'une association pour relancer les variétés anciennes de pommes (sagartzea) lorsqu'elle a participé à la fondation d'Arrapitz en 1991, aux côtés d'associations paysannes représentant les producteurs

[1] Ferme Leizeaga, à Ainharp.

fermiers ou encore les bergers sans terre. “On se disait qu'ensemble on serait plus forts”, souligne-t-elle d'une voix douce et déterminée. Aujourd'hui, elle est coprésidente de la fédération, qui rassemble 17 structures créées par des paysans pour répondre à leurs besoins en matière d'installation et de transmission, et aussi de production fermière, d'autonomie sur les exploitations, puis d'agriculture biologique. “Pour nous, quand le GFA s'est transformé en Lurzaindia, c'était une évidence, auprès d'EHLG (la chambre d'agriculture alternative), d'ELB (le syndicat agricole basque) et des Amap, on a été dans la construction et dans la réflexion autour de ce changement... L'an dernier, on a délocalisé l'AG et on a fêté les 30 ans de la fédération Arrapitz à Arbonne, lors de l'occupation.”

Maryse Cachenaut est paysanne sur la commune d'Itxassou[1], avec des brebis laitières et des cerisiers. “Je me suis installée en 1995 avec mes parents dans un premier temps. Mon mari s'est installé quelques années après. Une partie de notre lait est transformé en fromage ossau-iraty et la cerise est aussi en transformation.” Maryse Cachenaut a participé à la création de la chambre d'agriculture alternative Euskal Herriko Laborantza Ganbara (EHLG) et la représente au sein de Lurzaindia.

Arno Thicoïpe et Peio Iralour, aujourd'hui agriculteurs retraités, sont tous deux fondateurs du GFA Lurra. Ils portent la mémoire des luttes foncières qui ont précédé sa création, dès les années 1960.

Arno Thicoïpe a été longtemps fermier à côté de Saint-Palais sur la commune d'Amendeuix, avant que sa compagne et lui achètent l'exploitation en 1988. Aujourd'hui, les propriétaires deviennent bailleurs. “On transmet l'exploitation différemment, pas aux enfants : les terres, à un paysan boulanger, pour faire du blé ; et les brebis à une jeune fille qui a repris l'exploitation familiale et qui s'est installée.” Il poursuit, de sa voix rocailleuse : “Il faudra

[1] Ferme Etxeberria.

expliquer l'histoire de l'agriculture au Pays basque, très différente des autres régions, par rapport aux transmissions."

Peio Iralour, le doyen de l'assemblée, précise : "Celui ou celle qui reprenait l'exploitation s'engageait à s'occuper des parents tant qu'ils étaient vivants ; il s'engageait aussi à recevoir ses frères et sœurs. S'il était juridiquement propriétaire, culturellement parlant, ce n'était pas le cas, puisque sa mission principale était de transmettre ce qui avait appartenu à des ancêtres à la génération suivante. C'était donc un passeur." Un ouvrage récemment paru[5] détaille cette particularité de la société paysanne basque. Peio, qui s'est installé en 1970, a reçu cette charge. "Je suis l'aîné de la famille et j'ai repris l'exploitation par devoir. Je ne me suis même pas posé la question, c'était ma mission." Au moment de la transmission, aucun enfant ne voulait reprendre. Peio a choisi de vendre l'exploitation à un jeune – une transmission progressive – afin d'éviter une potentielle source de conflit entre frères et sœurs. Le poids de la propriété peut être lourd à porter.

Autour de la table qui fait face au vaste comptoir en bois massif du bar, il manque le représentant du syndicat ELB, retenu par un conseil d'administration urgent, juste à côté. Mais Peio Iralour fait partie des fondateurs.

En réalité, le syndicat est au cœur de la création de Lurzaindia. C'est l'une des particularités de l'exemple basque. "Ici, la force syndicale est dans l'outil", confirme Maryse Cachenaut. Le syndicat est présent dans les comités Safer et au sein de Lurzaindia, ce qui facilite la veille foncière, tout comme la préemption avec révision de prix. Ce dispositif permet de sauver nombre de terres de la spéculation.

La dynamique militante dépasse toutefois la dimension syndicale. Elle est profondément culturelle. L'assemblée que je suis venue écouter représente les différentes organisations que rassemble Lurzaindia. Tout au long de la soirée, l'impression persistera d'une cohésion dans cette assemblée, d'une unité malgré la diversité des profils, des âges et des parcours des personnes présentes. Et au-delà de cette assemblée, d'une cohésion qui s'étend dans la société civile à "tout un tissage associatif et militant", comme le rappelle Johanne à la toute fin de la réunion : "Au-delà, c'est aussi l'identité d'Iparralde et l'investissement militant autour de la langue, autour de la terre. Il y a tout ça derrière. On peut dire que ça fait partie aussi d'un projet politique." De longue date, des revendications communes concernant la langue, l'enseignement, la création d'un département basque sont portées collectivement. "En 2005, la décision par le syndicat agricole ELB de créer Euskal Herriko Laborantza Ganbara (la chambre d'agriculture alternative) était aussi une façon de concrétiser une revendication", souligne Maryse Cachenaut. La bataille agricole est devenue ainsi la bataille de tous. En tout cas, de tous ces réseaux militants et associatifs qui irriguent la société civile, interpellent élus et institutions et se mobilisent sur des luttes foncières, comme à Arbonne en 2021. Des questions sociales, comme les tensions fortes sur les logements, constituent un motif supplémentaire.

Si Lurzaindia s'inscrit clairement dans cette dynamique, en porte les valeurs et la philosophie, c'est avec son positionnement propre : celui d'un outil antispéculatif, avec un réel pouvoir d'action, celui d'intervenir auprès de la Safer pour demander la préemption, ou encore d'acquérir à l'amiable des terres et du bâti.

Avant Lurzaindia, des décennies de luttes

Mais qu'y avait-il avant ? Avant Lurzaindia, et même avant le GFA mutuel Lurra ?

Dans les années 1970, les futurs fondateurs du GFA prennent part à des luttes foncières et questionnent les notions de propriété. Peio Iralour et Arno Thicoïpe sensibilisent la visiteuse que je suis à la dimension historique et culturelle de la question foncière au Pays basque.

Ici, les montagnes sont des propriétés collectives communes, ce qui ne veut pas dire communales, souligne Peio. “Les montagnes sont un patrimoine commun à tous les habitants. La loi dit que s’il doit y avoir un partage des terres, ce partage se fera « en fonction du nombre de feux », c’est-à-dire de foyers. Cela existe toujours. Il y a eu de gros conflits avec certains villages qui voulaient récupérer ce qui était cadastré chez eux ; mais ils ont toujours perdu.” Ces propriétés collectives sont gérées par des commissions syndicales de vallées. Une particularité que le département partage avec l’Alsace : “On retrouve cette gestion de biens indivis uniquement en Béarn, Pays basque, Haut-Rhin et Bas-Rhin[1].”

L’affirmation de l’identité basque est intimement liée à la terre et la notion de propriété n’est pas univoque, souligne Peio : “Il y a à la fois la propriété collective, avec une loi particulière sur les indivis que sont les montagnes ; puis il y a la propriété individuelle : *etxe*, la maison, et *etxaldea*, tout ce qui est autour de la maison, la ferme.”

Etxe constitue, dit-on, le socle de la culture basque. “Le nom de la maison l’emporte sur le nom de la famille. Grosso modo, c’est votre maison qui vous donne votre identité.” Historiquement, de toutes petites exploitations d’un ou deux hectares se constituent. Peu à peu, des restructurations se font, en raison d’un système de prêts entre particuliers : “Si la personne n’avait pas rendu l’argent prêté à la date précise et à l’heure précise, on lui prenait un morceau de terre… certaines grosses propriétés se sont constituées comme ça, aux dépens des petites exploitations.”

Le phénomène de concentration s’accélère dans les années 1960, avec les lois d’orientation agricole et en particulier l’indemnité viagère de départ (IVD) pour favoriser l’agrandissement, énonce Peio. “Celui qui laissait l’exploitation à son voisin avait une IVD double, et

[1] Cette gestion collective de terres se rapproche de celle des “sections de communes”. Ces structures de gestion concernent un secteur d’une commune, dont les droits et biens sont antérieurs à la Révolution. La section de commune possède à titre permanent et exclusif des biens ou des droits distincts de ceux de la commune.

celui qui laissait l'exploitation à son fils avait une IVD simple." L'IVD a été supprimée en 1990. Mais "c'est devenu culturel, s'indigne-t-il. C'est ancré dans l'esprit : laisser ses terres au voisin pour qu'il s'agrandisse est devenu au fil des ans comme l'ordre normal des choses".

L'attachement à la propriété individuelle peut confiner au culte. Les conflits ne sont pas rares, notamment lors des successions. À plusieurs reprises, les paysans s'opposent à des ventes aux enchères à la bougie de fermes[I]. Parmi leurs hauts faits, une mobilisation mémorable pour dissuader une richissime marquise d'acheter une propriété pour y mettre ses chevaux. Devant la détermination des paysans, la marquise renonce à surenchérir, ce qui permet au fils d'acquérir l'exploitation. Ce lointain écho de l'affaire d'Arbonne propage une onde joyeuse dans le groupe.

Les débats et les luttes des années 1960 et 1970 forgent peu à peu la conviction des futurs fondateurs du GFA. Ils sont une poignée de paysans[II], adhérents à la FDSEA. Pour eux, la terre est d'abord un outil de travail. En 1978, une ferme à Beyrie-sur-Joyeuse, près de Saint-Palais, est mise en vente. Le fermier ne peut pas l'acheter. À l'époque, la gauche prépare son programme commun. Edgard Pisani a publié *Utopie foncière*, dans lequel il prône la création d'offices fonciers. "La FNSEA avait fait de grosses manifs, parce que c'était une atteinte à la propriété privée. C'est dans ce cadre-là qu'il faut situer le GFA. On voyait bien que les offices fonciers, ça n'allait pas se faire, et il fallait que, localement, on trouve une solution."

Dans la Marne, la FDSEA a créé depuis quelques années des GFA mutuels. Les paysans prennent contact avec ces pionniers. Ils se rendent aussi au Larzac, où d'autres paysans s'organisent. Puis ils se lancent en 1979 avec l'appui d'un notaire de Saint-Palais,

[I] La vente à la bougie est une forme d'adjudication particulière qui consiste à enchérir tant que deux bougies sont allumées.
[II] Peio Iralour, Arno Thicoïpe, Peio Charriton, Jean-Pierre Mendiboure.

maître Campagne. Les débuts du GFA Lurra sont laborieux. La propriétaire refuse de baisser le prix. Afin de réunir 360 000 francs, ils constituent 1 000 parts de 360 francs. "La FDSEA avait dit au départ qu'elle allait marcher, rappelle Peio. Mais il n'y a pas un seul de la FDSEA qui a acheté une part. Sauf nous ! On était déjà des dissidents." On reproche publiquement aux fondateurs du GFA d'attenter à la propriété privée. Le Crédit agricole accorde un prêt, mais à des taux élevés. La deuxième, puis la troisième acquisition s'avèrent tout aussi laborieuses.

Avec son slogan "La terre, outil de travail" mis en action, le GFA aussi mutuel que militant heurte l'attachement à la propriété individuelle. De 1979 à 2010, les acquisitions se concrétisent souvent de haute lutte. Entre-temps, les dissidents fondent le syndicat ELB, en 1982. Avec le syndicat majoritaire, les affrontements se succèdent et la vie des militants tient davantage du torrent tumultueux que d'un long fleuve tranquille.

Au début des années 2000, le GFA projette une acquisition pour installer une paysanne, Anita Duhau. La FDSEA s'oppose et trois agriculteurs se positionnent pour agrandir leurs exploitations. "Une véritable bataille syndicale, se souvient Maryse Cachenaut. La FDSEA défendant ceux qui voulaient s'agrandir et ELB défendant l'installation d'Anita qui s'installait grâce au GFA... Une femme ! On a fini par gagner."

À l'époque, ELB ne siège pas au comité technique de la Safer, où des adhérents du syndicat majoritaire représentent plusieurs organismes : banque, mutuelle... Les relations sont tendues. Le contexte syndical est plus que jamais conflictuel. La chambre d'agriculture alternative du Pays basque vient d'être créée en 2005.

À partir de 2008, un autre projet d'installation donne lieu à une bataille qui va prendre une ampleur inédite. Dans la ferme Kako, voisine de celle des parents de Johanne Foirien, à Ainharp, le fermier décède. La propriétaire met en vente et le jeune salarié, Fred Larrañaga, souhaite reprendre la ferme. La FDSEA soutient la candidature d'un autre jeune couple. Le GFA et le syndicat ELB organisent un rassemblement à Saint-Palais, le jour où le comité technique se réunit. "On a voulu un peu forcer le passage pour rentrer, se souvient Maryse ; il y a eu des discussions musclées..." Le comité technique opte pour l'attribution du candidat soutenu par la FDSEA. "Ça avait été monté de toutes pièces", s'indigne Johanne Foirien. "Une orchestration de la FDSEA, renchérit Peio. On a vérifié par la suite : ce jeune-là n'avait jamais eu l'autorisation de la banque pour faire l'emprunt ; c'était un montage très politique pour ne pas laisser ELB gagner."

Le ministre de l'Intérieur, Nicolas Sarkozy, s'en mêle et, les jours suivants, six fermes font l'objet de perquisitions, dont celle de Kako. Quatre paysans partent en garde à vue. Leur procès se prépare. Le syndicat se mobilise pour défendre les accusés. "On a fait la tournée des villages. On allait voir les conseillers municipaux un par un pour obtenir leur soutien pour le procès des paysans. On a eu un gros soutien des élus." Quatre paysans sont condamnés à 5 ans de mise à l'épreuve. "Pour des bousculades !" relève Arno Thicoïpe. L'un d'eux, Jean-Michel Ayçaguer, est condamné pour refus de se soumettre au prélèvement d'empreintes génétiques. Six ans plus tard, la Cour européenne des droits de l'homme lui donne raison et condamne l'État français.

Finalement, la Safer se retire de l'affaire, arguant du fait que le salarié occupait le siège d'exploitation, ce qui lui donnait priorité. Le GFA réussit à réunir les fonds pour acheter les terres de la ferme Kako, et une association acquiert la maison. "La campagne a été lourde", reconnaît Arno Thicoïpe.

Le coût humain est encore plus lourd. "L'important était de gagner la bataille au niveau syndical et dans sa dimension politique, mais ça nous a coûté très cher", souligne Peio Iralour, approuvé par le groupe.

Les fondateurs sont alors conscients des limites de l'outil GFA. "On a toujours été assez humbles pour se dire : on fait ce qu'on peut ; on ne pourra pas acheter toutes les terres, reconnaît Peio. Mais il s'est avéré, dès le début, que le fait d'avoir des temps forts de mobilisation sur une action précise était aussi une façon de garder sur la place publique le problème du foncier. On a compris progressivement que c'était une arme politique."

Lurzaindia, un outil qui permet d'agir

En 2010, le GFA Lurra a réalisé quinze acquisitions et approche des 300 hectares, sa limite maximale de superficie. Il regroupe plus de 2 000 porteurs de parts pour un capital supérieur à 400 000 euros. Les limites de l'outil, en termes de surface, mais aussi pour acheter du bâti, se font sentir.

Le fonctionnement se fait pesant, se souvient Arno Thicoïpe. "Pour l'assemblée générale, il fallait convoquer 2 000 personnes... On passait nos soirées à faire les enveloppes, c'était la soirée à rallonge !" Le processus d'acquisition manque de réactivité : "Il fallait convoquer une AG pour décider d'un achat. Pour intervenir rapidement par exemple dans le cadre d'une préemption Safer, c'était plus compliqué", reconnaît Maryse Cachenaut.

Parmi les porteurs, certains contestent la non-rémunération des parts, ou encore le principe démocratique d'une personne égale une voix, quel que soit le nombre de parts.

Une réflexion s'engage, et la création de Lurzaindia, une société en commandite par actions, est décidée[1]. "Ça a levé l'obstacle sur la limite de surface, et sur la possibilité d'acheter du bâti ; la société est à capital variable, donc il n'y a pas besoin de faire une AG pour augmenter le capital." La collecte de fonds est possible en permanence, tant auprès de personnes physiques que morales, ce qui offre une rapidité d'action précieuse.

[1] Les associés s'inspirent du modèle de la foncière Terre de Liens, créée en 2006. Voir "Naissance de Terre de Liens", p. 140.

La structure commanditée est une société par actions simplifiée (SAS[1]), gérée par un collectif de quatre organismes, lequel désigne huit titulaires et huit suppléants : Arrapitz, EHLG, le syndicat ELB et l'Inter Amap sont garants de la philosophie et des valeurs portées par Lurzaindia, "ce qui enlève d'une certaine façon le pouvoir aux actionnaires", note Maryse Cachenaut.

Pantxika Maïtia et Johanne Foirien d'Arrapitz comme Isabelle Capdeville d'Inter Amap expriment l'avis général : Lurzaindia, en tant que moyen d'acquisition collective de terres, est un outil pour lutter contre la spéculation, notamment en se positionnant sur des ventes et en demandant régulièrement à la Safer de préempter. "Quand Lurzaindia a eu ses premiers euros, qui venaient de la trésorerie du GFA, on a dit : on achète. Ça a fait taire toutes les rumeurs... On a gagné une crédibilité."

Lurzaindia devient progressivement un outil reconnu par tous, institutions et société civile, pour la préservation de la terre. La région Nouvelle-Aquitaine lui verse même une petite subvention pour la lutte antispéculative. Une mission essentielle ici où la spéculation sur les terres bat son plein, et où le risque est permanent de voir des prix de référence trop hauts nuire à l'activité paysanne, comme dans le cas d'Arbonne.

Les relations avec la Safer se sont nettement améliorées, chacun en témoigne. Après quelques années en tant qu'invité, le syndicat ELB siège maintenant au comité technique. La crédibilité de Lurzaindia lui doit beaucoup. Maryse Cachenaut souligne : "Même la Safer aujourd'hui, quand elle présente ses chiffres lors de son AG, est fière de montrer que nous sommes un département où elle va en contre-proposition sur le prix beaucoup plus

[1] La SAS est à la fois société de capitaux, ce qui la rapproche de la société anonyme, et société de personnes, ce qui en fait une société mixte. Elle se distingue surtout de la SA par la grande liberté qui est laissée aux associés. Le fonctionnement interne de la SAS est essentiellement défini par les statuts, c'est-à-dire par la volonté de ses associés.

qu'ailleurs. Et elle reconnaît que c'est en partie grâce à Lurzaindia." La Safer qui est destinataire des projets de cession[1] informe les syndicats FDSEA et ELB. Ces derniers s'appuient sur des réseaux de délégués dans les cantons, capables d'examiner ces projets et d'alerter en cas de prix spéculatif ou de risque de perte de l'usage agricole. Lurzaindia peut alors se positionner. Or jusqu'à présent, la stratégie est gagnante et l'organisation est souvent choisie. "Le comité technique penche plus facilement pour Lurzaindia. Bien souvent, on propose des projets d'installation ; et régulièrement, des hors cadre familial... Il y a beaucoup moins d'opposition."

Le rapport de force n'a pas pour autant disparu ; la crédibilité de Lurzaindia repose sur 40 ans d'actions sur le foncier, mais aussi sur la capacité de mobilisation dans la société civile, au-delà des actionnaires, comme le démontre entre autres la dernière affaire d'Arbonne. Si Lurzaindia est reconnu par les institutions, il reste considéré de façon sous-jacente comme un acteur à part.

Des élus, des chevaux et maintenant ?

Indéniablement, les élus et la Safer prennent au sérieux l'outil Lurzaindia et les structures morales qui l'animent. Pour autant, les membres du collectif estiment qu'il y a encore du pain sur la planche pour que soient prises en compte leurs revendications, notamment au sein de la communauté d'agglomération du Pays basque (CAPB). En décembre 2018, cette dernière s'est saisie de la compétence facultative relative à "la gouvernance, la stratégie et l'action en faveur de la préservation du foncier agricole", avec pour objectifs : "L'animation d'une gouvernance du Pays basque pour une stratégie foncière agricole ;

[1] Via les DIA (déclarations d'intention d'aliéner).

la préfiguration des outils de préservation du foncier agricole ; la participation aux outils de préservation du foncier agricole." Or, si la Safer et l'Établissement public foncier du Pays basque sont invités "à l'élaboration des dispositifs nécessaires à la mise en œuvre de cette politique", Lurzaindia n'est pas systématiquement convié. "Il faut toujours qu'on vienne s'imposer dans la discussion", note Maryse. Peio exprime sa déception, tant en ce qui concerne le domaine social et du logement que pour le foncier agricole : "On a mis beaucoup d'espoir à la création de la communauté d'agglomération... Aujourd'hui, la seule structure qui a les capacités intellectuelles et politiques de réfléchir sur les problèmes liés au foncier et à la spéculation foncière, c'est Lurzaindia. La CAPB n'a pas ces capacités, on le constate tous les jours."

Cet avis est partagé par le groupe. Johanne détaille : "Les élus ont été forcés de s'emparer des questions sociétales de préservation du foncier, de l'accès au logement aussi... un peu par populisme, par la pression de la société civile et des associations présentes sur le territoire, ils ont été forcés de venir apporter leur soutien. Mais dans le travail de fond, ils sont absents." La question en tension du logement justifie, pour nombre d'élus, de construire sur des terres agricoles, alors même "qu'on est gavé d'Airbnb et de maisons vides". Les élus sont aussi représentatifs d'une population qui ne partage pas unanimement les valeurs du mouvement. "La société civile n'est pas qu'avec nous, à porter nos valeurs. Une grande partie n'arrive pas à se loger et ne sait pas comment faire. Et une autre partie veut absolument construire sa maison individuelle."

Les suites de l'affaire d'Arbonne continuent à mobiliser le collectif. Concrètement, Lurzaindia demande une vente en lots, afin de permettre l'installation d'agriculteurs ; juridiquement, l'affaire a mis en évidence des failles dans le dispositif de préservation des terres agricoles. Des parlementaires se sont mobilisés pour déposer une proposition de loi en mai 2022[1]. Enfin, comme le souligne Isabelle Capdeville, d'Inter Amap, l'affaire a mis sur le tapis la question de l'alimentation : "On utilise de la terre agricole dans des zones très peuplées, un, pour nourrir des chevaux, deux, pour entretenir une forme d'occupation des sols sans activité agricole nourricière." Arbonne révèle aussi un besoin nouveau : Lurzaindia doit développer des compétences en matière d'urbanisme, afin de pouvoir agir alors que la pression foncière ne cesse de se renforcer.

Si les Pyrénées-Atlantiques restent un département dynamique en termes d'installation, Peio note une évolution culturelle inquiétante : "Aujourd'hui, toute une génération, pour des raisons diverses, se dit : tant pis si je ne transmets pas. C'est un phénomène nouveau."

Si le GFA Lurra a inspiré Terre de Liens au moment de sa création, Lurzaindia s'appuie aujourd'hui sur les ressources juridiques et administratives du mouvement Terre de Liens.

L'exemple basque en matière d'action collective continue d'inspirer des acteurs dans bien d'autres territoires. La cohésion et l'énergie qui animent les membres fondateurs de Lurzaindia peuvent expliquer cela, tout comme leur conscience politique.

Pour ma part, cette soirée, si réductrice qu'elle soit d'une expérience basque vaste et vive, émet dans mon souvenir une lumière particulière. Celle d'une étrangeté dans notre société. Comme un ruisseau qui court sous la neige, qu'on entend et qui apparaît par endroits, resurgira à plusieurs reprises au cours de la soirée un questionnement qui plonge ses racines dans les droits anciens de la société traditionnelle basque, mais aussi dans la conscience chez les habitants d'un lien fort avec leur territoire. Tenter de résumer ce questionnement, c'est le réduire. Tentons quand même. Ici, il

[1] Proposition de loi visant à reconnaître le caractère d'intérêt général de l'agriculture et agir efficacement dans l'espace rural, présentée par Vincent Bru et Jean-Bernard Sempastous.

ne va pas de soi qu'un propriétaire, si riche et puissant qu'il soit, ait tous les droits ; la conscience du collectif irrigue nombre de réflexions, d'initiatives et d'engagements ; le politique et le philosophique ne sont pas séparés ; la notion même de propriété soulève une montagne de questions.

Cette étrangeté éclaire d'une flamme singulière des cadres de pensée formatés par le Code civil, cette flamme nourrit et éclaire les expériences contemporaines de gestion collective du foncier.

Élargis au-delà du cercle familial, les groupements fonciers agricoles qui impliquent des citoyens permettent, comme on l'a vu, de préserver la vocation agricole de terres et d'installer des jeunes. En faisant appel à la solidarité locale, ils créent des liens entre producteurs et consommateurs et favorisent la prise de conscience d'une interdépendance. Ils sont aussi utilisés comme un outil de lutte contre l'accaparement ou l'expropriation et constituent à ce titre des actes politiques de résistance à une domination économique ou étatique. Cependant, cet outil juridique comporte des limites. Et leur gestion administrative énergivore peut épuiser les bénévoles, d'autant plus si les associés sont nombreux et dispersés et qu'avec le temps, leur suivi se perd. La question de la durabilité de cet outil de gestion en collectif des terres se pose alors avec acuité.

Comment la solidarité initiée par un collectif citoyen peut-elle perdurer dans les épreuves et trouver la voie d'une transformation réussie, c'est ce que raconte le récit suivant. Après la Charente-Maritime, la Marne, le Larzac et le Pays basque, rendez-vous en Alsace.

Récit. Les Chants de la terre. D'un groupement foncier agricole citoyen à une ferme Terre de Liens

Alsace

- SAU : 340 000 hectares
- 1 000 fermes sur 35 000 hectares sont en agriculture biologique.
- 11 % de la surface agricole et 30 % du vignoble.

Les Chants de la terre

- Création : 1980
- GFA, puis ferme Terre de Liens depuis 2013
- Production maraîchère sur 45 hectares
- 40 salariés

Colmar, février 2022

Au sud de la ville, une route étroite et bossue serpente entre des arbres. Au détour d'un virage, deux bâtiments de bois côte à côte. L'un, clair et neuf, vaste, allongé, à la toiture métallique en forme de vague. L'autre, rectangulaire, plus haut, porte sur sa paroi noircie une enseigne en lettres vert et blanc : Chants de la terre.

La Caddy rouge de Pauline Thomann se gare sur le parking. L'ingénieure agronome est l'une des deux salariées de Terre de Liens Alsace, qui a ses locaux dans le bâtiment. Je me trouve ici, le 1er février 2022, sur la proposition de sa collègue Marie Balthazard, coordinatrice de l'association. La relation entre Terre de Liens et les Chants de la terre est le fruit d'une histoire écrite collectivement. Je suis venue rencontrer une partie de ses auteurs.

Des femmes et des hommes en bottes et tablier ciré passent d'un local à l'autre. En cette fin d'hiver, une partie des 40 salariés est en récupération. La haute saison démarrera au printemps.

Dans le bâtiment neuf, à l'une des extrémités, la lumière du matin éclaire un palox de carottes qui attendent de passer au lavage, à côté de salades et de poireaux. Au milieu, à côté des chambres froides, des chariots remplis de paniers de légumes frais sont prêts à rejoindre les marchés et autres points de livraison. À l'autre bout, devant la route, un grand espace de vente.

Aux Chants de la terre, on cultive une soixantaine de légumes différents – près de 200 variétés – mais aussi de la luzerne, des céréales et des semences, sur 45 hectares répartis sur plusieurs sites : Colmar, Widensolen et Wettolsheim. Toute la production est certifiée en agriculture biologique et en biodynamie, depuis l'origine, il y a plus de 40 ans. Les légumes sont distribués en circuits courts, sur des marchés, à la ferme, en paniers ou dans des magasins. Ils nourrissent chaque semaine plus de 7 000 habitants de cette partie du Haut-Rhin.

Depuis 2004, Guillaume Goepp, 49 ans, est à la fois fermier et gérant, à la tête des deux structures qui composent l'exploitation : une SCEA (société civile d'exploitation agricole) pour la production, et une SNC (société en nom collectif) pour la commercialisation. Les terres et les bâtiments appartiennent depuis 2013 à la foncière Terre de Liens, qui a pris la suite d'un GFA constitué en 1993.

La réussite économique des Chants de la terre est indéniable : la SCEA a réalisé 1,6 million d'euros de chiffre d'affaires en 2021, et la SNC, 3 millions. Cette réussite est reconnue, tout comme la qualité de ses produits, dans cette cité où le savoir-faire maraîcher vient d'une longue tradition. Cette *success-story* repose sur un engagement commun aux producteurs et aux consommateurs : celui de prendre soin de la terre qui nous nourrit.

À l'origine, Agnès et Pierre Keller

Été 1980. Au marché Saint-Joseph de Colmar, un jeune couple propose quelques kilos de tomates et poivrons. Pierre Keller a 22 ans, il a abandonné le lycée 3 ans auparavant et il travaille avec ses parents maraîchers. Agnès, 19 ans, est musicienne. Ils viennent d'avoir leur premier enfant. Cette année-là, ils commencent à convertir la ferme familiale à la biodynamie. Pour Alphonsine et Charles Keller, les parents de Pierre, c'est une régression. Abandonner la maîtrise apportée par la chimie ? Quelle lubie ! "On était des extraterrestres, se souvient Agnès. En 1979, il n'y avait pas de magasins bios à Colmar. On se réunissait, l'un allait s'approvisionner en céréales, l'autre allait chercher le comté dans le Doubs. On était quand même des pionniers. Je dirais que Pierre, d'une manière générale, était un pionnier, dans tous les domaines." En 1981, Pierre emmène ses parents réticents dans un voyage en Allemagne. Ils visitent différents domaines, en biodynamie depuis 20 ou 30 ans. Les propriétaires sont des gens sérieux, de leur génération, les parcelles sont belles... Les parents reviennent convaincus. D'autant que les clients, très vite, se montrent intéressés et soutiennent la démarche.

Pierre et Agnès vont faire des stages en Allemagne, chez Maria Thun, qui a créé le calendrier des semis en biodynamie. La conversion s'accompagne d'une modernisation de la ferme familiale. Pierre Keller s'investit dans le mouvement de l'agriculture biodynamique. Agnès l'accompagne, la musique en bandoulière.

Un article de journal, daté de février 1993, titre "Ils cultivent leur voix". Au premier plan sur la photo, une jeune femme lumineuse, Agnès, dirige un cercle de chanteurs. Face à elle, dans le fond, un barbu, au visage ouvert, domine le groupe d'une tête : Pierre. La chorale "La Clé des champs", constituée d'une douzaine d'agriculteurs en biodynamie, a été active de 1987 à 1994. Pendant ce temps, la famille s'agrandit. Agnès et Pierre ont quatre enfants.

En 1991, Jean-Louis Keller, l'un des frères de Pierre, le rejoint sur la ferme. Un Gaec est constitué. Agnès propose un nom inspiré d'une symphonie de Mahler : les Chants de la terre sont nés.

Les maraîchers cultivent 6 hectares et cherchent à s'agrandir. C'est devenu nécessaire. Mais c'est la ville qui s'étend. Autour des parcelles familiales, situées non loin du centre, l'urbanisation va bon train. Les terres si fertiles du quartier des maraîchers commencent à disparaître sous les constructions. Les prix montent. En 1992, une parcelle de 1,14 hectare, les Allmends, est à vendre au sud. Une opportunité rare à Colmar, à un prix astronomique pour une terre agricole : le prix est équivalent à 60 000 euros. Comment réunir l'argent ?

Création du groupement foncier agricole

Un ancien vétérinaire devenu banquier leur souffle la solution. Jean-Pierre Bidault est membre fondateur de la NEF (Nouvelle économie fraternelle). Pourquoi ne pas constituer un groupement foncier agricole (GFA), en élargissant l'achat de parts au-delà du cercle familial ?

Pierre y voit un double intérêt : la constitution d'un groupement foncier permet de financer l'achat de terres, tout en réglant la question de la transmission du patrimoine. Alphonsine et Charles ont quatre enfants. Convertir les terres en parts du GFA, puis procéder à une donation apparaît comme une solution sûre et équitable. Reste à trouver d'autres investisseurs pour financer l'achat de la parcelle.

Une réunion est organisée, une plaquette d'information circule, avec un slogan : “Devenez responsables de la terre qui vous nourrit.” Cette proposition suscite une véritable prise de conscience chez les clients des Chants de la terre. Autour des parents et des quatre enfants Keller, une dynamique se crée. “On n'avait pas mesuré le côté fédérateur qu'allait occasionner, chez des personnes, cette idée : on n'est pas propriétaire de la terre, mais on est responsable quand même de cette terre… Avec cette proposition, les gens ont découvert des portes, ont pu s'ouvrir à d'autres dimensions", analyse Agnès.

Pour l'architecte Étienne Meyer, ce slogan a été un élément déclencheur de son adhésion au projet. Il raconte : "Un jour, Pierre m'a dit : on cherche un cogérant pour le GFA. J'aimerais bien que ce soit quelqu'un issu du monde des clients. Tout bêtement, j'ai dit : « Pierre, si tu ne trouves personne, tu viendras me voir. » C'est comme ça que, pour moi, l'aventure dans l'agricole a commencé. On a commencé à se réunir, à faire les statuts, à organiser la communication pour que suffisamment de gens puissent être intéressés."

Les fondateurs se souviennent de Marie-Christine Capdeviolle, clerc de notaire, qui apporte son aide pour cette phase initiale de rédaction des statuts. En 1993, la signature des actes de création du GFA Les Allmends rassemble 120 personnes dans une MJC. Les quatre enfants Keller, Pierre, Jean-Louis, Philippe et Hélène, détiennent la grande majorité des 2 150 parts sociales, de 1 000 francs chacune ; Étienne Meyer est cogérant aux côtés de Pierre. La propriété familiale est devenue une propriété collective, administrée de façon collégiale par un comité de gérance aux compétences complémentaires, composé notamment de Yann Le Coguic, formateur en biodynamie… Claude Sourice, expert-comptable au cabinet Cegar, les rejoint. Le comité se fixe une éthique : définir sa mission en relation avec les exploitants, à l'écoute de leurs besoins.

Des épreuves et des questions

En 1995, cet élan collectif se trouve confronté au malheur : Pierre Keller, le pionnier, le fédérateur, décède à l'âge de 37 ans. Laissant dans une grande peine Agnès, 34 ans, et sa famille. Leurs quatre enfants sont âgés de 16 à 5 ans. Le texte que communique la famille Keller pour la rubrique nécrologique du journal *L'Alsace* rappelle l'idéal que Pierre avait tant à cœur : "faire se donner la main aux citadins et aux ruraux pour qu'ils deviennent, ensemble, responsables de la terre qui les nourrit".

Agnès reste associée un an avec son beau-frère. Puis elle reprend un travail de professeur de musique, tout en continuant un temps à faire les marchés. Jean-Louis continue à diriger l'exploitation. Des tentatives d'association ne se concrétisent pas.

Au sein du GFA surgissent des questions. Des questions d'argent, des questions de sens. Assumer collectivement la responsabilité de la terre nourricière est un objectif qui s'accomplit dans la durée, or personne n'est maître du temps ni des épreuves de la vie. Des débats ont cours. "L'objet du GFA, rappelle Étienne Meyer, c'était de soutenir l'agriculture en biodynamie. Donc en tant que cogérant, je ne pouvais rien laisser passer qui soit contraire à cet objectif-là. Et ça a créé parfois des tensions, puisque les enfants Keller d'une certaine façon n'avaient pas accès à leur héritage, puisqu'ils n'avaient pas accès à la valorisation [des parts]. Et de façon récurrente, c'était quelque chose auquel on ne pouvait pas être insensible. D'un autre côté, on était confronté à la question suivante : si on se permet, parce que ce n'est pas l'objet, de spéculer, la spéculation ne peut avoir qu'un seul objectif, permettre de racheter des terres."

Claude renchérit : "Quand l'un des enfants disait « J'ai envie de vendre mes parts », il fallait trouver quelqu'un pour acheter. C'était impossible."

On touche là aux limites de l'outil GFA : pour sortir d'un GFA, un porteur de parts doit trouver un repreneur ; les parts sont revalorisées chaque année, de façon minime, cependant les porteurs de parts ne touchent aucun dividende et la gestion repose sur le bénévolat. La motivation se trouve donc dans le sens que chacun met à cet engagement. Dans les débats, les difficultés et les épreuves, le lien entre le GFA des Allmends et l'exploitant perdure.

Le besoin d'un bâtiment se fait sentir sur la nouvelle parcelle. Étienne Meyer dessine les plans. Une fois la structure érigée, le chantier se poursuit en autoconstruction. À peine achevé, le bâtiment subit la tempête de 1999. Malgré les dommages, il tient bon.

L'année précédente, un jeune homme en formation au lycée agricole d'Obernai était venu effectuer un stage aux Chants de la terre. Au début des années 2000, il revient comme salarié, "pour se faire la main" avant de monter son projet personnel. "J'ai fait deux saisons, à m'occuper du plein champ. Jean-Louis était gérant... Quand je suis arrivé, il était pratiquement seul."

Le jeune homme, c'est Guillaume Goepp. Il a 25 ans et est issu d'une famille de fonctionnaires partie s'installer à la campagne. Après un bac scientifique, il se retrouve au conservatoire des sites alsaciens, en tant qu'objecteur de conscience. Le monde des végétaux lui plaît. Le jeune homme cartésien entame un questionnement spirituel qui le mène au Sénégal, puis dans l'une des rares formations agricoles en agriculture biologique. Il trouve dans la biodynamie une dimension qui répond à sa quête de sens, m'explique-t-il aujourd'hui. "C'est fondamental pour moi : une agriculture où on se soucie des processus et des forces, pas seulement des substances. Avec des questions : qu'est-ce que la qualité ? Et au-delà, qu'est-ce qu'un bon aliment ? Comment soigne-t-on la terre ?"

Dans l'après-midi, Guillaume me montre les différents postes de travail dans les deux bâtiments. Je demande à voir les préparations en biodynamie. Elles sont diffusées à raison de 30 grammes à l'hectare au printemps et à l'automne. Devant ma curiosité, il évoque les cours aux agriculteurs de Steiner, fondement de l'agriculture en biodynamie : "un milieu naturel équilibré, c'est toujours de la diversité. L'agriculture, c'est : on enlève tout ça, et on va implanter une ou quelques espèces. Je vois les préparations comme quelque chose qui permet de récréer de la diversité". Guillaume réalise aussi régulièrement des analyses de sol. Sa sensibilité au monde vivant va de pair avec une quête des améliorations techniques qui allègent la pénibilité du métier.

En 2003, Jean-Louis Keller le recontacte. Il sort d'une réunion sur la transmission. Alors que les collègues de sa génération envisagent un passage de relais progressif, Jean-Louis prend conscience d'une chose : "Pour que les jeunes arrivent, il faut que les vieux s'en aillent." C'est décidé : il fera la saison prochaine avec les repreneurs, puis il partira. Guillaume vient d'avoir un fils et de démarrer un projet en solo. C'est l'heure du choix. "J'avais envie d'avoir mon truc à moi. J'ai démarré quelque chose ailleurs, je me suis rendu compte que ça ne m'allait pas trop." Et puis, il se plaît aux Chants de la terre. Il y trouve "un vrai savoir-faire maraîcher, transmis de génération en génération". L'innovation apportée par Pierre et Agnès, l'association avec Jean-Louis plus cartésien, la création du GFA, l'état d'esprit : tout lui parle. "Ici, on ne va pas porter des caisses quand on peut prendre un diable, ce que j'ai vu sur d'autres fermes (...) Ce qui m'a plu, ici, c'est qu'on essaie de faire avec le monde qui est autour de nous. On ne va pas se priver de faire un emprunt à la banque si on a besoin d'un motoculteur ou autre. Nous essayons de faire de bons produits. De les vendre à des gens qui vont pouvoir les payer." Guillaume insiste : "Ça a résonné chez moi cette idée : essayons de changer ce qui existe et de montrer qu'on peut faire autrement."

Un nouvel associé

Guillaume s'associe avec Jean-Louis en 2004. Ce dernier prépare son départ en Bourgogne, en tant qu'associé de la ferme en biodynamie Saint-Laurent[1], près de Cluny. Puis il devient salarié d'un groupe de semences en biodynamie. Dorénavant, la ferme n'est plus une affaire familiale. Guillaume prend des parts sociales, rachète le capital d'exploitation et se démène. "En 2004, on avait 7 hectares, essentiellement sur Colmar. Et une situation économique

[1] Le foncier de la ferme Saint-Laurent a été ensuite racheté par la foncière Terre de Liens, à la même période que les Chants de la terre.

pas très favorable. Les premières années, je me payais moins que l'apprenti… Je me suis attaché à mettre en place un outil qui permette une certaine stabilité économique, sans renier la qualité." Des associés pressentis ne restent pas. Au bout de 5 ans, Guillaume se retrouve seul gérant. Durant cette période, la quête de terres continue.

"On cherchait du foncier, on n'en trouvait pas… Il y a eu cette opportunité. Je suis venu dire à une réunion du GFA : on nous propose 25 hectares sur Widensolen, mais il faut acheter la maison attenante. Est-ce que le GFA serait d'accord ?" Chacun est conscient de la rareté du foncier disponible. La vendeuse est une personne de confiance. Mais il s'agit d'un investissement important, de plusieurs centaines de milliers d'euros. On devine que les débats et les échanges ont été soutenus. Car pour financer le projet, il y a dans la balance la vente d'une parcelle à Colmar : une terre agricole peu à peu entourée d'immeubles et devenue constructible, contre une maison et un bail sur 25 hectares[1]. Le GFA approuve l'opération. Au début des années 2000, les Chants de la terre cultivent plus de trente hectares.

À la même période, en 2003, l'association Terre de Liens voit le jour dans la Drôme. Quelques années plus tard, en 2009, des fondateurs de la NEF viennent présenter la démarche lors d'une formation à laquelle participe Guillaume. Pour celui-ci, c'est évident, la solution est là. "Dès le début, j'ai dit : il faut qu'on sorte de cette histoire strictement locale et qu'on aille vers Terre de Liens… Il faut trouver une solution honorable pour tout le monde. On ne peut pas continuer à dire aux héritiers Keller, qui n'ont plus rien à voir avec l'exploitation agricole : gardez vos parts sociales et merci, il n'y a rien à gagner."

Le comité de gérance fait le même constat, rapporte Claude Sourice. "On a vu qu'on avait une grosse difficulté à trouver

[1] Par la suite, les terres seront mises en vente.

d'autres citoyens pour racheter les parts des héritiers Keller. Ça a été le point de départ de notre réflexion. Surtout que les uns et les autres avaient des enfants aux études." Comment dans ces conditions continuer à accompagner le développement de l'exploitation ?

L'idée fait son chemin, de part et d'autre. "On a négocié pendant 2 ans, il y a eu des débats houleux ; à l'époque, c'était un énorme projet pour Terre de Liens", se souvient Marie Balthazard. Puis la foncière Terre de Liens et l'assemblée générale du GFA approuvent le projet de cession : le patrimoine des Chants de la terre sera cédé à la foncière Terre de Liens. En 2012-2013, le comité de gérance se mobilise pour accompagner le changement. En effet, la foncière Terre de Liens fait appel à des actionnaires, qui investissent dans l'achat de terres. "L'objectif du comité de gérance, qui avait été partagé en AG, c'était de convaincre le plus possible de gens que cet argent qu'ils venaient de recevoir, ils allaient le redonner à Terre de Liens." Marie Balthazard souligne : "On voulait éviter une action spéculative." Le jour de la dissolution du GFA, Étienne signe 129 chèques. Claude raconte : "On avait le chèque à donner, et on avait le bulletin de souscription à côté, en disant : « On compte sur vous ! » Franchement, on a eu un retour très favorable. C'est une belle fin du GFA quelque part." Certains membres du GFA ayant disparu, il a fallu encore plusieurs mois pour finaliser le remboursement.

Une ferme Terre de Liens

Les Chants de la terre deviennent en 2014 la première ferme Terre de Liens en Alsace. Dans le même élan, plusieurs membres rejoignent l'association territoriale. Claude Sourice, Agnès Keller, Yann Le Coguic faisaient déjà partie du bureau, Guillaume Goepp entre au conseil d'administration, aux côtés d'autres agriculteurs bios et de citoyens hors milieu agricole.

Depuis, Terre de Liens a acheté les terres à Widensolen et 13 hectares de plus, loués avec un statut précaire sur la même commune. Pour accompagner le développement de l'activité, la foncière a investi aussi dans le nouveau bâtiment, achevé fin 2019. Plutôt que de s'endetter pour l'immobilier, Guillaume Goepp a pu ainsi investir dans l'outil de travail. Il a signé avec Terre de Liens un bail de carrière[I]. Et vient de lancer un nouveau projet : après avoir investi dans un diagnostic biodiversité sur les terres, il a proposé aux salariés de se former avec la LPO (Ligue pour la protection des oiseaux). L'objectif est d'accroître la diversité des écosystèmes. Sa préoccupation rejoint celle de la Fondation Terre de Liens, qui a fait de la restauration de la biodiversité sur les fermes l'une de ses priorités[II] et qui soutient les initiatives des fermiers. La coopération entre Terre de Liens et les fermiers va ainsi bien au-delà de la gestion d'un patrimoine.

Agnès poursuit son activité de musicienne. Elle songe un jour à écrire l'histoire des Chants de la terre. "Je suis très reconnaissante à Guillaume de porter la ferme comme il le fait, souligne-t-elle, et je suis admirative de tous ces légumes qui sont là chaque semaine. C'est formidable, à cette échelle-là, de pouvoir apporter cette nourriture saine. Ça a été difficile au début, parce qu'on était des pionniers... La clientèle nous a toujours beaucoup aidés. Quand on pense qu'on était un jeune couple avec un petit enfant à venir, qui voulait faire quelques ares de bio pour eux ! Et maintenant, des milliers de gens bénéficient de cet élan initial. Les Chants de la terre sont connus et reconnus."

Pour autant, la fondatrice ne se fait aucune illusion : "Ça reste un combat, encore maintenant." Lorsqu'elle entend répéter à la radio "C'est impossible sans pesticides", elle s'indigne : "Des fermes qui

[I] Un "bail de carrière" est un bail rural à long terme (art. L.416-1 du Code rural et de la pêche maritime). Le bail prend fin à l'expiration de l'année au cours de laquelle le fermier atteint l'âge de la retraite d'où le terme de bail "de carrière".
[II] Voir "Propriétaire collectif et citoyen", p. 164.

ont maintenant 40 ans, 60 ans, en biodynamie, n'utilisent pas un gramme de produits chimiques. Et on ose encore distiller l'idée que sans pesticides on n'y arrive pas !"

En 2022, l'Alsace compte cinq fermes Terre de Liens ; deux autres vont les rejoindre, dont l'une, importante, est depuis 60 ans en biodynamie. Agnès s'interroge : "Les agriculteurs vieillissent, qui va reprendre ces terres ? C'est important de faire connaître Terre de Liens. Il y a encore des agriculteurs qui ne pensent pas à cette possibilité, parce qu'ils ne la connaissent pas, tout simplement."

En Alsace, les terres disponibles sont rares, car l'attachement au patrimoine familial est grand... quitte à déléguer les travaux à des entreprises. Pauline et Marie, avec l'appui des bénévoles, consacrent une bonne part de leur énergie à sensibiliser élus, propriétaires et agriculteurs. L'association mène régulièrement "des diagnostics, de l'information des collectivités sur les outils fonciers ; ce qu'elles peuvent faire sur la transmission", énumère Pauline. Marie complète : "Terre de Liens se préoccupe de ce sujet longtemps resté tabou, la transmission. L'évolution de la démographie agricole a rendu cet enjeu prioritaire et aujourd'hui nous recueillons de plus en plus de sollicitations, pas seulement issues du microcosme biodynamique."

Le projet initial des fondateurs des Chants de la terre, prendre soin de la terre qui nous nourrit, continue à inspirer les acteurs d'aujourd'hui.

2

TERRE DE LIENS, UN MOUVEMENT D'ÉDUCATION POPULAIRE POUR PRÉSERVER LES TERRES AGRICOLES

Terre de Liens en chiffres

- Création : 2003.
- Membres actifs : plus de 42 000 personnes, adhérents, donateurs, actionnaires.
- Structure sur trois piliers : une fédération de 19 associations régionales, une société foncière et une fondation reconnue d'utilité publique.
- Salariés : 120.
- Nombre d'hectares fin 2022 : plus de 8 000.
- Nombre de fermes : 300 fermes, réparties dans toutes les régions de France métropolitaine.
- Nombre d'actifs agricoles : 502.

Lorsque le mouvement[1] Terre de Liens émerge au début des années 2000, il fait figure d'ovni dans le monde agricole. Son projet phare est taxé de farfelu. Pensez donc : le mouvement postule que l'accès à la terre et la préservation des terres agricoles sont l'affaire de tous ! En s'inspirant des initiatives pionnières pour se construire, Terre de Liens va les relier et les prolonger. Elle va aussi proposer des outils nouveaux. De la Marne au Larzac, de la Bourgogne à la Bretagne, de la Drôme au Pays basque, des rencontres ont lieu, invitent à des partages d'expériences et à leur analyse. Les relations qui s'établissent sont fécondes. Elles créent une dynamique nouvelle. Dans les vingt années qui suivent sa création, le mouvement issu de l'éducation populaire va connaître une croissance importante.

[1] Le terme mouvement associé à Terre de Liens désigne l'ensemble des structures : la fédération et les associations territoriales qui la composent, la foncière et la fondation.

Pour Terre de Liens, la terre agricole est un bien commun, à préserver sur le très long terme de la spéculation et des dégradations, afin de sauvegarder l'agriculture paysanne et de permettre l'installation de nouvelles générations d'agriculteurs. De cette vision fondatrice sont nés des principes d'actions : le mouvement s'appuie sur une large mobilisation citoyenne, dans laquelle s'investissent bénévoles, actionnaires, donateurs, pour "faire pousser des fermes" ; il instaure une dynamique collaborative pour répondre à son objet. Concrètement, le mouvement achète des terres agricoles qu'il loue à des fermiers via un bail rural à clauses environnementales[1] (BRE). Ces acquisitions facilitent l'installation de porteurs de projets ou le maintien d'activité en place. Elles favorisent des pratiques agricoles orientées vers la préservation de la ressource en eau, de la biodiversité, des paysages, des sols, de l'air ou encore la prévention des risques naturels. Terre de Liens s'engage à ne jamais revendre ces terres qui sont sorties de la sphère marchande et de toute spéculation.

Naissance de Terre de Liens

Aujourd'hui interlocuteur reconnu des pouvoirs publics, Terre de Liens est née d'une utopie. Cette utopie est devenue un projet partagé par une poignée de personnes, puis par des centaines et des dizaines de milliers, car il propose une réponse collective à un besoin premier, qui nous concerne tous : préserver la terre agricole et la biodiversité pour une agriculture nourricière, respectueuse de l'environnement. Raconter la naissance de Terre de Liens, c'est raconter une aventure collective.

[1] Ce bail rural spécifique est créé en 2006. Voir note p. 76.

Les rencontres de Die

En 1998 se tinrent à Die, dans la Drôme, les rencontres nationales de l'association d'éducation populaire Relier, sur le thème de "s'organiser pour vivre à la campagne" ; un premier atelier se prolongea par un chantier collectif pour l'accès au foncier agricole. De la démarche de ce groupe de travail allait naître en 2003 l'association Terre de Liens.

Créée en 1984, l'association Relier, pour Réseau d'expérimentation et de liaison des initiatives en espace rural, est issue du mouvement Peuple et Culture[I], fondateur de l'éducation populaire. Ses modes d'action se nourrissent de ses racines : responsabilité et autonomie des personnes, recherche de solutions collectives par le décloisonnement et la multiplicité des points de vue.

Le choix du thème "s'organiser pour vivre à la campagne" correspond à un phénomène social de reruralisation. Dans les années 1970 et suivantes, de nombreux citadins s'installent dans des villages dépeuplés, pour effectuer ce qu'on appelle "un retour à la nature[I]". "Chevelus, poètes", ils sont les enfants déçus d'une société consumériste, idolâtre des technosciences. Peut-être ont-ils lu le rapport *Les Limites à la croissance* que publie le Club de Rome en 1972. Aussi appelé "rapport Meadows[II]", cette étude établit les conséquences dramatiques qu'aurait une croissance économique et démographique exponentielle sur le long terme dans un monde fini. En 1973, le premier choc pétrolier marque la fin de la croissance rapide en Occident.

En quête d'un espace où réinventer la société, ces néoruraux s'installent comme agriculteurs, artisans. Ils s'intègrent peu à peu par leurs activités. Au point que certains deviennent un jour élu local... voire député européen. Remarquons que ces dernières décennies le

[I] L'association fondée en 1945 entend "rendre la culture au peuple et le peuple à la culture".

[II] Du nom des corédacteurs Donella et Dennis Meadows.

phénomène connaît un nouvel essor. Aujourd'hui, de nouveaux arrivants en quête d'autonomie installent leur habitat en pleine nature, tipis, roulotte ou yourte. Certains le font par choix, d'autres par défaut. Et des citadins quittent les métropoles à la suite de la crise sanitaire pour s'installer plus classiquement dans des villes petites ou moyennes.

En 1998, au-delà de leurs particularités individuelles, les participants aux rencontres de Die sont conscients qu'ils font partie d'un phénomène sociologique ; ils partagent une conscience sociale et écologique. Le thème "s'organiser pour vivre à la campagne" correspond à des situations vécues. Les ateliers permettent de réfléchir en petit groupe à des problèmes concrets.

Un atelier propose de réfléchir à l'un des points de blocage identifiés : l'accès au foncier agricole. Dans la salle se trouvent les futurs fondateurs de Terre de Liens.

J'en ai rencontré certains, en 2020 à Crest. Ils m'ont parlé de leur démarche. Ils ont évoqué Die. Je les imagine à leur toute première rencontre, dans cet atelier sur l'accès au foncier.

Un homme de haute taille, au regard bleu, s'exprime lentement avec un accent prononcé. Vingt-cinq ans auparavant, Sjoerd Wartena était bibliothécaire à l'université d'Amsterdam et sa femme, Liek, était assistante sociale auprès de la jeunesse ouvrière. Ils ont tout quitté et sont arrivés dans la région avec leur jeune enfant. Ils ont acquis une ferme en ruine et sont devenus éleveurs de brebis. Ils font du fromage dans un village perdu, à quelques kilomètres de Die : Vachères-en-Quint.

Un homme brun parle avec un débit rapide. Vincent Jannot[1] fait partie du conseil d'administration de Relier. Il vient de la Mayenne, il a fait des études d'agro, a été objecteur de conscience. Il a passé quelque temps avec Pierre Rabhi, il a surtout travaillé avec l'agronome François de Ravignan et avec l'association régionale pour le

[1] Directeur des partenariats et des programmes à la fédération.

développement de l'emploi agricole et rural (Ardear) de l'Hérault, pour accueillir et accompagner des gens qui veulent créer leur activité agricole et rurale. Il rencontre le réseau Relier en 1995, lors d'une commission rurale de Peuple et Culture. Une chose l'anime, dit-il : "Rendre accessible la terre à tous et à toutes, comme un bien commun… Préserver et partager la terre."

Un jeune homme écoute avec attention les échanges. Jérôme Deconinck[1] est en train de terminer son mémoire de fin d'études. Son école d'agronomie est en plein centre de Lyon. Ce qu'il a appris est très loin de ses aspirations : faire des steaks à partir de cellules, savoir quel traitement chimique appliquer, très peu pour lui. Il est venu rencontrer des gens qui ont un projet agricole. Ici, il se sent dans son élément.

Sjoerd Wartena raconte leur arrivée à Vachères-en-Quint, en 1973. Dans le village autrefois peuplé de 100 habitants, il ne restait que "six vieux qui attendaient la fin de leur civilisation". Cette civilisation paysanne, poursuit-il, s'est transmise de génération en génération, sur des siècles. Sjoerd et Liek apprennent d'eux les savoirs ancestraux pour subsister dans ce site escarpé et aride. "Utiliser et cultiver le site de la meilleure façon possible, utiliser le peu d'eau de manière optimale, tirer le meilleur parti de tout ce que la nature clairsemée a produit, cela crée une agriculture. Nous avons juste à temps pu capturer et enregistrer cette culture, en tirer des leçons et l'adapter ici et là à notre époque[2]."

Le couple de néopaysans hollandais s'est formé auprès d'organisations bios et paysannes. Pour combattre la disparition des terres agricoles et la diminution des fermes, Sjoerd a des idées, et pour les réaliser, il essaie de "trouver des complices", car pour bien faire, "il faut une équipe et des compétences".

Pour Jérôme Deconinck, ces rencontres sont un déclic. Il s'engage comme bénévole à Relier. C'est l'époque où le gouvernement Jospin

[1] Directeur de la fondation de sa création jusqu'en 2022.

crée les emplois jeunes et, un jour, le président de l'association lui propose un poste. "Je me suis retrouvé à animer le premier groupe de travail sur l'accès collectif et solidaire au foncier, en 1998-1999."

De l'utopie à l'action

Le groupe de travail qui se constitue sur l'accès à la terre part du constat que pour les nombreux jeunes désireux de s'installer, mais non issus du milieu agricole, cet accès est verrouillé. D'autant plus pour ceux qui veulent produire en agriculture biologique (qui occupe alors à peine 1 % de la surface agricole). Il est quasi impossible de louer des parcelles : le milieu agricole conventionnel ne les prend pas au sérieux. Quant à acheter, cela suppose de mobiliser des financements, la plupart du temps inaccessibles. Pourtant, des centaines de fermes disparaissent chaque semaine, dont les terres partent souvent à l'agrandissement. Pourtant, la demande d'aliments biologiques s'accroît chaque année de 10 %. Comment contourner ces difficultés, avec quels outils et quels partenaires ?

Ancien responsable de Peuple et Culture Isère et cofondateur du réseau Relier, Jean Le Monnier[1] participera ensuite à la création de Terre de Liens et deviendra le premier président de la fondation d'utilité publique. Dans un article paru en 2013[3], il raconte les convergences qui s'opèrent au cours de la constitution et de la démarche de ce groupe de travail.

Convergences de visions

Outre les militants qui accompagnent les porteurs de projets en milieu rural, d'autres structures rejoignent le groupe de travail.

Le mouvement de la biodynamie appréhende la ferme comme un organisme vivant dont le sol est un des organes. Les biodynamistes s'intéressent de longue date aux moyens de sécuriser l'accès au

[1] 1945-2016.

foncier afin de protéger la terre des dégradations de l'agriculture industrielle. Plusieurs rejoignent le groupe. Parmi eux, il y a René Becker, agriculteur installé sur une ferme en Saône-et-Loire.

"Rapidement, ce groupe a l'intuition que pour influer sur la politique foncière il faudra acquérir du foncier agricole et donc mobiliser des financements. Des contacts sont donc pris avec l'ensemble des structures de la finance solidaire[4]." Une seule répond à l'appel : la NEF[1], portée par la vision d'un de ses fondateurs, Henri Nouyrit. Sa finalité : l'argent doit servir à développer des projets socialement utiles. Cofondateur de la NEF, Jacques Blanc rejoint le groupe de travail.

Expériences et analyses de terrain

Le groupe s'intéresse de près à deux outils d'accès collectif au foncier : le GFA et la SCI de type mutuel. Ces structures achètent du foncier et/ou du bâti grâce à des fonds apportés par des particuliers.

"Enquêtes, visites de terrain, voyages d'études au cœur de SCI et de GFA, analyse des pratiques de ces sociétés mutuelles avec comptes rendus fidèles, consultations d'experts et de spécialistes : le groupe se forge une véritable expertise sur les questions foncières", raconte Jean Le Monnier.

Seul salarié animateur du réseau, Jérôme Deconinck évoque les débuts : "J'ai commencé à passer des coups de fil, à écrire des courriers et à essayer de mobiliser des gens qui avaient déjà acheté du foncier à plusieurs : des GFA, des SCI, des assos... Il y avait le GFA Larzac, il y avait les Basques, les Bretons, les Marnais, avec un truc très intéressant fait par le syndicat majoritaire. Et puis petit à petit, on a monté un groupe de réflexion, d'échange de pratiques, en mode éducation populaire. Il y avait des praticiens : des paysans, des animateurs, des chercheurs, et des acteurs de la finance solidaire." Le groupe étudie les aspects juridiques, fiscaux des GFA

[1] Voir note p. 73.

et SCI. Il conseille des porteurs de projets. Des GFA se créent sur tout le territoire, pour arriver, début 2000, à un réseau de 150 groupements sur la France.

Ces outils ont aussi leurs limites : les associés sont responsables des dettes de la société vis-à-vis des tiers proportionnellement à leur participation dans le capital social. Les associés non exploitants peuvent trouver des difficultés pour vendre leurs parts, ou encore exercer une pression sur le fermier. “On s’est dit : si on veut permettre à des gens de soutenir ça, il faut les sécuriser un maximum, et en même temps il ne faut pas qu’ils prennent du pouvoir sur les fermes.” L’idée est de trouver des formes complémentaires aux GFA, permettant à la fois de réaliser des levées de fonds sur l’ensemble du territoire national et de se prémunir de potentiels retraits massifs d’apporteurs de parts.

Des financements au service d’un projet

Le groupe se consolide. Il rencontre le syndicat agricole majoritaire, la FNSEA, créatrice des GFA mutuels dans la Marne ; il organise un colloque avec la Confédération paysanne, invite la Fnab[1]... Les organisations agricoles restent distantes vis-à-vis de ces acteurs du développement rural et de l’éducation populaire. Sur l’impulsion de Sjoerd Wartena, le groupe étudie ce qui se fait ailleurs : la GLS Bank en Allemagne est la première “banque éthique” créée en 1974 ; Triodos Bank est née aux Pays-Bas en 1980. Dans ce pays et en Angleterre, des fonds et des fondations se sont lancés pour aider au déploiement de l’agriculture biologique. Des exemples inspirants. Au début des années 2000 naît le projet de constituer une fondation, pour accueillir des dons d’argent, et surtout de fermes. “On ne savait pas trop encore comment ça marchait, avoue Jérôme. On s’est aperçus que c’était bien plus compliqué que ce qu’on pensait.”

[1] Fédération nationale d’agriculture biologique.

Peu à peu, un modèle économique se dessine, avec l'aide des financiers de la NEF. Outre les dons de fermes, la future structure doit aussi être en mesure d'acheter des terres, en mobilisant l'épargne des Français. Le rapport à l'argent est devenu clair : le projet doit l'emporter sur le pouvoir financier. "On a longtemps cherché comment faire un fonds d'investissement où on ne laisse pas le pouvoir aux actionnaires, aux souscripteurs. Ce point a guidé le démarrage. On voulait clairement en tant qu'agronomes, intéressés par les questions d'agriculture, de foncier, pouvoir imposer ça." Le groupe est devenu un expert de la question foncière. Le fruit de son travail est réuni dans un guide méthodologique, juridique et financier *L'Accès collectif et solidaire au foncier et au bâti*[5], qui pose les bases de la future association.

Concrétiser et structurer

Le 28 juillet 2003, l'annonce de la création de l'association Terre de Liens paraît au *Journal officiel*. Sjoerd Wartena a trouvé des complices et des compétences : Jérôme Deconinck, Jacques Blanc (NEF), René Becker (Mouvement de la biodynamie), Vincent Jannot (Relier), Philippe Cacciabue (Fnab), des membres de GFA de Bretagne, du Pays basque... Le groupe initial est restreint et dispersé géographiquement. Jérôme Deconinck, qui a quitté Lyon pour la Drôme, se souvient des trains de nuit. "On faisait des réunions à Paris parce que c'était central. J'écrivais à un Basque qui passait la nuit dans le train, je le retrouvais le matin devant la salle de réunion avec son béret... Et le soir, il reprenait son train de nuit."

La dizaine de bénévoles et le salarié à quart de temps cherchent la forme juridique qui va leur permettre d'accueillir des fonds tout en sécurisant le foncier. C'est-à-dire sortir les terres de la spéculation, donc ne pas les revendre. Un projet à rebours des pratiques d'autres fondations, pour lesquelles le foncier est un placement stable et mobilisable. Le groupe étudie le droit de propriété, son évolution, son possible démantèlement entre ses trois piliers : usus, fructus, abusus[1]. Et s'interroge : "On pense que la propriété privée, dans sa forme absolue, ça va à l'encontre du bien commun. Comment crée-t-on un tiers qui est garant de ce bien commun, plutôt qu'intéressé par la propriété privée ?"

En 2006, la rencontre avec Habitat et Humanisme s'avère décisive : ce mouvement, fondé par Bernard Devert, un ancien promoteur immobilier devenu prêtre, agit en faveur du logement et de l'insertion des personnes en difficulté. Il s'est doté d'une structure avec des entités interdépendantes. Une association et une fédération reconnue d'utilité publique contrôlent une société foncière ; cette dernière est une société en commandite par actions, ce qui signifie que le pouvoir de décision est délégué à un associé commandité, contrôlé par la fédération et placé sous l'autorité d'un conseil de surveillance chargé de veiller au bon usage des fonds, conformément au projet humaniste. Pour les fondateurs de Terre de Liens, la solution est là : la foncière Terre de Liens, société en commandite par actions, voit le jour en décembre 2006. "On propose une foncière pour montrer qu'on peut gérer de la terre collectivement", résume Vincent Jannot. Elle est pilotée par son associé commandité qui est le décisionnaire et le garant du bon usage du capital : la SARL Terre de Liens – Gestion, dont les associés majoritaires (45 % chacun) sont l'association Terre de Liens, représentée par René Becker et la NEF, représentée par Jacques Blanc, président du directoire de la NEF. Sjoerd Wartena est l'associé minoritaire (10 %). Cette société est administrée par un gérant nommé par les commandités et entourée de deux instances : le conseil de surveillance, élu par l'assemblée générale des actionnaires, et le comité d'engagement, qui étudie et donne un avis sur tout projet d'acquisition.

[1] Le droit d'user de la chose (usus), le droit de jouir de la chose (fructus), le droit de disposer de la chose (abusus).

Philippe Cacciabue devient le premier gérant de la SARL Terre de Liens – Gestion et le premier directeur de la foncière. L'ancien agriculteur, ingénieur agronome passé par la Fnab, se passionne pour les communs, alternative à la notion de propriété issue du XIXe siècle. Il voit dans ce mouvement émergent la création d'un nouveau commun : "J'ai eu la chance d'être dans la salle des machines au poste de pilotage ; quand tu crées sans trop savoir ce que tu es en train de créer." Avec lui dans la "salle des machines", outre Sjoerd, Jérôme, Vincent, il y a aussi Elsa Vidon, première salariée de Terre de Liens. "Je revenais de l'étranger… J'étais intéressée par les questions agricoles et alimentaires, la finance solidaire, l'éducation populaire… Je ne connaissais rien à l'agriculture." L'équipe initiale "bricole" puis, en s'appuyant sur des compétences externes, élabore en quelques années les outils financiers et administratifs pour permettre à la foncière de se structurer et de répondre à ses obligations.

De 2006 à 2012, tout va très vite. La première ferme Terre de Liens est acquise en 2007. Le premier appel public à l'épargne est lancé… le 15 septembre 2008, jour de l'annonce de la faillite de la banque américaine Lehman Brothers, se souvient Jérôme Deconinck. Le succès est fulgurant. "En 4 mois, on a levé 4,5 millions d'euros et on a eu 600 articles dans la presse, alors qu'on avait 50 000 euros de budget de com." La foncière commence à gérer du patrimoine. Il faut instruire les dossiers, construire la procédure du comité d'engagement. Dans le même temps, les demandes d'adhésion affluent. La première association territoriale naît en Bretagne en 2006[1]. Progressivement, des antennes naissent dans différentes régions. Le nombre de fermes s'accroît, le nombre d'actionnaires aussi, la foncière embauche des salariés. De créateurs, les fondateurs doivent devenir gestionnaires : de salariés, d'actionnaires, de patrimoine. Ce "virage

[1] Voir "Récit. Bretagne, agir en circuits courts", p. 155.

gestionnaire" devient notamment nécessaire concernant la politique d'acquisition des fermes[I]. En 2015, Émilie Wietzke devient directrice de la foncière. Ingénieure agronome, elle vient de la NEF et est passée par le conseil de surveillance. Elle est convaincue par la robustesse du projet : "Les fondations sur lesquelles on s'appuie sont très visionnaires et très solides. C'est un projet qui nous concerne tous."

Pendant cette période, les antennes se constituent en associations : 19 en tout[II]. Xavier Robert a piloté l'ensemble de ce processus en tant que directeur de l'association initiale. "On a monté les premières associations en Midi-Pyrénées et en Languedoc-Roussillon juste après la Bretagne, avec cette idée d'avoir une base citoyenne forte et mobilisée et décideuse, aussi", se souvient Vincent Jannot.

Pourtant, le chemin vers l'étape suivante : la création d'une fondation pour accueillir les dons et legs, notamment de fermes, est encore long. Il faut en effet disposer d'un capital de départ d'un million d'euros… et d'une certaine notoriété. Mais c'est la garantie d'une pérennité et d'une gestion désintéressée des terres. En 2008, le CA approuve le projet de création d'un fonds de dotation habilité à recevoir des dons de fermes et d'argent, qui préfigure la future fondation. Le premier don de ferme se concrétise en 2010, suivi d'autres, des dons manuels et du mécénat d'entreprises : Pronatura et Léa Nature.

En 2013, la Fondation Terre de Liens est enfin créée et reconnue d'utilité publique. "On crée une nouvelle structure juridique qui fait que la revente, la spéculation ou l'expropriation sur ces terres ne sont plus possibles", souligne Jérôme Deconinck. Cette reconnaissance garantit le respect de la volonté des donateurs ainsi que la sauvegarde à très long terme du foncier agricole ; elle ouvre par

[I] Voir "Un point de cristallisation : le bâti, entre passé et avenir", p. 173.
[II] De 2006 à 2022.

ailleurs droit à la réduction d'impôt, facilite le mécénat d'entreprise et donne la possibilité aux collectivités territoriales de faire des dons en nature et d'attribuer des subventions.

Le projet né d'une rencontre initié par le courant de l'éducation populaire est devenu réalité. Terre de Liens "a mis le titre de propriété dans des structures qui s'engagent juridiquement à ne jamais le revendre : la foncière et la fondation. On a fait des choix assez simples, mais redoutablement efficaces", estime Jérôme Deconinck.

Au cours de la décennie suivante, Terre de Liens va continuer son expansion, mue par une dynamique collaborative originale. Le mouvement transcende les frontières sociales entre mondes rural et citadin, entre producteurs et consommateurs. En une vingtaine d'années, le nombre de membres actifs croît de quelques dizaines à 42 000[1] : actionnaires, donateurs, adhérents, bénévoles... "Quand on a créé Terre de Liens, on ne pensait pas que ça allait marcher comme ça", avoue Vincent Jannot. Pour accompagner cet élan, des postes salariés sont créés, dans les associations et dans les structures centrales. Doté d'un unique salarié à temps partiel au démarrage, le mouvement emploie en 2022 plus d'une centaine de personnes. La montée en compétences doit aussi répondre à des besoins nouveaux.

Dans cette dynamique, l'engagement citoyen et le bénévolat constituent "une dimension centrale", souligne Jérôme Deconinck. "L'une de nos intuitions a été de permettre à des actionnaires et à des donateurs de reprendre du pouvoir, dans certaines limites, sur ce qui se passe avec leur argent. En créant des associations, on va permettre à des gens d'agir bénévolement sur leur territoire... On est capable d'agir sur la préservation du foncier et son orientation en agriculture agroécologique parce qu'on mobilise les citoyens."

[1] Chiffres 2023.

Issue de l'éducation populaire, Terre de Liens ne peut être dissociée des fondements de ce courant. Préserver la terre et la rendre accessible à tous suppose une prise de conscience politique et un choix philosophique qui, ensemble, nourrissent le désir de transformer la réalité. L'éducation populaire a apporté un cadre de pensée et d'action stimulant à ce projet. Mais qu'est-ce au juste que "l'éducation populaire" ?

L'éducation populaire,
une dynamique pour transformer la société

Pour augmenter ce qu'on appelle la puissance d'agir, il faut se mettre dans une dynamique où l'on va produire l'histoire, et pas seulement la subir[6].

En France, l'histoire de l'éducation populaire remonte à la Révolution française. À la fin du XIXe et au XXe siècle, l'éducation populaire s'est organisée autour de trois grands courants idéologiques : le christianisme social, les mouvements laïques autour de la Ligue de l'enseignement et enfin le mouvement ouvrier. Mais en quoi consiste l'éducation populaire aujourd'hui ? Elle vit à travers des mouvements qui ne dépendent pas nécessairement du ministère auquel elle est rattachée – celui des Sports, de la Jeunesse, de l'Éducation populaire et de la Vie associative. Car l'éducation populaire est un acte politique au sens où l'entend Hannah Arendt, pour qui la liberté, c'est créer quelque chose de nouveau à plusieurs.

Tout d'abord, prendre conscience : le courant de l'éducation populaire est intrinsèquement animé par le désir d'émancipation des catégories dominées de telle ou telle société. "Se donner les moyens de comprendre le monde pour pouvoir le transformer", tel est son projet. Premier pas pour prendre conscience des dominations subies : produire ses propres savoirs, en liant toujours les dimensions individuelle, collective et politique.

Ensuite, s'engager pour agir : l'éducation populaire vise à susciter le désir d'améliorer la société à laquelle on appartient. Libérer son imaginaire, oser l'utopie et se donner des objectifs atteignables jalonnent le chemin qui engage vers l'exercice d'une responsabilité politique au sein de cette société, en liant la pratique de la démocratie et l'autogestion.

Avancer sur deux pieds

En se saisissant d'une réalité insatisfaisante sur la situation des terres agricoles et l'accès à la terre, les fondateurs du mouvement Terre de Liens ont questionné les conceptions de la propriété en lien avec la terre, mais aussi le rapport à l'argent. Ce questionnement a été porteur de solutions nouvelles, tant dans les approches théoriques, dans les outils que dans les modes opératoires. Il a rassemblé des hommes et des femmes de différentes professions, de différents milieux et de différentes régions. Agriculteurs, ingénieurs, agronomes, militants, et parfois tout cela à la fois, mais aussi juristes, financiers... ruraux, néoruraux, citadins. "Un des grands résultats de Terre de Liens, c'est qu'on ne réunit pas seulement des bios, des biodynamiques et des paysans, mais on réunit aussi des gens riches et des gens très de gauche", souligne Sjoerd Wartena. L'essor de Terre de Liens démontre qu'elle répond à un besoin dans notre société de rapprocher citadins et ruraux, consommateurs et producteurs, afin d'avancer ensemble vers un modèle agricole soutenable et désirable.

D'une diversité inventive, bouillonnante, le mouvement s'est structuré de façon originale. Il a adopté des outils de l'économie sociale et solidaire : association, fédération, fondation. Il est aussi propriétaire en utilisant des outils de l'économie capitaliste, qu'il a adaptés : la foncière est une société en commandite par actions dont la gouvernance est confiée à des personnes physiques et morales garantes de l'éthique et de la pérennité des buts initiaux.

Le mouvement citoyen et solidaire a grandi. Mû par son projet fondateur et muni de bases solides, il continue à questionner et à expérimenter. Il avance sur ses deux pieds : le propriétaire expérimente et construit dans le concret, le proche. La vision prospective qui est déployée s'inscrit dans cette dimension, à partir des fermes. Terre de Liens prouve par l'exemple qu'un autre rapport à la terre est possible. Le second pied, c'est l'action politique, à travers notamment le plaidoyer : chaussé par la fédération, il monte les marches qui conduisent aux institutions et les interpelle. Pour "produire l'histoire et pas seulement la subir", le mouvement allie ces deux dimensions.

L'alliage de ces deux dimensions – propriétaire collectif et citoyen, acteur politique – est constitutif du mouvement, au niveau national, mais aussi dans les associations territoriales. L'engagement citoyen va définir des priorités et les voies d'action différentes d'une région à l'autre. Les fondateurs de la première association territoriale du mouvement, née en Bretagne, en 2006, voient dans les GFA mutuels et les SCI des outils pour associer paysans et citoyens, en circuits courts. Bénévoles et salariés ont au fil des ans développé une expertise remarquable. L'association souhaite aujourd'hui aller plus loin pour mobiliser les élus locaux.

Récit. Bretagne, agir en circuits courts

Bretagne

- SAU de la région : 1 622 000 hectares, 64 % du territoire.
- Agriculture biologique : 8,4 % SAU en 2020.
- Prix moyen/hectare : 5 050 euros en 2020 – terres libres et non bâties : 5 910 euros en 2021.
- Population : 3,3 millions d'habitants.
- Nombre de fermes : 32 000.
- Nombre d'installations/an (chiffre 2021) : environ 500.

Terre de Liens Bretagne – Liamm an douar[7].

- Date de création : 2006.
- 57 fermes.
- Plus de 900 hectares ; 100 paysan·ne·s.
- 4 000 citoyens participants (donateurs, adhérents, bénévoles...)[8].

L'air iodé de la Bretagne facilite-t-il la pousse des groupements fonciers agricoles mutuels ? Dans le réseau Terre de Liens, l'association régionale fait référence en matière d'accompagnement à la création de GFA et SCI citoyens. En 2021, Terre de Liens Bretagne – en langue bretonne *liamm an douar* – dénombre 57 fermes, dont 47 en GFA et/ou SCI et 10 créées avec la foncière Terre de Liens. Une exception par rapport aux autres associations régionales. Pourquoi ces structures collectives ont-elles autant la cote dans cette région, où l'agriculture occupe près des deux tiers du territoire et où les fermes sont de dimensions plus modestes que la moyenne nationale ?

Si des raisons historiques éclairent ce tableau, il correspond aussi à une vision politique affirmée avec constance depuis la création de l'association, en 2006. Une vision qui permit de développer des compétences et des outils. Aujourd'hui, grâce à l'expertise de terrain, le projet de l'association est d'aller plus loin et de faire évoluer ces sociétés civiles, afin d'offrir au portage collectif et citoyen du foncier agricole des outils juridiques véritablement adaptés.

Du GFA La Tertraie solidaire à Liamm an douar, première association régionale Terre de Liens

En 1997, Cathy et Hervé Trémoureux s'installent à Lanouée, dans le Morbihan, sur une ferme au lieu-dit La Tertraie, près de Josselin. Animateurs du mouvement d'éducation populaire MRJC (Mouvement rural de jeunesse chrétienne), ils ont le projet de créer une activité paysanne indépendante de l'industrie agroalimentaire : cultiver des céréales, élever des vaches, transformer le lait en produits laitiers et faire du pain, le tout en agriculture biologique.

Pour s'endetter le moins possible, ils ont longtemps cherché une trentaine d'hectares à louer. Lorsque la Safer annonce la vente d'une ferme à Lanouée, ils sont intéressés, mais le prix reste inabordable pour eux. Sur le conseil d'une juriste de la chambre d'agriculture, ils se lancent dans la création d'un GFA citoyen, La Tertraie solidaire. “La juriste, Marie-Josée Vandaele, a rédigé les statuts du GFA et l'acte de vente”, se souvient Véronique Conan. Mon interlocutrice a fait partie des premiers associés du GFA. Également issue du MRJC, elle connaît bien les fondateurs. Elle devient cogérante du GFA en 2005. L'ex-enseignante de breton s'est installée en 2009 comme paysanne boulangère à Guilligomarc'h, dans le Finistère, dans une ferme où son conjoint est éleveur en production laitière. Lorsque je la contacte en mai 2022, elle fait toujours partie des six cogérants, tout comme les fermiers, Cathy et Hervé Trémoureux.

Le GFA de la Tertraie solidaire fait partie des structures qui ont inspiré les fondateurs de la première association Terre de Liens. L'année où Véronique Conan devient gérante du GFA, la jeune association invite les GFA et SCI de différentes régions à une réunion à Paris. Véronique Conan s'y rend, dans l'espoir d'une aide juridique : en effet, la juriste qui les a aidés au départ est décédée. Or, tous les 3 ans, les associés ont besoin de rédiger des actes de cession lors des mouvements de parts, "C'était difficile de trouver une juriste... En me rendant à cette réunion à Paris, j'attendais une mutualisation de cette aide juridique pour faciliter le travail administratif des GFA." Lorsqu'elle prend le train de retour vers la Bretagne, elle retrouve deux autres participants, Nicolas Bihan et Karine Vaillant. Nicolas Bihan est docteur en droit et s'intéresse aux initiatives pour inventer un nouveau modèle juridique en agriculture[9]. "C'est dans le train que nous avons décidé et projeté de créer une association TDL Bretagne." C'est chose faite en novembre 2006.

Nicolas Bihan sera le premier salarié de Terre de Liens Bretagne, dont Véronique Conan sera la présidente. Par la suite, Nicolas devient magistrat. "Après Nicolas, on a embauché Lysiane Jarno comme animatrice de TDL Bretagne." Lysiane reste salariée jusqu'en mai 2022. Entre-temps, Nicolas Bihan revient comme président de l'association, pendant 10 ans, tandis que Véronique Conan fait partie du conseil d'administration. Les fondateurs de l'association bretonne partagent un même projet politique : "mobiliser les énergies en Bretagne et promouvoir les circuits courts".

Nicolas Bihan énonce : "À cette époque, c'était le début des Amap, avec des consommateurs qui voulaient avoir des producteurs. Pour moi, ça a toujours été une évidence que les consommateurs, par l'achat du foncier, soutenaient l'activité agricole à part entière. C'est un modèle qui a toujours bien fonctionné en Bretagne." Véronique Conan souligne : "On avait vraiment à cœur d'accompagner les GFA mutuels. Et on avait plus de mal à intégrer les projets de la foncière. Le GFA mutuel est un financement du foncier en circuit court, avec des décisions en circuits courts. Alors que la foncière, ça a le mérite d'exister, mais c'est un financement et des décisions en circuit long."

La dimension d'éducation populaire des GFA mutuels, avec la responsabilisation des consommateurs, les temps de débats et les actions menées autour de la biodiversité, mais aussi la convivialité des assemblées générales du GFA de Lanouée sont pour Véronique Conan des motifs puissants d'attachement à cette forme de structure, qui compense "l'énergie folle" investie dans la création et le fonctionnement. "Il y a une dynamique telle ! Les assemblées générales sont toujours bien représentées, on atteint toujours le quorum. Grâce à Hervé et Cathy qui ont le souci, avec les gérants aussi, de rendre ces AG extraordinaires conviviales." Nicolas Bihan insiste sur l'importance de permettre aux personnes d'identifier le projet qu'ils ont financé. "J'étais porteur de cette volonté avec Véronique. On avait à la fois le portage politique et la compétence technique. Les deux ont permis cet essor-là."

De fait, les GFA et SCI éclosent en Bretagne, accompagnés par l'association territoriale. Parallèlement, le mouvement Terre de Liens se tourne vers le développement de la foncière et du fonds de dotation qui deviendra la fondation. Dans les autres régions, les associations territoriales qui se constituent privilégient le portage des projets par la foncière. Nicolas Bihan a participé à la rédaction des statuts de cette dernière. Il a alors en tête l'objectif d'une déclinaison en sociétés foncières régionales. "Pour moi ça avait du sens : pour que les interlocuteurs soient identifiés et qu'il n'y ait pas cette centralisation du pouvoir hors de la région." Véronique Conan partage cette conviction.

Les fondateurs de Liamm an douar ont passé le relais à d'autres dirigeants il y a quelques années, cependant leur préférence va toujours aux circuits courts, en termes de financement et de décision. Cette vision a insufflé l'énergie à l'association bretonne pour développer toute une panoplie de moyens afin d'accompagner les porteurs de projets et soutenir les dynamiques de mobilisations citoyennes.

Des choix stratégiques

Chaque année, de nombreux porteurs de projets sollicitent l'association Liamm an douar. En 2012, Delphine Leroux rejoint l'équipe. Ce recrutement d'une juriste spécialisée en droit des sociétés est un choix stratégique qui correspond à la vision de l'association. "Chaque outil a des avantages et des inconvénients. En Bretagne, la volonté de l'association a toujours été de proposer tous les outils aux porteurs de projets qu'on accompagne, et à eux de choisir ce qui leur parle le plus. On est les seuls à suivre les GFA et SCI", relève la juriste.

Pour les porteurs de projets, si le choix de constituer une SCI ou un GFA est un choix pragmatique et financier pour limiter son endettement, c'est aussi souvent un choix politique, comme l'exprime Marc Bouché, fermier et cogérant du GFA Pousse Cailloux (Morbihan) : "Quand un jeune s'installe, il va voir la banque, pour emprunter, puis au bout de 25 ans, la ferme lui appartient, sauf qu'il ou elle est usé·e donc il part à la retraite, il revend, il veut aller vivre ailleurs. Un jeune s'installe de nouveau, retourne voir la banque, refait un emprunt. Donc les paysans sont les éternels locataires des banques. Le seul moyen d'arrêter ce processus, c'est d'arrêter de revendre la terre agricole, le seul moyen d'arrêter de revendre la terre agricole, c'est d'arrêter d'en hériter et de la détenir en propriété individuelle."

En fonction des projets, des choix peuvent s'imposer. En cas de sollicitation urgente, GFA et SCI peuvent se constituer en 3 à 6 mois. Le capital réuni avec ces structures est en moyenne d'environ 50 000 euros. La somme la plus basse est de 10 000 et la plus haute, de 400 000 euros. Mais pour ces montants importants, la foncière apparaît plus adaptée.

Delphine Leroux souligne que l'association accompagne la structure "de A à Z. Non pour tout maîtriser, mais pour offrir la meilleure garantie possible aux citoyens. On ne veut surtout pas que, demain, un GFA ou une SCI se casse la figure". La phase initiale est primordiale. L'association analyse avec le porteur de projet la pertinence d'un montage de rachat collectif en fonction des paramètres de son projet. Elle apporte des explications sur les structures de portage. Puis elle assure l'ingénierie juridique (adaptation et rédaction des statuts) et le soutien aux démarches administratives. Enfin, cet accompagnement inclut la mise à disposition d'outils informatiques. Une fois la structure créée, l'accompagnement se poursuit à travers un réseau GFA/SCI, auquel se sont inscrites 80 personnes. Constitué afin de mutualiser les expériences, ce réseau se réunit une fois par trimestre pour traiter d'un sujet à chaque fois. Pour y accéder, il faut adhérer à Terre de Liens, mais les personnes peuvent représenter des GFA et SCI créés ou non avec Terre de Liens.

Cette mise en réseau est importante, car elle permet un partage d'expérience, et l'acquisition de compétences, de plus, elle participe à maintenir une dynamique. Dans la durée, les énergies peuvent s'essouffler. La gestion de chaque structure doit être partagée le plus largement possible. Le renouvellement des associés et de la cogérance doit pouvoir s'effectuer en temps voulu. L'animation de ce réseau et l'accompagnement juridique sont très utiles et appréciés, aussi la juriste reçoit-elle de nombreuses sollicitations individuelles – une quarantaine en 2021 – sur des sujets variés.

L'association a capitalisé des compétences et peut aussi intervenir à la demande d'autres associations régionales. À leur intention, elle a publié avec la fédération une note de synthèse[10] et des monographies de fermes[11]. Aujourd'hui, le souhait est de favoriser la connaissance de ces formes d'accès collectif au foncier. "On est en train de réfléchir avec la fédération à une mutualisation et à un transfert de compétences de la Bretagne vers le reste du mouvement", évoque Delphine.

Une nouvelle juriste, Eva Locilla, a rejoint Liamm an douar, car Delphine s'investit aujourd'hui dans une recherche-action avec le nouveau collectif Foncier en commun. TDL Bretagne a en effet

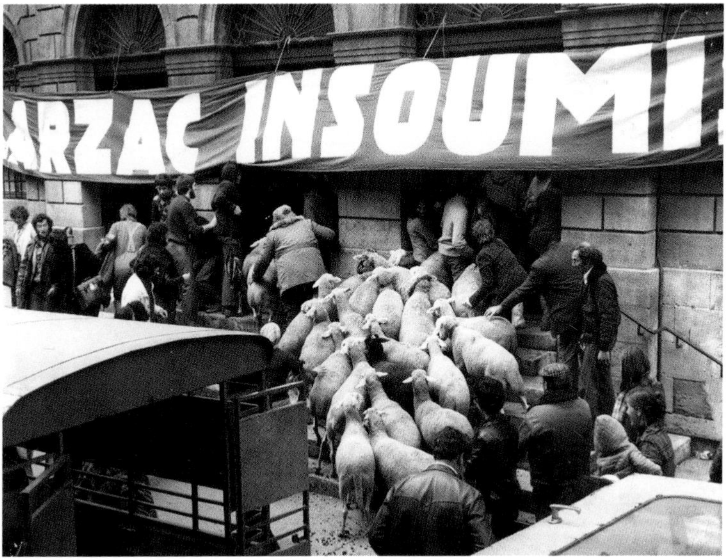

"Des moutons, pas des canons !" De 1971 à 1981,
les paysan·ne·s du Larzac luttent pour préserver leurs terres de l'expropriation,
face à l'extension annoncée du camp militaire de La Cavalerie.
Créative et non-violente, leur lutte rassemblera jusqu'à 100 000 personnes.
Le Larzac est aujourd'hui un "laboratoire foncier" actif (lire p. 99).

En Pays de la Loire, la société coopérative Passeurs de terres (voir p. 215) est particulièrement attentive à l'entretien et la réhabilitation du bâti agricole ou d'habitation. À Couëron (Loire-Atlantique), des bénévoles réalisent un état des lieux de la ferme des Roches, acquise en 2020.

Hibou des marais et vaches maraîchines. Laisser une place à la biodiversité sauvage en zone agricole est une priorité pour le réseau Paysans de nature, qui compte 161 adhérents (voir p. 211).

© Lurzaindia

Ci-dessus : Au Pays basque, transhumance de moutons manex tête noire, une race montagnarde ancienne dont le lait entre dans la composition du fromage ossau-iraty. La fédération pour un nouveau développement rural au Pays basque fait partie des structures fondatrices du mouvement Lurzaindia (voir p. 120).

Page suivante : Arbonne, été 2021. Aux portes de Biarritz, des militant·e·s paysan·ne·s et citoyen·ne·s occupent un ancien domaine agricole de 15 hectares qui vient d'être vendu à une riche héritière. Objectif : casser cette vente spéculative et sans projet agricole, et obtenir une séparation des terres et du bâti en vue de préserver le potentiel agricole. Après 120 jours d'occupation, une médiatisation et une mobilisation très large, les occupants obtiennent gain de cause (lire p. 111).

© Lurzaindia

© Guillaume Faveau pour Mediabask

Né en 2003, Terre de Liens est un mouvement citoyen qui a été créé pour préserver et partager la terre. Grâce à l'engagement de milliers de citoyen·ne·s le mouvement a acquis 300 fermes, sauvées d'une disparition programmée, sur lesquelles 700 paysan·ne·s pratiquent une agriculture biologique, respectueuse du vivant (voir p. 139).

© Sandrine Mulas pour Terre de Liens

Léa est l'une des fermières de la ferme Terre de Liens de Belêtre (Dolus-le-Sec, Indre-et-Loire). En faisant le choix d'une Scop agricole, la coopérative paysanne de Belêtre s'est construite comme une ferme collective qui expérimente chaque jour l'agriculture biologique et paysanne, et l'autogestion.

© Terre de Liens

Des bénévoles de Terre de Liens sensibilisent le grand public aux enjeux de la préservation des terres agricoles.

Dans la plaine de Lescure d'Albigeois à côté d'Albi, le collectif Terres citoyennes albigeoises (lire p. 218) œuvre à la création d'un pôle maraîcher. Ci-dessus, visite des terres citoyennes à l'occasion des assemblées générales annuelles de l'association et de la SCIC Terres citoyennes albigeoises du 20 mars 2021.

Chantier participatif "Aux champs, citoyen·ne·s !" organisé à la ferme maraîchère La Grange du Serayol à l'occasion des "48 heures de l'agriculture urbaine" le 21 juin 2020.

© Terres citoyennes albigeoises

Chantier participatif réunissant des bénévoles pour construire un bâtiment agricole mutualisé destiné aux futur·e·s maraîcher·e·s sur les terres citoyennes à Lescure d'Albigeois, le 15 octobre 2022.

© Terres citoyennes albigeoises

Une danse occitane ponctue une balade contée par l'association La Talvera à travers la plaine de Lescure d'Albigeois, à l'occasion des "48 heures de l'agriculture urbaine" le 5 mai 2019.

répondu à un "appel à communs[I]" visant à soutenir les transformations sociétales fortes et les projets innovants de l'économie sociale et solidaire. Outre l'association régionale, le collectif regroupe la fédération TDL, une avocate, des chercheurs, TDL Pays de la Loire, la SCIC Passeur de terres[II] et la chambre régionale d'économie sociale et solidaire (Cress) Bretagne. L'ambition est d'aller plus loin. "Maintenant qu'on a prouvé qu'on était capable de réussir, qu'on nous donne les moyens de faire plus et mieux demain."

La dynamique bénévole se renouvelle

Liamm an douar se développe et reçoit de nombreuses demandes. En 2021[12], l'association a fédéré plus de 2 100 membres actifs : donateurs, actionnaire et adhérents. Le bureau comprend quatre présidents – un par département – et une trésorière. Le conseil d'administration compte 12 membres. L'association emploie cinq salariés.

Amélie de Monès del Pujol est administratrice Terre de Liens Bretagne et coprésidente Finistère depuis mai 2021. Elle est aussi cogérante de deux GFA : Ty An Digor, la maison ouverte, à Crozon et Lenn Vor, à Daoulas. La gestion d'un GFA suppose un suivi administratif rigoureux. "Pour le GFA Ty an Digor, qui vient de réaliser une augmentation de capital, je viens de faire une déclaration au greffe du tribunal. On est passés de 75 à 99 associés et on a géré les transferts dus à un décès." Elle le reconnaît volontiers : elle est tombée dans la marmite Terre de Liens. En 2016, elle découvre dans un magasin bio le projet de création du GFA Ty An Digor à Crozon, d'Aurélie Uzenot et Vincent Le Guevello. "J'ai embauché mon mari, mon père, ma fille... On a tous mis des sous dans le GFA parce que ça nous plaisait de soutenir des agriculteurs qui s'installaient. Puis j'ai vu qu'il y avait besoin de gens pour gérer..." Le GFA réunit les 40 000 euros nécessaires pour acheter 10 hectares

[I] Voir encadré "Le collectif Fonciers en commun(s)", p. 280.
[II] Voir "Passeurs de terres : un outil coopératif solidaire", p. 215.

en 2017. Amélie, qui assume la cogérance, est encore parisienne. Puis elle s'installe à plein temps en Bretagne. Elle prend aussi des parts dans d'autres GFA et, peu à peu, cumule les responsabilités. "Ça correspond aussi à des choses que je sais faire. C'est satisfaisant pour moi. Je suis une droguée de faire avancer les choses." Où trouve-t-elle le sens de son engagement ? Dans le lien aux paysans. "Les citoyens comme moi sont hors sol. Nous sommes détachés de la question de : qu'est-ce que produire de la nourriture ?" Amélie évoque une dimension d'éducation populaire dans les GFA mutuels "les citoyens se reconnectent à la question de la production de l'alimentation, au monde paysan".

Ce lien social est aussi important pour le monde paysan, qui y gagne un soutien, souligne-t-elle. "En 1950, 31 % de la population était agricole. En 2020, 2,5 %. Les paysans sont très isolés, en particulier les petits. Et les gros paysans sont pieds et poings liés avec les banques. C'est suicidaire au vrai sens du terme... L'année dernière, un propriétaire de terres louées aux paysans de Ty An Digor a voulu les mettre dehors. Ce sont les cogérants du GFA et d'autres associés qui se sont mobilisés. Le soutien par la société civile, c'est très important." Le sens de sa mission lui fait supporter avec stoïcisme certaines pesanteurs administratives, comme le pointillisme parfois extrême de certains greffes de tribunaux. "La structure GFA/SCI n'est pas optimale, ce serait bien de trouver une structure qui soit plus adaptée à un fonctionnement citoyen."

La région est dynamique et l'association est très sollicitée. Des bénévoles sont appelés à prendre le relais des cinq salariés sur certaines missions. C'est ainsi qu'Amélie a pris le relais de Delphine pour animer le réseau GFA/SCI. Elle fait aussi partie du réseau de primoaccueil de l'association. "En tant que bénévole, on peut accepter de prendre les premiers appels des gens qui contactent Terre de Liens, pour écouter leur projet, commencer à les orienter." L'association a accueilli 199 porteurs de projets et 51 cédants ou propriétaire en 2021. Au-delà de la propriété citoyenne et de la durabilité des 57 structures existantes (plus celles en cours de création), la coprésidente insiste sur l'importance d'embarquer les collectivités dans la préservation du foncier agricole et d'une agriculture nourricière et paysanne. Certes, des actions existent ; ainsi, la région Bretagne pratique comme d'autres le portage régional[1] en lien avec la Safer ; et un département, l'Ille-et-Vilaine, prend en charge une partie des frais. "Ty An Digor, ça a marché comme ça. On a fait acheter les terres par la Safer et une fois que le GFA a été créé, il a racheté les terres à la Safer."

Mais beaucoup reste à faire pour mobiliser des élus, qui sont souvent réticents à intervenir dans le domaine du foncier agricole. Terre de Liens a édité un guide national[13] dans cet objectif. L'association bretonne propose des formations aux élus locaux, où sont abordés, à côté des outils et actions, les problématiques de renouvellement des actifs agricoles, la spéculation foncière, les agrandissements à outrance... "Dans nos formations, on fait intervenir d'autres élus qui ont mis des choses en place, qui peuvent en parler à leurs pairs." Cette implication des élus, Véronique Conan l'appelle aussi de ses vœux. La cofondatrice de Liamm an douar devenue paysanne boulangère le dit sans ambages : "Il va falloir que les territoires, les communautés de communes, communes, régions acquièrent de la terre pour permettre à des paysans de s'installer ; sinon, on n'aura pas à manger demain. Pour moi, c'est prioritaire."

La propriété citoyenne collective permet des installations et des maintiens de fermes en agriculture biologique et paysanne. Mais cela ne suffit pas à enrayer les processus en cours. Avec l'appui des élus locaux, les enjeux d'alimentation constitueront-ils un levier pour assurer le renouvellement des générations ?

[1] Voir encadré "Le portage collectif de la terre : une dimension du portage foncier", p. 81.

Propriétaire collectif et citoyen

Mouvement issu de l'éducation populaire fondé sur l'engagement citoyen, comment Terre de Liens assume-t-elle sa fonction de propriétaire bailleur ? Comment concilie-t-elle sa dimension militante, politique, avec ses responsabilités terre à terre ? Fin 2022, lorsque je me rends à Crest, dans la Drôme, pour rencontrer l'équipe en charge des fermes, appelée le pôle fermes, Terre de Liens est devenue un propriétaire important : la foncière et la fondation possèdent plus de 300 fermes, dont 32 pour la fondation, sur lesquelles près de 400 fermiers ont signé un bail. Le mouvement est propriétaire bailleur de près de plus de 8 000 hectares de terres et de nombreux bâtiments, à usage agricole ou d'habitations.

Au sein du pôle fermes, plus d'une vingtaine de salariés de la foncière et de la fondation, répartis sur le territoire, sont chargés d'acquérir les fermes, de les mettre à bail et de les gérer, en lien étroit avec les 19 associations territoriales. Du 28 au 30 novembre 2022, ces salariés se retrouvent à Crest, où se trouve le siège des deux structures. Je profite de cette occasion pour les rencontrer, ainsi que des responsables de la fondation. À mon arrivée, l'ambiance est animée. On se salue, on se croise, s'interpelle joyeusement. L'équipe est jeune, et la plus grande partie des salariés est arrivée récemment. Durant deux jours, je rencontrerai huit d'entre eux. C'est par l'écoute de leurs pratiques professionnelles que je vais comprendre le mieux le fonctionnement de Terre de Liens.

La coordinatrice du pôle fermes, Stéphanie Marulier, a fort à faire. Ingénieure agronome, elle a rejoint Terre de Liens il y a 2 ans. Durant cette période, le pôle fermes a doublé ses effectifs pour répondre à une charge de travail importante[14]. Elle prend le temps cependant de me présenter les missions et métiers du pôle fermes. "Un engagement commun à la foncière et à la fondation, présent dans nos statuts, est de ne jamais revendre des fermes", annonce-t-elle en préambule. Cet engagement fondateur sur le long terme est la boussole qui oriente toutes les missions du pôle fermes. Avec la dimension citoyenne, il fait de Terre de Liens un propriétaire pas comme les autres. Mes interlocuteurs ont conscience de cette spécificité. Comment se traduit-elle dans leurs missions et en quoi détermine-t-elle la relation avec les fermiers ?

Un propriétaire pas comme les autres

La vision à long terme inscrite dans les statuts de la foncière comme dans ceux de la fondation imprègne toutes les étapes de l'acquisition et de la gestion des fermes. Dès le départ, la question de la transmissibilité de la ferme se pose. Elle reste présente tout au long de la vie du bail, puis au moment du départ d'un fermier.

De même, le pacte citoyen avec les actionnaires solidaires de la foncière, avec les donateurs de la fondation et avec les bénévoles du mouvement se fonde sur la confiance et des valeurs partagées, qu'il importe de traduire en actes mesurables : l'impact social et environnemental de l'activité doit pouvoir être quantifié et évalué. La foncière présente chaque année un rapport de gérance qui expose les activités de la société et sa situation financière. Elle est reconnue d'intérêt économique général, ce qui ouvre la possibilité aux actionnaires de bénéficier de déductions fiscales. De son côté, la fondation est reconnue d'utilité publique et à ce titre elle peut recevoir des donations, des legs et des subventions. "La fondation a pour objet la préservation de l'environnement, notamment par la détention de foncier. Cela va au-delà de la préservation des terres agricoles", souligne Matthieu de Cointet, codirecteur général de la fondation.

Ces obligations morales et statutaires engagent les salariés à développer une approche globale, qui va bien au-delà du rôle d'un propriétaire bailleur. "On a vraiment le souhait d'être un propriétaire un peu différent, déclare d'emblée Stéphanie Marulier. La mission commune : préserver le foncier à long terme, apporter une sécurité aux fermiers qui s'installent." En retour, ceux-ci s'engagent à développer une activité en agriculture biologique. Matthieu de Cointet abonde : “On apporte une plus grande facilité d’installation aux gens qui ont des projets en agroécologie.” Ces projets qui excluent le recours aux pesticides de synthèse préservent notre environnement et la santé humaine : ils participent à ce qu’on nomme, en jargon technique, “les externalités positives” de l’agriculture biologique. En facilitant l’accès à la terre, le mouvement contribue à une meilleure rémunération des fermiers qui s’engagent en agroécologie. Mais il prépare aussi le futur, notamment par des programmes visant à restaurer la biodiversité sur les fermes et à développer leur résilience dans le contexte de changement climatique.

“On n’est pas un bailleur lambda” ; “On a une approche systémique qui ne nous cantonne pas seulement à un rôle de propriétaire”... Quelles que soient leurs missions, mes interlocuteurs témoignent de la prise en compte de l’humain dans leurs métiers et ont le souci d’une vision globale et à long terme.

C’est Emmanuel Jaccaud, chargé de patrimoine à la fondation, qui développe le plus les valeurs qui sous-tendent cette vision globale. Dans cette équipe jeune et en renouvellement, il est le plus ancien : cela fait 10 ans qu’il a rejoint Terre de Liens, après avoir travaillé pour Nature et Progrès, puis à la Safer. Calme et posé, le premier interlocuteur des personnes “qui souhaitent nous soutenir par un geste philanthropique” – une donation ou un legs – est habité par la dimension humaine de sa mission. “Je cherche à préserver les intérêts des personnes, parce que ça incarne aussi des valeurs très fortes... J’explique aux gens qu’il y a plein de manières possibles de soutenir Terre de Liens, et en plus qu’il n’y a pas que Terre de Liens dans la vie ; j’ai un discours très ouvert.” Comparée à de grosses fondations, la Fondation Terre de Liens reste de taille modeste. Ce qui permet au chargé de patrimoine de suivre tout le processus, depuis l’écoute des intentions des personnes jusqu’à la dévolution successorale et à l’acte notarié. Les biens transmis peuvent être très divers : s’il s’agit de dons de fermes ou de terres, le processus d'acceptation suit le même parcours d'instruction que les achats[1]. Mais il peut s'agir aussi de valeurs immobilières ou mobilières : appartement, vélo... Dans tous les cas, que le processus aille à son terme ou pas, la valeur cardinale pour Emmanuel Jaccaud est la confiance : "Confiance par rapport à l'argent ; confiance par rapport aux personnes ; confiance aussi spirituelle. Les gens avec qui je suis en relation éprouvent une sorte de quiétude par rapport à la finalisation qu'est le testament. Ils peuvent toujours revenir dessus." Sa mission s'inscrit dans un temps long. "C'est pour ça que c'est très important que les personnes aient le sentiment que ça ne se limite pas à leur patrimoine, mais qu'ils vont se retrouver dans une sorte de famille d'idées ; et ils peuvent aussi s'inscrire dans ce projet utopique, qui est porté par tous ces gens un peu fous qui ont créé Terre de Liens." Rejoindre le projet de Terre de Liens peut ainsi permettre à une personne âgée de sortir de l'isolement, de développer un ancrage à son territoire, de rencontrer des jeunes...

La mise en œuvre de cette vision à long terme et globale repose sur une conception militante dégagée de toute idée spéculative dans son rôle de propriétaire. Ce choix fondateur a valeur d'exemplarité. Pour la gestion des fermes, il repose sur l'implication de la globalité du mouvement.

De l'instruction à la fin du bail, une gestion collective

"Le pôle fermes dépend des deux structures propriétaires au sein de Terre de Liens, foncière et fondation, expose Stéphanie Marulier. Il inclut des salariés des deux structures. Il est piloté par la foncière et encadré par une convention foncière/fondation qui pose notre fonctionnement." De l'instruction d'un dossier d'acquisition jusqu'à l'installation et durant toute la vie de la ferme, les salariés du pôle fermes agissent en lien étroit avec les associations

[1] Voir plus loin : "De l'instruction à la fin du bail, une gestion collective", p. 167 et encadré "Le passage en comité d'engagement : un grand oral", p. 171.

territoriales (AT). "Le suivi des fermes a été pensé pour que les associations puissent impliquer les bénévoles. C'est ce qu'on appelle la gestion collective." Nous allons voir que cette gestion collective, qui fait partie de l'ADN du mouvement, répond à une nécessité.

Installées sur tout le territoire, les associations sont les premiers interlocuteurs que va contacter un porteur de projet ou un cédant. "Ce sont elles qui vont choisir le projet qu'elles veulent présenter à la foncière ou à la fondation pour mener une instruction et présenter le dossier en comité d'engagement, précise Stéphanie Marulier. On est dépendants de la dynamique et de l'investissement des associations mises sur l'acquisition des fermes. On a aussi comme mission de les outiller et de les appuyer." D'une région à l'autre, le nombre de dossiers d'acquisition varie. Certaines associations ont aussi développé d'autres outils d'acquisition : GFA et SCI en Bretagne, SCIC Passeurs de terres en Pays de la Loire[1].

Historiquement, le pôle fermes était centralisé à Crest. Depuis quelques années, les instructeurs, gestionnaires de patrimoine et gestionnaires locatifs sont répartis géographiquement, afin de se rapprocher des fermes et des associations et de pouvoir se déplacer plus aisément. Des outils nouveaux se mettent en place. Un séminaire se prépare pour fin 2023 afin que le pôle fermes, les associations et les fermiers puissent se réunir et partager les constats et les scénarios. C'est une première. Concernant le suivi des fermes, les process de partage d'information se perfectionnent : le pôle fermes tient des réunions en ligne chaque année avec les associations. Et une base de données centrale de toutes les informations concernant les fermes et leur historique est en train d'être optimisée et prise en main, avec un accès pour les associations.

Une association qui souhaite proposer l'acquisition d'une ferme rencontre le fermier ou le cédant et réalise les premières démarches.

[1] Voir "Récit. Bretagne, agir en circuits courts", p. 155 et "Passeurs de terres : un outil coopératif solidaire", p. 215.

Laurine Vouhé, responsable des fermes de la fondation, précise : "L'association va voir le bien, ses spécificités, surtout au niveau bâti, c'est la grosse question. Elle regarde les atouts de la ferme, si elle est facilement transmissible." L'association contacte ensuite un instructeur du pôle fermes afin de constituer un dossier d'instruction. Sébastien Launais a travaillé à l'association territoriale Champagne-Ardenne avant de rejoindre le pôle fermes comme instructeur de la foncière, pour la partie ouest de la France. Il explique : "On est l'interface avec les associations... On les appuie dans l'instruction du dossier, on leur apporte la vision « foncière » : les choses sur lesquelles on est vigilants et auxquelles elles ne pensent pas forcément. On les aide ; on va vérifier aussi qu'il y a tous les documents pour que tout se passe bien le jour de la présentation au comité d'engagement (CE ; *voir encadré*). Si on sent qu'il y a des questions en suspens, il faut qu'on les résolve avant le CE ; s'il le faut, on repousse le dossier à plus tard."

Le dossier d'instruction à constituer n'est pas une mince affaire : il présente en détail tant le bien à acquérir – les terres, les infrastructures, la présence d'éventuels bâtiments d'habitation ou à usage agricole et leur état – que le projet d'installation – l'activité envisagée, le modèle économique, le *business plan*, la relation au cédant... – ainsi que l'adéquation entre les deux. "La transmissibilité de la ferme est une question très importante au début : si sur une ferme en élevage, on ne trouve que des gens qui veulent faire du maraîchage, on va voir si c'est possible d'adapter la ferme", explique Laurine. Pour préparer une cinquantaine d'acquisitions par an, les instructeurs travaillent en interaction avec les associations, et en particulier avec les référents fermes, bénévoles ou salariés. "Il y a une bonne dizaine de dossiers à chaque CE, précise Sébastien Launais. Les associations, je les appelle tous les jours."

Au sein du pôle fermes, instructeurs, chargés de la gestion du patrimoine et chargés de la gestion locative ont des dossiers en commun. Les instructeurs (environ 3 équivalents temps plein) ne peuvent visiter systématiquement les biens et se déplacent pour les projets les plus complexes, poursuit Sébastien Launais. “Dès qu’il y a du bâti, on se déplace avec un gestionnaire de patrimoine bâti[1]. Et quand il y a des projets atypiques. On rencontre les vendeurs, les porteurs de projet.” Étant elle-même propriétaire atypique, Terre de Liens peut choisir d’investir dans des projets expérimentaux. Mais qu’est-ce que l’instructeur considère comme un projet dépourvu de complexité ? “Quand il n’y a que des terres, un parcellaire groupé, simple, un prix qui semble tout à fait juste, un porteur de projet bien identifié, parfois déjà en place... Souvent c’est le cas des compléments d’acquisition : on a déjà la moitié de la ferme, 10 hectares arrivent à côté des nôtres... si le prix est juste, ce sont des dossiers sans complexité.”

Payer le juste prix des terres, c’est important, souligne Laurine : “On respecte l’arrêté préfectoral pour fixer les fermages, et si des terres sont surévaluées, ça peut vite entrer en déséquilibre, surtout s’il y a beaucoup de travaux.” De plus, Terre de Liens entend lutter contre la spéculation foncière. Mais déterminer ce juste prix n’a rien d’évident : certes, les Safer publient un “barème indicatif de la valeur vénale des terres agricoles” qui donne des références minimales et maximales par petite région agricole. Mais “cela reste vague”, estime Sébastien. Pour affiner l’estimation, le pôle fermes s’est équipé récemment d’un outil : “Géoperso : on a accès à toutes les mutations foncières partout.” Une fois l’instruction achevée, l’association présente le dossier complet au CE. Après validation, l’instructeur suit le projet jusqu’à la première mise à bail. Il gère les relations avec la Safer, avec le notaire et il est présent pour la signature du bail. Il passe ensuite le relais à ses collègues de la gestion locative. Pendant tout ce processus, l’association territoriale continue à être en relation avec le fermier.

[1] Voir “Un point de cristallisation : le bâti, entre passé et avenir”, p. 173.

Le passage en comité d'engagement : un grand oral

Le comité d'engagement est l'instance commune à la foncière et à la fondation qui examine tous les projets d'acquisition – que ce soit par achat ou par donation – et qui délivre un avis aux instances de gouvernance : la SARL pour la foncière ou le conseil d'administration pour la fondation.
Il est constitué de cinq binômes de bénévoles chevronnés et se réunit tous les deux mois. La directrice de la foncière, Émilie Wietzke, assiste au comité, qui est animé par deux instructeurs : Nathalie Camatte et Sébastien Launais. Lequel détaille : "Les deux instructeurs ont connaissance de l'ensemble des dossiers présentés. Il y a 14 dossiers à chaque fois. Ça dure deux jours. On passe une demi-heure pour un dossier simple, par exemple un complément d'acquisition, et une heure voire plus pour un dossier compliqué. Chaque dossier, c'est 10 minutes de présentation de la part de l'AT (association territoriale), 40 minutes de questions, ensuite il y a un échange sans l'AT, puis on leur donne le « verdict »."
Marie Balthazard, coordinatrice de Terre de Liens Alsace, garde des souvenirs marquants de chacun de ses passages en comité : "C'est pire qu'un oral du bac ! C'est une étape importante, indispensable. Il y a tout un travail en amont : les moments qu'on partage avec un vendeur, avec un porteur de projet, des phases de doutes... Qu'est-ce que ça veut dire acheter une ferme ? Et le projet qu'on présente n'est pas le nôtre, mais celui du fermier... La pression est forte, car on a envie que ça marche et en même temps on sait qu'on sort de notre rôle si on se met à « défendre » le dossier de façon trop virulente." Les bénévoles du CE ont pour mission de sécuriser les projets. Chaque aspect est décortiqué : le prix, le fermage, le projet agricole, les aspects agronomiques, le

bâti... “Ils voient tout de suite s’il y a un problème ou pas. Ils savent de quoi ils parlent”, apprécie Sébastien. Le travail de préparation en amont porte ses fruits : sur une cinquantaine de dossiers présentés par an, il y a très peu de refus. “C’est exceptionnel, relève l’instructeur. L’année dernière, j’en ai vu un. Après, il y a des dossiers avec oui sous condition : par exemple, de renégocier le prix de vente.” Les membres du CE peuvent aussi être sollicités pour se déplacer sur des projets en cours d’instruction.

Après la signature du bail commence ce qu’on nomme “la vie de la ferme”, poursuit Stéphanie Marulier : “Par vie de la ferme, on entend la vie du bail et du bien agricole. La vie du bail est liée à l’activité agricole et aux projets menés sur la ferme. Cependant, dans notre gestion et nos choix, on va toujours garder à l’esprit que l’activité actuelle pourra s’arrêter à la fin du bail de 9 ans alors que le bien a une vie à très long terme.” À ce stade, l’instructeur passe le relais au gestionnaire locatif, qui devient le représentant du propriétaire bailleur vis-à-vis du fermier. À la fois instructrice et gestionnaire locative pour les fermes de la fondation, Laurine Vouhé apprécie l’avantage de sa fonction “double casquette” : “Il n’y a pas de passation à faire.” Nouvel interlocuteur du fermier, le gestionnaire locatif travaille en lien avec l’association territoriale et, suivant les besoins, avec les gestionnaires du patrimoine (GP).

Gestion des impayés, prise en compte des sinistres ou des maladies, projet de construction, changement de fermage voire de preneur de bail... La vie de la ferme est potentiellement riche en “complexités” de toutes natures auxquelles le gestionnaire locatif doit répondre. Sa mission doit concilier l’écoute des besoins du fermier avec la préservation de l’intérêt du propriétaire bailleur et avec la prise en compte de la transmissibilité de la ferme à long terme. Parfois, la question est simple, relève Stéphanie Marulier : “Ce peut être juste une association de chasse qui demande à passer sur les terres. Si le fermier est d'accord, on va mettre un bail à chasse en place." Mais les sujets complexes dominent, notamment lorsque le fermier demande l'autorisation pour un projet de construction. "Quand on construit un bâtiment en élevage après 3 ans de bail, le fermier va peut-être partir dans 6 ans, qu'est-ce qu'on va en faire ? On va penser à long terme, futur projet : c'est cette réflexion qui va conditionner les retours. Parfois, on finance des projets de travaux : on considère qu'il va y avoir une plus-value sur le bien, on va favoriser la transmissibilité de la ferme." Même si le pôle fermes établit des cadres d'intervention, "Il n'y a pas toujours de réponse toute faite, souligne sa coordinatrice ; en gestion locative, ils passent énormément de temps à étudier, à faire des recherches dans le Code rural, à regarder s'il y a des précédents, à capitaliser sur des décisions... c'est énormément de cas par cas."

Dans toutes les composantes du mouvement Terre de Liens et dans les relations avec les fermiers, la question du patrimoine bâti s'impose comme un enjeu de taille. "Le bâtiment est un gros sujet de cristallisation d'espoirs, de rêves et de tensions", énonce Stéphanie Marulier. C'est un poste dont le poids financier pèse dans les comptes des structures propriétaires. En raison de sa complexité, il représente une charge de travail conséquente pour les gestionnaires du patrimoine. Aussi est-il scruté avec attention dès le début, au stade de l'instruction, puis lors du passage en comité d'engagement, et tout au long de la vie de la ferme. Pourtant, l'importance de cet enjeu n'est pas apparue d'emblée lors des premières acquisitions. En matière de gestion du patrimoine bâti, Terre de Liens porte le poids du passé et doit préparer l'avenir.

Un point de cristallisation : le bâti, entre passé et avenir

"La gestion du bâti, c'est un sujet !" relève Delphine Fèvre. Architecte, elle a rejoint le pôle fermes il y a 4 ans et a vu l'équipe de gestionnaires du patrimoine (GP) doubler ses effectifs pour répondre à une charge de travail importante : début 2023, elle est constituée de sept personnes, plus une huitième en mécénat de compétences. Outre ces recrutements, un cadre d'intervention a été défini afin de limiter l'afflux des nouveaux dossiers. Jeune en âge, moins de 40 ans en moyenne, comme en ancienneté dans le mouvement Terre de Liens, l'équipe GP comprend des ingénieurs, architectes ou autres professionnels des métiers du bâtiment. Ses missions sont de répondre aux obligations des structures propriétaires et d'étudier les besoins exprimés par les fermiers. On a vu que dans la perspective d'une acquisition les gestionnaires se déplacent afin d'évaluer l'état du bâti et le montant des investissements. Si le projet se concrétise, ils prendront en charge la coordination et le suivi du chantier jusqu'à son achèvement, en relation avec l'association et le fermier. Ils gèrent aussi les projets de construction sur les fermes, lorsque la foncière ou la fondation décide d'investir à la demande d'un fermier. L'équipe GP gère enfin l'entretien des bâtiments existants et les sinistres.

Si ces structures propriétaires ont jugé nécessaire de renforcer ces compétences, c'est pour répondre à une surcharge de travail, mais aussi parce que la gestion du bâti est un enjeu fondamental dans leur équilibre économique, d'autant plus pour la foncière, qui gère un grand nombre de fermes. Au fil des entretiens, je réalise à quel point cet équilibre est une gageure et dépend de paramètres réglementaires contraignants. Comme un propriétaire bailleur classique, la foncière et la fondation appliquent les tarifs des fermages sur les bâtiments fixés par les arrêtés préfectoraux. Or ces tarifs ne permettent pas d'amortir les investissements : "Le logement, ça peut s'équilibrer, en fonction des loyers qu'on peut pratiquer ; le bâtiment agricole, c'est toujours à perte, pointe Delphine Fèvre. Les tarifs de fermage d'un bâtiment agricole sont excessivement bas : quelques centaines d'euros par an. On n'amortit jamais une construction avec ça. C'est donc un investissement qu'on peut difficilement réaliser."

Des outils de gestion ont été mis en place depuis une dizaine d'années. Lors de chaque acquisition, un compte d'exploitation prévisionnel sert d'indicateur, explique Sébastien Launais : "On rentre ce qu'on achète : terres, bâtiments, maisons. On a des rentrées d'argent : les fermages. Et des sorties. On regarde comment ça se comporte sur les 30 ans à venir. On essaie de faire en sorte que tout soit un peu équilibré... Mais en 30 ans, ce n'est jamais équilibré, on entretient nos maisons, nos bâtiments. Quand on fait une couverture, il faut l'amortir... on va toujours réinjecter de l'argent. Les bâtiments, ce n'est pas rentable." Delphine Fèvre conclut : "Ce qui vient équilibrer le poids des charges du bâti, ce sont les terres qu'il y a en face." Concrètement, une ferme en maraîchage, où il y a un bâtiment agricole et un ou deux hectares de terres, présentera toujours un équilibre financier négatif dans le compte d'exploitation prévisionnel. La foncière vise donc un équilibre économique d'ensemble, expliquent les salariés. "Le but du jeu, c'est que ces fermes soient équilibrées par des fermes où on a beaucoup plus d'hectares pour moins de bâtiments."

Cette vision gestionnaire qui s'est imposée après les premières acquisitions était absente au début, raconte Philippe Cacciabue, qui a été premier directeur de la foncière et premier gérant de la SARL commanditée[1]. Dans l'élan créateur initial, tout est à inventer et tout va très vite. "On n'avait pas toutes ces compétences (de gestion d'actionnariat, d'employeur, de gestion du patrimoine bâti) ; l'état d'esprit c'était de dire on fonce, et on verra bien ce que ça donne." L'important est d'acquérir des terres. "Au début, on était tellement contents de faire des acquisitions qu'on a dit oui à des choses auxquelles on ne dira plus jamais oui. Personne ne connaissait Terre de Liens non plus. Quand on avait les sous, un fermier et un vendeur qui étaient d'accord, on y allait." L'héritage du passé, c'est d'abord un impensé, analyse Delphine Fèvre : "Le bâti c'est presque un

[1] Voir "Naissance de Terre de Liens", p. 140.

malentendu à Terre de Liens au départ : quand ils ont pensé acheter des fermes, ils ont pensé acheter des terres, pas forcément des bâtiments. Or les premières acquisitions comportaient beaucoup de bâtis par rapport aux terres, ou des bâtiments très dégradés."

Philippe Cacciabue se souvient du premier dossier d'instruction qu'il avait réalisé, qui tenait en deux pages A4. "C'est avec ça qu'on décidait si on achetait ou non une ferme." Aujourd'hui, le dossier fait une trentaine de pages, sans compter les documents annexes.

Après les premiers achats de fermes, la foncière doit cesser un temps les acquisitions. Les comptes sont négatifs. Un "virage gestionnaire" s'impose. Philippe Cacciabue résume : "On est parti de deux, trois copains qui bricolent et qui inventent à une structure qu'il faut gérer." Lorsqu'il recrute Julien Claeys, architecte, celui-ci apporte dans le mouvement ses compétences en gestion de patrimoine bâti : "Il nous a beaucoup aidés à construire les premiers rudiments de réflexes, d'outils, de procédure de gestion du patrimoine bâti." Émilie Wietzke, alors au conseil de surveillance de la foncière, met au point le compte d'exploitation prévisionnel qui va permettre, en intégrant les amortissements, d'évaluer une acquisition. Cette évolution nécessaire a aussi été vécue dans la douleur, se souvient Marie Balthazard, de Terre de Liens Alsace. "Il faut imaginer ce que c'était quand il y a eu ce tableur Excel : si tu étais en dessous de la ligne, ça ne passait pas, si tu étais au-dessus, tu avais une chance... J'ai le souvenir d'une soirée avec Julien. On a testé l'outil sur les derniers projets de Terre de Liens en Alsace. Tous les projets étaient passés à la moulinette de ce tableur, qui était censé nous dire ce qui était viable pour la foncière. Il n'y en a pas deux qui passaient ! Ce virage gestionnaire a été assez violent."

Les premières acquisitions pèsent toujours sur les comptes, indique Philippe Cacciabue. "On traîne et on va traîner encore très longtemps des « erreurs de gestion » dans les achats de fermes... Mais on n'a pas le choix, il faut compenser petit à petit par des acquisitions saines économiquement, et surtout anticiper ce que ça va coûter." Ce "virage gestionnaire" s'inscrit dans le présent et l'avenir de la foncière, avertit-il : en effet, "le stock de fermes augmente comme celui de maisons et de toits". On a vu qu'à la différence d'un propriétaire classique, qui peut toujours vendre des actifs pour équilibrer les comptes, Terre de Liens a comme principe fondateur de ne jamais revendre les fermes. Le financement citoyen permet d'investir et la foncière répond à ses obligations vis-à-vis des actionnaires solidaires et de l'autorité des marchés financiers. Mais les charges de fonctionnement liées aux responsabilités de propriétaire augmentent elles aussi. "On a des obligations, et l'argent pour faire fonctionner toute la machinerie ne peut pas venir des fermes... c'est bancal, mais ça, on le savait. Si c'était rentable d'acheter des fermes, on ne nous aurait pas attendus ! On fait un truc infaisable, on sait que ça va être difficile." Certes, la foncière est soutenue par l'État pour l'acquisition, à travers l'incitation fiscale, mais elle ne reçoit pas d'aide pour gérer ce stock. C'est donc l'investissement associatif et citoyen qui contribue à l'équilibre de l'ensemble.

Ces contraintes économiques et la question de la transmissibilité déterminent les réponses que le pôle fermes va apporter aux demandes de fermiers concernant la construction d'un bâtiment agricole. Si, par exemple, un fermier a besoin d'une salle de traite adaptée à son activité, rien ne dit que cet équipement sera adapté au projet du suivant lors de la transmission de la ferme. "Chaque fermier a son propre modèle, son organisation. C'est difficile pour nous de l'absorber et de le gérer", reconnaît Mathilde Duvinage, architecte et gestionnaire de patrimoine. Delphine Fèvre abonde dans son sens : "Parfois, c'est plus intéressant que ce soit le fermier qui investisse. Il peut bénéficier de subventions de fonds européens, ou de fonds des chambres d'agriculture. En tant que bailleur, on n'a pas accès à ces aides-là, ça fait une grosse différence." Sur la ferme collective de la Tournerie, dans la Vienne, onze jeunes développent un projet innovant depuis 2015. Si la foncière a acquis 78 hectares de terres et 5 hectares de bois, c'est une SCI créée par le collectif qui a acheté le bâti, essentiellement constitué de bâtiments agricoles. La Tournerie produit des fruits, des légumes, des fromages, de la viande de porc, du pain et de la bière biologiques.

Il arrive cependant que la foncière investisse dans un bâtiment agricole. C'est le cas aux Chants de la terre[1], à Colmar, où un vaste hangar tout en bois a surgi de terre en 2019. D'une superficie de près de 900 mètres carrés, le bâtiment qui répond aux besoins du fermier sert à la fois de lieu de stockage, de travail, mais aussi de point de vente directe. "C'est un cas exceptionnel", reconnaît Delphine Fèvre.

La décision d'acquérir du bâti va dépendre aussi des positions des associations, constate Delphine Fèvre. "La Lorraine et Champagne-Ardenne demandent au fermier d'investir. Elles estiment que c'est un moyen de fidéliser le fermier sur la ferme. En Rhône-Alpes, l'association considère que le logement fait partie de la ferme, que c'est un logement de fonction, et que ce n'est pas dissociable de l'entité ferme. À notre niveau, on étudie plus la faisabilité technique du dossier. Ce sont des choses à vérifier au cas par cas." L'architecte donne un exemple : "Est-ce qu'il y a un risque de ne pas acheter la maison, si elle est proche d'un bâtiment agricole ? Car tout projet d'extension du bâtiment qui nécessiterait un permis de construire pourrait être retoqué par l'ARS (l'autorité sanitaire). On a eu le cas sur une ferme en Alsace : le cédant a gardé sa maison et nous a vendu le bâtiment agricole... un projet de stockage du fumier était trop proche de son habitation. On s'est retrouvés bloqués."

L'équipe des "GP" doit gérer un double héritage : celui des débuts du mouvement, comme on l'a vu, mais aussi celui de choix de construction du XXe siècle, avec la mission de transmettre un patrimoine assaini et adapté aux enjeux à venir. Car un autre héritage du passé est antérieur à la naissance de Terre de Liens : il s'agit

[1] Voir "Récit. Les Chants de la terre. D'un groupement foncier agricole citoyen à une ferme Terre de Liens", p. 126.

de l'amiante, très présent dans les bâtiments agricoles. En 2020, la gestion de patrimoine a réalisé un état des lieux quantitatif de l'amiante sur l'ensemble des fermes Terre de Liens. Cet état des lieux a révélé que l'amiante, situé majoritairement en toiture, "concerne 60 % des fermes avec du bâti, dont 26 habitations, avec une quantité totale à traiter d'environ 35 000 mètres carrés. Des désamiantages en nombre sont prévus ou à prévoir dans les 10 prochaines années[15]". La gestion du patrimoine s'est donc engagée dans un programme de désamiantage d'ampleur, avec un plan d'action et un calendrier. "Avec deux gros projets cette année, ils ont diminué énormément le pourcentage d'amiante du parc", se réjouit Stéphanie Marulier. Delphine Fèvre a fait ses calculs : "La fin de l'amiante c'est 1997[16] ; la durée de vie, c'est 40 ans pour les plaques fibrociment. Si on fait le calcul, dans les 15 ans, il faut qu'on se débarrasse de tout l'amiante qu'on a. Ça fait un peu de boulot !"

Gérer le patrimoine, c'est aussi préparer demain. Terre de Liens s'y emploie, en propriétaire éthique. Si les chantiers ne manquent pas, celui de l'habitat concentre 50 % des investissements.

Sobriété énergétique et matériaux écologiques

Élément fondamental du quotidien, l'habitat est de longue date un sujet de réflexion pour le mouvement, qui publie en 2016 un *Guide de l'habitat Terre de Liens*[17]. Dans la foulée, Relier lance une enquête dont les résultats sont publiés en 2018[18]. Les bâtiments d'habitation ont un impact important sur l'activité économique et l'organisation du pôle fermes, souligne Stéphanie Marulier : "Les habitations ne représentent pas une si grosse partie de nos acquisitions en nombre, mais elles représentent une part importante des investissements, parce que l'habitation coûte beaucoup plus cher en termes d'achat, mais aussi sur les projets : la rénovation du bâti ou des travaux dans l'habitation demandent beaucoup plus de temps à l'équipe de gestion du patrimoine que la rénovation d'un bâtiment agricole." D'autant qu'une obligation réglementaire impose des délais nouveaux : la loi

Climat et résilience, promulguée en août 2021, entend résorber les passoires énergétiques, c'est-à-dire les logements trop gourmands en énergie en raison d'une mauvaise isolation. Depuis le 1er janvier 2023, la mise en location des logements les plus énergivores[I] est interdite. Celle de l'ensemble des logements classés G au DPE[II] sera interdite dès 2025, et pour ceux classés en F, ce sera dès 2028. Or le bâti agricole est très souvent mal isolé. Le pôle fermes a réalisé un état des lieux en 2022 : 25 % des logements présents sur les fermes sont classés F ou G, et 25 % n'ont pas de DPE. "On a fait une planification plus resserrée de tous ces logements pour évacuer ces passoires énergétiques ; mais c'est surtout au niveau des acquisitions que ça va nous contraindre", résume Delphine Fèvre. Avant la loi Climat et résilience, le fermier entrait dans les lieux et la rénovation de l'habitat était programmée 3 ans après l'acquisition. "Là, ça signifie qu'on ne laisse plus le fermier rentrer dans le logement sur la ferme", explique l'architecte. Le fermier doit donc s'engager à trouver une solution le temps que le logement soit conforme aux nouvelles normes. L'équipe de gestionnaires du patrimoine a réfléchi à des solutions temporaires, comme celle de l'habitat léger (en yourte ou autre). Mais c'est au cas par cas.

Dans l'objectif d'aller vers la sobriété énergétique des bâtiments grâce à une meilleure isolation, les gestionnaires du patrimoine privilégient les matériaux biosourcés : laine de bois et ouate de cellulose pour l'essentiel. Un surcoût assumé. Mais si l'idéal est celui d'une rénovation 100 % écologique et locale, encore faut-il que les artisans soient formés et que les filières existent. Ce n'est pas le cas partout. Ces dernières années, la hausse du prix des matériaux ainsi que les plannings des artisans ont encore alourdi les contraintes.

[I] Soit environ 90 000 logements consommant plus de 450 kilowattheures/mètre carré d'énergie finale sur un an.

[II] Le diagnostic de performance énergétique (DPE) est un document qui sert à estimer la consommation d'énergie et les taux d'émission de gaz à effet de serre du logement.

La question du logement se double d'un volet social. Cette préoccupation fait partie des valeurs du mouvement et l'un des membres du bureau de la fondation est aussi investi dans le logement solidaire[I]. La foncière a demandé et obtenu de l'État un agrément maîtrise d'ouvrage d'insertion[II] (MOI) dans les régions Pays de la Loire, Auvergne-Rhône-Alpes et Occitanie en 2018. "On produit du logement d'insertion, c'est-à-dire qui permet l'insertion sociale. Cet agrément est pour les régions où on avait le plus de logements, donc c'est pertinent", précise Delphine Fèvre. Cette reconnaissance de bailleur social permet théoriquement d'obtenir des subventions pour réaliser des logements ; de même, des aides de l'Agence nationale de l'habitat (Anah) pour des propriétaires bailleurs aident à rénover des logements destinés à loger des publics précaires. Malgré l'agrément, le chemin vers la reconnaissance est long. "Il faut toute une pédagogie pour faire comprendre notre modèle, confie Delphine Fèvre, pour expliquer que les agriculteurs sont un public précaire, donc que c'est pertinent de les aider et de nous aider, parce qu'on fait du logement conventionné, à un tarif très social... On est un ovni au milieu de structures comme Habitat et Humanisme... Dans chaque département, on repart à zéro."

Dans ce domaine comme dans d'autres, des projets innovants sont à l'étude, pour mixer les publics sur des fermes. Sébastien Launais a instruit une acquisition en Lot-et-Garonne : "Une ferme d'une vingtaine d'hectares va être mise à bail à une association labellisée Emmaüs, avec un projet d'accueil de migrants. C'est expérimental... Deux anciens agriculteurs, déjà en place, vont devenir salariés de la structure pour un projet de paysans boulangers et de semences paysannes."

[I] Bertrand Lapostelet est directeur de la foncière de Solidarités nouvelles pour le logement (SNL-Prologues), agréée entreprise solidaire d'utilité sociale et maître d'ouvrage d'insertion par les pouvoirs publics.

[II] L'agrément MOI permet aux acteurs (associations, fondations, SAS notamment) d'obtenir le concours financier de l'État ou des délégataires des aides à la pierre pour la réalisation de programmes de logements accompagnés.

Parmi les chantiers en cours, l'un n'est pas matériel. Au cours des interviews avec mes interlocuteurs, je leur posais une même question : quelle relation avec les fermiers tissez-vous ?

La relation au fermier : allier bienveillance et exigence

Les fermiers de Terre de Liens "ont renoncé à spéculer à la fin de leur carrière et à revendre un patrimoine ; c'est énorme comme concession, expose Philippe Cacciabue. Ça vaut toutes les attentions. Ils sont aussi gagnants, car ils ne sont pas passés par la case Crédit agricole pour acheter la ferme, ils ont des annuités bien moindres que celui qui aurait acheté : c'est le deal".

Le mouvement a formalisé dans un document, le *Mémento du fermier*, les engagements réciproques de cette relation ; le préambule pose le projet agricole et citoyen de Terre de Liens, porté par des structures solidaires et éthiques : "donner vie à la propriété collective du bien commun qu'est la terre, en la confiant d'une part à un fermier locataire qui la met en valeur et développe une activité économique et un projet de vie agri-rural épanouissants, d'autre part à des citoyens bénévoles qui s'investissent dans la gestion du bien et le suivi de la ferme (en soutien du fermier-locataire et du propriétaire)". Véritable vade-mecum, ce mémento détaille le partage des responsabilités et les spécificités de cet engagement à chaque étape de la relation, avant et durant toute la vie du bail jusqu'à la fin. En complément, des chartes régionales précisent les engagements entre le fermier et l'association territoriale. Ces engagements éthiques s'ajoutent au contexte réglementaire complexe du Code rural.

Les fermiers sont nombreux à s'investir dans le mouvement, en tant que bénévoles sur le plan national et dans les conseils d'administration des associations. On a vu aussi que ces dernières, outre leur rôle d'animation du territoire, sont les premières à établir le contact entre porteur de projet et cédant. Chaque ferme a ou doit avoir son référent ferme, bénévole ou salarié. Cet investissement citoyen est le socle du mouvement.

Le pôle fermes représente le propriétaire bailleur et la relation avec le fermier est contractualisée par un bail rural environnemental, de durée classique ou de long terme, par acte notarié ou sous seing privé. Exceptionnellement, le mouvement a recours au bail à domaine congéable, à des baux commerciaux pour des magasins de ferme, ou au bail emphytéotique. “Les baux sont des solutions techniques en fonction des besoins, des projets”, indique Stéphanie Marulier. Depuis son arrivée au poste de coordinatrice, elle a été absorbée par la structuration interne et l’intégration des nouveaux salariés et elle reconnaît : “La relation aux fermiers, ce n’est pas notre point fort. Nous avons à nous améliorer.” C’est cependant une dimension centrale au pôle fermes, très perceptible dans l’attention que les salariés portent aux besoins des fermiers avec lesquels ils sont en relation.

Dans son rôle de gestionnaire locative, Laurine Vouhé met en avant une fonction de médiation. “On a certes besoin des fermages, mais dès qu’il y a un fermier qui ne peut pas payer, ou un fermier qui veut partir avant la fin du bail, on va toujours être dans l’écoute et conciliant. On va essayer de trouver un compromis. C’est aussi pour ça qu’on n’est pas bailleur lambda.” Durant toute la vie du bail, des difficultés multiples peuvent surgir, du problème passager jusqu’à de lourdes épreuves, qui peuvent nécessiter une intervention coordonnée des différents métiers. “Quand un événement survient, on va toujours être en contact direct avec le fermier, parfois avec l’AT à nos côtés, et on va apporter la réponse du propriétaire”, résume Stéphanie Marulier. Ces deux dernières années, les salariés se sont en priorité attachés à résorber des situations complexes. En 2021, l’équipe a effectué 76 visites de suivi de travaux sur des fermes et 18 visites en instruction[19]. Un cas emblématique est celui de la ferme de Portecluse (Ariège), appartenant à la fondation. Delphine Fèvre y a consacré beaucoup d’énergie : “Il y avait un projet de longue date de construction de logements. En plus, un bâtiment agricole et un logement accolé ont brûlé. On s’est retrouvé avec un projet de construction de deux logements, plus la reconstruction d'un logement et d'un bâtiment agricole." Les travaux sont d'ampleur et le chantier a duré. À son entrée en poste, Laurine Vouhé a travaillé à restaurer une relation dégradée avec des fermiers désemparés. "Je suis allée sur place, pour essayer de comprendre, d'apaiser la situation. Depuis l'incendie, ils avaient besoin du bâtiment agricole, de la maison..." Au terme de l'année 2022, le chantier de près de 2 millions d'euros connaît une bonne fin. Lors de son temps de rencontre, le pôle fermes fait le bilan de ce cas d'école, afin de partager les enseignements à tirer des difficultés rencontrées.

Les fermiers de Terre de Liens sont destinataires d'une lettre d'information annuelle. "On va mettre en avant des actus du mouvement qui peuvent les intéresser, comme le programme biodiversité", indique la coordinatrice. Et un parcours d'intégration du fermier se prépare. Le mouvement regarde aussi à plus long terme. Comment se projette-t-il demain ? Fidèle à son ADN d'éducation populaire, il continue à apprendre en expérimentant et c'est collectivement qu'il se questionne et trouve des voies pour préparer l'avenir.

Apprendre et expérimenter collectivement, préparer demain

Dans les fermes des deux structures propriétaires s'expérimentent des démarches qui peuvent être initiées par la fondation, c'est le cas du programme biodiversité, ou issues de cas de terrain, comme les énergies renouvelables, la question des bois et celle de l'eau sur les fermes. Des sujets nouveaux surviennent, comme l'obligation réelle environnementale. La dimension propriétaire et la dimension politique du mouvement se complètent : par sa valeur d'exemplarité et par son action de plaidoyer[1], le mouvement qui fête ses 20 ans en 2023 affirme son objectif de faire bouger les lignes de la politique agricole.

[1] Voir "L'action politique : informer et se rassembler pour convaincre", p. 193.

Des fermes qui préservent la biodiversité

L'agriculture peut-elle aider à lutter contre l'effondrement de la biodiversité ? Celle-ci peut-elle aider le fermier à mieux produire ? La mission "prospective et innovation" de la fondation est axée sur l'agroécologie. Il s'agit d'expérimenter une vision mieux-disante de la bio, portée par plusieurs acteurs comme la Fnab ou Biocoop[20], expose Matthieu de Cointet, codirecteur de la fondation, qui pilote cette mission avec Marion Maréchal, ingénieure agronome et coordinatrice du programme biodiversité. "Toutes les fermes Terre de Liens sont en AB, l'outil c'est le bail rural environnemental (...) Le label AB est un socle commun vertueux. Pour autant, on peut aller plus loin. Notamment sur les questions de biodiversité." Le programme biodiversité lancé en 2021 constitue le premier volet de cette mission.

Marion Maréchal précise : "Il s'agit de comprendre la biodiversité présente sur la ferme (faune, flore, habitats) et les écosystèmes et corridors écologiques environnants. Est-ce que les espèces présentes sur la ferme sont très représentées à l'échelle locale ou sont-elles menacées ? Que fait-on pour préserver cette biodiversité ? Ces diagnostics doivent aboutir à des préconisations pour améliorer les alliances entre pratiques agricoles et vie sauvage."

Ce programme national repose sur l'implication des fermiers et des associations territoriales. Le programme prévoit d'accompagner 80 fermes Terre de Liens jusqu'en 2025. Les actions consistent à réaliser des diagnostics agroécologiques sur les fermes et à mettre en œuvre des actions favorables à la biodiversité. Comment ? Par la modification des pratiques agricoles (modification des calendriers de fauche ou de pâturage, mise en place de couverts végétaux favorables aux pollinisateurs...) et par la création ou la restauration d'éléments tels que des mares, haies, fossés, bandes enherbées... afin de recréer une mosaïque de milieux.

Des partenariats sont tissés avec des experts locaux : LPO, conservatoire des espaces naturels, associations liées à France nature environnement (FNE), ou experts en agroforesterie. Dans un premier temps, une enquête adressée aux fermiers et fermières Terre de Liens a recensé les projets qu'ils avaient déjà menés, les freins qu'ils ont identifiés et défini les projets qu'ils souhaitent mener à l'avenir. Nombreux à répondre, les fermiers ont pour 90 % d'entre eux déjà réalisé des actions favorables à la biodiversité. Un sur deux souhaite faire réaliser un diagnostic sur leur ferme et 93 % d'entre eux souhaitent mener de nouveaux projets. Fin 2022, 30 projets ont été financés et 14 associations territoriales s'impliquent dans la mise en œuvre et le suivi des actions, notamment via des chantiers participatifs[21]. Les travaux sont encadrés par un professionnel et les fermiers ayant bénéficié de financements de la fondation s'engagent à entretenir et gérer les infrastructures agroécologiques de manière durable.

En Lorraine, en Isère, en Alsace, en Bourgogne et ailleurs, des fermiers entrent dans le programme. Quelques exemples de réalisations :

- En Auvergne, le Verger de l'Étoile a entamé des travaux afin d'encourager la présence des pollinisateurs sauvages dans les vergers en diversifiant les habitats présents : création de nichoirs à pollinisateurs, plantes aromatiques dans les lignes de fruitiers, réaménagement d'un abri de stockage de l'eau.
- En Dordogne, la ferme en polyculture-élevage de Puyregonde a mené un diagnostic et un chantier participatif pour préserver la prairie humide ainsi que la rivière et empêcher le piétinement des bovins. Le diagnostic permet d'identifier les enjeux botaniques et entomologiques. Pour mettre en défens les ruisseaux et la prairie humide, des clôtures seront créées afin de délimiter la zone de pâture et le passage du tracteur.
- En Haute-Savoie, la ferme Charpin en polyculture-élevage a mené un chantier participatif agroforestier pour couper une parcelle en deux : 60 mètres de haies ont été plantés avec

des essences locales en 3 strates (arbres, arbustes, buissons). La LPO, qui porte un plan de conservation en Savoie en faveur de trois espèces de rapaces nocturnes en déclin à cause de l'urbanisation et de l'intensification des pratiques agricoles, a monté ce projet.

"Les fermiers ont envie de préserver le vivant et les ressources naturelles", souligne Jacques Chèvre, agriculteur retraité et administrateur de Terre de Liens Nouvelle-Aquitaine et Dordogne. Pour accompagner ces réalisations de terrain, des actions de formation se mettent en place. Car si on sait planter des haies aujourd'hui, on ne sait plus vraiment comment les entretenir.

Le programme biodiversité s'intéresse aussi à des dispositifs qui montent en puissance, comme la compensation agricole et environnementale[I]. Le sujet fait débat au sein du mouvement Terre de Liens. De plus en plus de terres font l'objet de compensations. Laurine Vouhé, juriste en droit de l'environnement, a suivi de A à Z un premier cas concret en tant que responsable des fermes de la fondation. Elle raconte : "On prône le principe de zéro artificialisation nette, le fait d'accepter une compensation, c'est un peu contradictoire ; il y a eu un gros débat : on y va ou pas ? L'association territoriale a dit oui. Nous aussi, à titre expérimental." La fondation a acquis récemment auprès de la Safer une ferme dans la Vienne, soumise à une obligation réelle environnementale[II] (ORE)

[I] Lorsqu'un projet ou un programme implique une dégradation de la qualité environnementale, la séquence "éviter, réduire, compenser" (ERC) a pour objectif d'éviter les atteintes à l'environnement, de réduire celles qui n'ont pu être suffisamment évitées et, si possible, de compenser les effets notables qui n'ont pu être ni évités, ni suffisamment réduits. En 2016, la loi de reconquête de la biodiversité, de la nature et des paysages précise que les mesures compensatoires doivent être proches du site endommagé et effectives pendant toute la durée des impacts.

[II] Les obligations réelles environnementales (ORE) sont un nouveau dispositif foncier de protection de l'environnement, créé en France en 2016 par la loi pour la reconquête de la biodiversité. Ce dispositif permet à tout propriétaire d'un bien immobilier de mettre en place une protection environnementale attachée à ce bien, par des actions adaptées.

de 30 ans. Cette ORE venait compenser l'artificialisation de terres pour l'aménagement d'une déviation.

Vers des fermes résilientes

"Quand il y a un sujet qu'on veut explorer, pour monter en compétence, capitaliser des données, on met en place un groupe de travail interne", explique Stéphanie Marulier. Le pôle fermes a mis en place un groupe de travail sur les bois et forêts et un autre sur l'eau. L'objectif est opérationnel : il s'agit de comprendre les devoirs du propriétaire comme ceux du fermier. Mais il s'inscrit aussi dans une vision à plus long terme. La foncière possède près de 500 hectares de bois et forêts, or leur gestion diffère de celle des terres agricoles. Le propriétaire doit effectuer un plan simple de gestion à faire agréer par l'État quand il y a plus de 50 hectares sur une ferme. "C'est aussi un document utile pour le fermier." Le groupe, qui réalise un plan par an, réunit des bénévoles de tout le territoire. De même, le groupe de travail sur la question de l'eau vise à comprendre "l'écosystème administratif autour de l'eau". Sur un plan opérationnel, la foncière s'est trouvée confrontée à des questions d'accès à l'eau potable, de forage et d'irrigation, mais aussi à la question de l'entretien d'une mare sur la ferme.

Dans le prolongement du programme biodiversité en cours, la fondation prépare un programme centré sur le changement climatique et la résilience des fermes. Matthieu de Cointet indique : "On explore les sujets d'adaptation des fermes au changement climatique et d'atténuation du changement climatique." Marion Maréchal enchaîne : "C'est un sujet complexe. Les techniciens agricoles ne sont pas forcément formés ; tout le monde apprend. Quand on parle de changement climatique et de résilience des fermes, on peut parler du sol, de l'autonomie en eau, d'énergies renouvelables, de biodiversité ; on va parler aussi de pratiques agricoles et de diversification des productions. On réfléchit à des préconisations." À travers le bail rural environnemental qui le lie aux fermiers, Terre de Liens favorise déjà des pratiques agricoles peu émettrices, voire qui séquestrent du carbone, mais souhaite aller plus loin. En 2021, la Fondation Terre de Liens est devenue fondation abritante : elle est désormais habilitée à abriter d'autres fondations : "Ce changement de statut permettra au mouvement de démultiplier son impact dans la préservation du foncier agricole, grâce à des acteurs qui pourront s'engager à ses côtés dans une dynamique d'intérêt général[22]", souligne le président de la fondation, Jean Pluvinage.

Une consultation pour des énergies renouvelables sur les fermes

La question s'est posée : que faire des énergies renouvelables à Terre de Liens ? "Ce peut être un sujet vif au sein du mouvement", remarque Delphine Fèvre. La gestionnaire de patrimoine a mené une consultation qui a permis au mouvement de clarifier sa position par une approche pragmatique. Un document conçu de façon pédagogique invitait les associations à se positionner sur les différents projets de production d'énergies renouvelables pouvant être mis en œuvre dans les fermes. La synthèse des réponses permet de dégager trois catégories de positions suivant les projets : un socle commun, des positions spécifiques par associations, et une troisième catégorie, où se trouvent des sujets non tranchés, notamment "l'acquisition de fermes avec des unités de méthanisation, l'acquisition de fermes avec agrivoltaïsme au sol et l'acquisition de fermes avec projet agrivoltaïque, liste Delphine Fèvre. Il peut y avoir des projets qui émergent, il faudra qu'on les étudie, par contre il faudra une validation de ces projets-là par l'ensemble du mouvement : fédération, foncière et fondation." Un cas s'est déjà présenté : une importante ferme maraîchère (17 hectares) en Midi-Pyrénées souhaite installer une serre agrivoltaïque. "La plus grosse question aujourd'hui, c'est l'intérêt agronomique d'un tel équipement, sa transmissibilité", explique l'architecte.

En 2023, la fondation recrute un chargé de projet pour lancer un programme d'énergies renouvelables. "L'axe principal, c'est de concilier la production d'énergies renouvelables avec la production nourricière, synthétise son codirecteur. Car le danger identifié par les acteurs de l'agroécologie, c'est de remplacer une production nourricière par une production d'énergie." Le programme vise à recenser les énergies renouvelables présentes, avec l'objectif d'accompagner les fermes vers des systèmes mieux-disants pour l'environnement. Le photovoltaïque sur toiture fait consensus. "Sur la rénovation de toiture, c'est quasi une bonne idée partout", se réjouit le directeur. Pas si simple, tempère la gestionnaire de bâti : "Un bâtiment avec photovoltaïque va nous coûter plus cher en assurance."

Repenser le cadre

Au terme de ces entretiens, chaque fois que possible, j'ai demandé à mes interlocuteurs leur vision de l'avenir. Quels leviers actionner pour amplifier le mouvement, ou simplement mieux remplir leurs missions ? Tous sont conscients de la précarité sociale et économique du monde agricole comme de la spécificité de la relation qui relie le mouvement aux fermiers. Tous témoignent de la complexité du cadre réglementaire de référence contraint dans lequel ils accomplissent leurs missions, en particulier le Code rural. Investis dans un mouvement innovant et minoritaire, mes interlocuteurs se montrent créatifs. Faire écho à leurs propositions et visions permet de rendre plus visible ce qui relie l'ensemble des acteurs du mouvement.

Faire évoluer le Code rural : le Code rural en vigueur, établi à partir des années 1980, est pensé pour une agriculture intensive à grande échelle, pas pour une agriculture paysanne. Ce cadre apparaît inadapté aux enjeux d'aujourd'hui, soulignent nombre de mes interlocuteurs. Qu'il s'agisse de la gestion et du financement du bâti, ou des bases de calcul des fermages, comme l'évoquent Mathilde Duvinage et Delphine Fèvre : "Il serait intéressant de faire évoluer le Code rural, sur le bail rural, pour que ce soit plus en correspondance avec le bail commercial." Pourquoi ne pas ouvrir aux aides publiques la prise en charge par le bailleur de travaux qui améliore les conditions de travail du fermier et les conditions de vie des animaux ? Ou qu'il s'agisse des infrastructures agroécologiques, selon Marion Maréchal. Dans le prolongement du programme biodiversité, elle annonce un chantier juridique qui associe des étudiants en droit rural. "Les infrastructures agroécologiques et, en particulier les haies agroforestières, montent en puissance. Le Code rural a été rédigé du temps du remembrement où la dynamique était à l'arrachage des haies. Il est temps de proposer des modifications tenant compte des préoccupations actuelles. La fondation prévoit de créer un groupe d'experts, juristes et professionnels agroforestiers, pour proposer des évolutions du Code rural en faveur de la reconnaissance de ces aménagements agroécologiques[23]."

Jouer collectif : pour Sébastien Launais, l'un des points essentiels est de renforcer l'attractivité du métier de paysan. Dans cette optique, Terre de Liens doit soutenir davantage des installations en collectif. "L'agriculture en collectif, c'est clairement ce qui me donne un peu d'espoir. Parce que le métier d'agriculteur est un métier globalement peu attractif... Travailler à plusieurs, ça permet d'avoir des week-ends. De partager la responsabilité, de ne pas avoir tout sur le dos. Peut-être de limiter les suicides aussi... Ça permet d'avoir des fermes complètes, qui peuvent proposer une large gamme de produits." Mais monter un projet collectif implique aussi un travail en amont sur les relations humaines. L'instructeur cite aussi d'autres pistes dans lesquelles s'investissent les associations Terre de Liens : travailler sur l'attractivité des territoires ; intervenir auprès des jeunes, dans l'enseignement agricole et lors de leur parcours d'installation, "beaucoup de jeunes ne jurent que par la technologie et par l'agrandissement". Enfin, mener un travail de fond sur les transmissions : "sensibiliser les cédants, anticiper les transmissions".

Grandir pour faire évoluer le système : dès l'origine, le mouvement Terre de Liens est pensé comme "un prototype pour démontrer qu'on peut faire autrement", rappelle Philippe Cacciabue. Son existence et son développement contribuent à mettre en lumière le rôle fondamental de l'investissement collectif, bénévole et citoyen pour faire tourner la société et ses institutions. Or, notre civilisation valorise la réussite individuelle, matérielle et marchande. Cet aveuglement pose des questions sur les limites du bénévolat. L'exemple de Terre de Liens interroge les angles morts de notre société. Avec un objectif : continuer jusqu'à ce que les pouvoirs publics joignent les actes à la parole, et "mettent les moyens" pour installer des paysans. "On a déjà démontré que les citoyens se sentent concernés. On a trouvé plein de jeunes qui disent « Je ne veux pas être propriétaire ». On a trouvé des moyens de faire le lien entre ces gens qui se sentent concernés par l'agriculture et ces jeunes paysans. C'est déjà pas mal ! Pour moi, le boulot est fait, estime Philippe Cacciabue. Maintenant, qui prend le relais ?"

D'évidence, Terre de Liens n'a pas vocation à acheter toutes les terres agricoles en France. Chacun en est conscient : que pèse l'achat de 40 fermes par an, lorsqu'il en disparaît cinq fois plus par semaine ? "On est dans un jeu d'exemplarité, résume Emmanuel Jaccaud. Il faut atteindre un seuil pour être entendus par les pouvoirs publics ; si on veut faire bouger les choses, ça doit se faire à un niveau politique. D'où la symbiose et la synergie avec les autres structures du mouvement. Je pense notamment à la fédération."

Dans ce défi de durer et de peser, le plaidoyer porté par la fédération prend toute son importance pour argumenter et pour convaincre non seulement la société civile, mais aussi les responsables politiques. Quelle est la stratégie du jeune mouvement, dans un jeu d'influence dominé par de puissants acteurs ?

L'action politique : informer et se rassembler pour convaincre

La politique agricole française est l'objet d'un lobbying intense : ce sont les chiffres publiés par la Haute Autorité pour la transparence de la vie publique (HATVP) qui le disent. Le journaliste Ivan Logvenoff, ingénieur agronome de formation, a mené l'enquête à partir de l'analyse de ces données entre 2017 et 2021. Nourri d'interviews de lobbyistes, dont de nombreux cabinets de conseil, son article paru en 2022 sur *Agra Presse (voir encadré)* montre qu'à ce jeu, le syndicat majoritaire (FNSEA) et ses alliés sont les premiers à miser, et les principaux gagnants pour obtenir l'attention des décideurs politiques durant le premier quinquennat d'Emmanuel Macron. Les perdants sont la Confédération paysanne ainsi que les représentants des producteurs, transformateurs et distributeurs de l'agriculture biologique. Le dossier le plus fréquemment cité est celui des pesticides, devant les lois Egalim[1] de 2018 et 2021 et le plan stratégique national, déclinaison française de la PAC 2023-2027, entrée en vigueur le 1er janvier 2023. Les chiffres sont éloquents : le mythe complaisamment répandu d'un "lobby bio" a du plomb dans l'aile.

Certes, ces données ont des limites : elles recensent uniquement les activités à l'initiative des représentants d'intérêts qui visent à influencer directement la décision publique (texte de loi, etc.) : transmission d'informations ciblées, entretiens en tête-à-tête, suggestions, correspondances et autres événements promotionnels. Ni l'action juridique, ni les actions de plaidoyer en direction de l'opinion publique, comme les campagnes et autres appels à la mobilisation, qui sont des moyens d'action privilégiés par des ONG et par le

[1] La loi dite "Egalim" pour l'équilibre des relations commerciales dans le secteur agricole et une alimentation saine et durable a été promulguée le 1er novembre 2018. La loi dite "Egalim 2" visant à protéger la rémunération des agriculteurs a été adoptée le 18 octobre 2021.

mouvement Terre de Liens ne sont prises en compte. N'empêche : face aux géants du secteur agricole, le mouvement Terre de Liens fait figure de Petit Poucet. Parviendra-t-il comme dans le conte à chausser les bottes de sept lieues pour obtenir l'attention des puissants et ainsi mettre sa famille à l'abri du besoin ?

Lobbying et agriculture : des chiffres révélateurs[24]

L'enquête du journaliste Ivan Logvenoff paru en 2022 sur *Agra Presse* révèle quels sont les moyens consacrés au lobbying en agriculture en France. "Avec près de 7 014 activités déclarées depuis 2017, l'agriculture serait juste derrière la santé", ce qui place la défense des intérêts agricoles en 2e position. Les syndicats agricoles sont les plus actifs, avec 43 % du total des actions recensées auprès des parlementaires et du gouvernement, ministère de l'Agriculture en tête. Sur le podium, le syndicat majoritaire, ses satellites et son allié le syndicat Jeunes agriculteurs (JA) occupent les trois premières places. "La FNSEA reste le poids lourd du lobbying agricole, avec au moins 600 000 euros de budget annuel dédié au lobbying en moyenne depuis 2017, pour environ 70 actions annuelles menées par une équipe de huit représentants d'intérêts déclarés", indique le journaliste. C'est en moyenne près de quatre fois plus d'activités qu'un cabinet de conseil[25]. Or, le siège de la FNSEA est devancé... par ses antennes départementales et régionales (FDSEA et FRSEA) et par celles du syndicat des JA : "Toutes fédérations locales prises ensemble, ces structures mobiliseraient au moins 820 000 et 680 000 euros annuels respectivement, pour environ 406 et 325 actions par an." En 4e position vient le groupe Avril avec plus de 350 000 euros de budget, devant Lactalis. À noter que les associations spécialisées alliées du syndicat majoritaire sont aussi très présentes : l'AGPB (céréaliers) déclare 4 lobbyistes et 90 000 euros de budget, la CGB (betteraviers) 18 lobbyistes et 140 000 euros de budget, l'AGPM (producteurs de maïs) déclare 4 lobbyistes pour 30 000 euros de budget annuel. "Selon les acteurs interrogés, la « cogestion » avec le ministère de l'Agriculture serait ainsi loin d'être terminée" et se serait même "intensifiée" durant le premier quinquennat d'Emmanuel Macron. "En revanche, la Confédération paysanne a de son côté l'impression de faire face à un mur." Elle consacre dix fois moins de budget (60 000 euros annuels) que la FNSEA au lobbying. Les chiffres dévoilent aussi la faiblesse des moyens de l'agriculture biologique : Biocoop, la Fnab et Synabio totalisent ensemble 125 000 euros de budget annuel et 8 postes de lobbyistes. Les ONG de défense de l'environnement comme France nature environnement ou la Fondation pour la nature et l'homme, dont les actions ne sont pas toutes orientées vers l'agriculture, totalisent 325 000 et 120 000 euros de budget annuel. L'enquête démontre que leurs voix pèsent peu dans les cabinets ministériels ou à l'Assemblée face à la menace d'une mobilisation agricole.

Le plaidoyer : parler d'une même voix pour peser dans le débat public

Penser la terre comme un bien commun, c'est affirmer qu'elle est un objet politique. En complément de son action de terrain, le plaidoyer, au cœur du projet de Terre de Liens, vise explicitement à influencer les institutions en faveur d'un changement de modèle agricole pour la préservation des sols, l'accès à la terre, le renouvellement des générations. Alors que le lobbying tente d'influencer les décideurs politiques dans leurs choix, le plaidoyer, qui inclut le lobbying, est plus large : il suppose des appels à la réforme des politiques pour apporter des changements bénéfiques au plus grand nombre. C'est un moyen privilégié par les ONG. Terre de Liens agit de concert avec des partenaires[1] pour appeler à des changements structurels dans la gouvernance foncière.

"Peser dans le débat public, influencer les décideurs politiques, contribuer aux politiques publiques en vue d'obtenir des changements durables dans la gouvernance foncière en France et en Europe" : telles sont les missions affirmées du plaidoyer[26], piloté par un comité d'orientation regroupant des représentants des différentes entités du mouvement. Ce dernier s'est impliqué dans les récentes campagnes électorales (municipales 2020, régionales 2021, présidentielles et législatives 2022). En 2020, la fédération Terre de Liens crée un poste de chargé de plaidoyer et recrute une personne au nom prédestiné : Astrid Bouchedor. Auparavant investie dans les mouvements paysans puis auprès d'un réseau international pour le droit à l'alimentation, Fian, la jeune femme se montre lucide sur les difficultés de sa mission[27] : "Nous défendons un courant, l'agroécologie, qui reste minoritaire. C'est un peu David contre Goliath... Nous sommes peu nombreux avec très peu de moyens. Par rapport aux lobbyistes, c'est certain que nous sommes moins bien rémunérés pour le même niveau d'expertise et d'études ! On doit sans cesse lever des fonds pour agir, et on fait face à de gros lobbys très puissants. Cela peut être frustrant." Pour contrebalancer les influences tentaculaires d'intérêts privés puissants au sein des instances de décisions publiques et dans le débat public[28], les organisations qui défendent aujourd'hui l'intérêt général et les droits humains cherchent à œuvrer ensemble à des objectifs communs. Avec ses alliés, le mouvement affirme constamment que les terres agricoles sont des enjeux fondamentaux. Il mène des actions par

[1] Notamment le réseau InPact. Voir "Fonctionner en réseau par communautés d'objectifs", p. 201.

des voies multiples : expertise, lobbying, communication et mobilisation. Si l'influence peut aussi s'exercer dans des instances techniques, un projet de loi ouvre un espace propice au débat public. Nous allons voir comment Terre de Liens s'est mobilisée entre 2018 et 2022 pour une nouvelle loi foncière.

Actions pour une nouvelle loi foncière

En 2018, le président Macron promettait une grande loi foncière. En septembre 2022, le nouveau ministre de l'Agriculture Marc Fesneau promet aux parlementaires une loi d'orientation agricole pour 2023. Cette même année, la loi dite "Sempastous" (*voir encadré* "La loi Sempastous entre en application", p. 97) est entrée en vigueur à petits pas.

La nécessité d'une grande loi qui réponde aux enjeux de préserver les espaces agricoles et forestiers ainsi que leurs fonctions écosystémiques et de renouveler les générations fait l'objet d'un très large consensus. Fin 2019, à l'Assemblée nationale, un colloque intitulé "Partager et protéger la terre, plaidoyer pour une nouvelle loi foncière" se tient à l'initiative de plusieurs députés, dont Dominique Potier. Dans la foulée, un appel pour une nouvelle loi foncière est lancé. Fait rare, les signataires rassemblent les cinq syndicats agricoles, avec à leurs côtés des organisations agricoles, des associations de collectivités territoriales et des organisations non gouvernementales[1]. En tout 18 organisations, dont Terre de Liens, signent un texte commun qui comprend 9 propositions, visant à reconnaître le sol comme un élément du patrimoine commun de la Nation, porteur d'enjeux pour l'alimentation de tous et l'environnement. Les signataires veulent faciliter l'accès à la terre pour les nouveaux agriculteurs et lutter contre leur accaparement par des investisseurs.

[1] Organisations signataires : FNSEA, Confédération paysanne, Coordination rurale, Jeunes agriculteurs, Assemblée des chambres d'agriculture, FNSafer, FNCuma, AgroParisTech, Fnab, Association des régions de France, Association des communautés de France, Parc naturels régionaux, Terres solidaires, Terre de Liens et Agter, la Fondation pour la nature et l'homme (FNH), France nature environnement (FNE), Fondation Jean-Jaurès.

Le texte préconise notamment de réguler "l'ensemble des marchés fonciers en assurant leur transparence, leur contrôle et leur orientation sur l'usage et la propriété, de permettre un accès à la terre à la nouvelle génération grâce au partage, au portage et au financement du foncier agricole". Autres propositions : "préciser le statut de l'actif agricole et celui du fermage dans sa dimension sociale et environnementale", et "tendre vers l'objectif de zéro artificialisation nette grâce à des règles d'urbanisme cohérentes et une fiscalité limitant la spéculation".

Nombre de ces propositions et de leurs arguments se trouvaient déjà dans le document "Préserver et partager la terre[29]", publié en 2018 par Agter et Terre de Liens. La coalition Loi foncière qu'ils animent avec la Confédération paysanne veut rassembler des organisations de la société civile afin de peser sur les politiques en France. En amont des élections municipales de 2020, Terre de Liens a décliné ces propositions afin de sensibiliser les futures équipes aux leviers dont elles disposent pour veiller aux usages de la terre. En 2021, la coalition a suivi de près l'évolution du projet de loi portant mesures d'urgence pour assurer la régulation de l'accès au foncier agricole au travers de structures sociétaires portée par le député LREM Jean-Bernard Sempastous. On a vu que cette loi qui instaure un nouveau contrôle administratif pour réguler les structures sociétaires apparaît bien timide au regard de l'emprise du marché sociétaire, aussi Terre de Liens et ses alliés expriment-ils leur déception.

Toujours en 2021, le projet de loi Climat et résilience prend des mesures pour freiner l'artificialisation des sols. Dans l'objectif de peser sur le débat parlementaire, le mouvement a affûté ses arguments, en coordination avec le Réseau action climat et les Amis de la Terre. En avril 2021, Astrid Bouchedor dénonçait dans la presse les ambitions insuffisantes du projet de loi, au regard de l'urgence et des propositions émises par la Convention citoyenne pour le climat. "Il était demandé de diviser par deux, dans les 10 ans après l'adoption de la loi, la surface artificialisée durant les dix dernières années. Un délai a été accordé qui repousse désormais cet objectif à 15 ans (...) Le projet manque d'objectifs contraignants (...) Il faut donner plus de moyens aux collectivités pour qu'elles soient actrices et n'aient pas à subir les pressions émanant d'intérêts privés[30]." La loi est votée en août 2021. Malgré les mobilisations citoyennes, les renoncements et compromis ont joué à plein. La loi Climat et résilience est loin de respecter les propositions de la convention citoyenne. Alors que quatre hectares sont artificialisés chaque heure en France, les nombreuses dérogations laissent la porte ouverte à l'implantation de surfaces commerciales, en particulier d'e-commerce[31]. En matière de climat, la loi ne permettra pas d'atteindre l'objectif auquel la France s'est librement engagée de réduire ses émissions de gaz à effet de serre de 40 % en 2030.

Pour continuer à faire entendre publiquement que les terres agricoles sont des enjeux fondamentaux, mais aussi à faire comprendre ces enjeux à un large public, le mouvement s'engage alors dans la préparation d'un document nouveau : un rapport sur l'état des terres agricoles, qu'il prévoit de dévoiler au moment d'un rendez-vous incontournable de l'agenda politique et agricole national.

Rapport sur l'état des terres agricoles en France[32]

"5 millions d'hectares de terre, 20 % de la surface agricole française, vont changer de main d'ici 10 ans. Si ces millions d'hectares représentent une opportunité unique de réorienter notre modèle agricole aujourd'hui malmené et décrit dans les derniers chiffres du recensement agricole, ils constituent aussi le risque de voir s'accélérer les dynamiques de disparition des terres et des paysan·ne·s aujourd'hui à l'œuvre à travers ce qui pourrait être un nouveau plan social agricole."

Le 1er mars 2022, au Salon international de l'agriculture, Terre de Liens présente avec Agter le rapport sur l'état des terres agricoles en France. À la veille des élections présidentielles, les organisateurs ont invité des élus, les candidats à l'élection présidentielle, des représentants de la Safer et d'organisations agricoles à participer à cet événement qui se tient simultanément en ligne. En 70 pages, le rapport apporte de nombreux éléments de compréhension de la question des terres. Il aborde cette question sous différents angles : artificialisation et dégradation des terres agricoles ; concentration des fermes et crise de l'accès à la terre pour les jeunes générations ; sécurité alimentaire, potentiel nourricier des territoires et dépendance aux importations ; démocratie alimentaire. Nourri de témoignages, d'exemples d'actions et de chiffres clés, il met en perspective les constats sans évacuer ni la complexité ni les contradictions des situations locales et globales. Il émet aussi des recommandations pour protéger et partager les terres agricoles : une nouvelle loi foncière ; des actions de terrain ; un cadre européen cohérent. Dans la salle, la présentation, rythmée et nourrie de témoignages vidéos en direct, suscite des échanges. Le rapport sera repris dans la presse. En ce printemps 2022, les crises sanitaires et l'invasion de l'Ukraine jettent une lumière crue sur la question de la sécurité alimentaire : puissance exportatrice[1], la France importe aussi largement des produits agricoles et alimentaires qui, s'ils étaient produits sur le sol français, représenteraient une emprise de 9 millions d'hectares de terres, soit le tiers de la surface agricole utile. Quelques mois plus tard, le nouveau ministre de l'Agriculture, Marc Fesneau, est aussi celui “de la souveraineté alimentaire”.

Le mouvement prévoit de publier chaque année un nouveau rapport sur l'état des terres agricoles : une façon de rendre plus visibles et lisibles les enjeux fondamentaux de cette question et de donner du grain à moudre aux médias. Au moment du Salon international de l'agriculture, il fait surtout entendre qu'un autre modèle agricole est possible, comme le prouve par l'exemple toute une constellation d'acteurs.

[1] 6e exportateur mondial de produits alimentaires en valeur, la France exporte 45 % de ses céréales… et 90 % de son cognac.

Fonctionner en réseau par communautés d'objectifs

On a vu que Terre de Liens développe depuis l'origine des relations de coopération entre différents réseaux. Cette dimension de "faire ensemble" fait partie de l'ADN du mouvement. En interne, il a fait grandir son projet par un mode collaboratif : partage d'expériences, mise à disposition de ressources[33], création d'outils collaboratifs accessibles[34]. Dans les associations régionales comme aux sièges des trois instances nationales, bénévoles, salariés, donateurs et actionnaires sont conscients de partager les mêmes objectifs avec des réseaux amis, et c'est peu dire qu'ils sont nombreux.

Il y a bien sûr les fondateurs, liés à l'agriculture biologique et biodynamique, la finance éthique, l'économie solidaire et le développement rural[I]. Le réseau Relier[35], toujours actif en 2022, contribue depuis plus de 30 ans à la vitalité économique, sociale et culturelle du milieu rural, par de multiples initiatives alternatives concernant l'agriculture, l'habitat, la forêt, les tiers lieux... Terre de Liens est également membre du pôle InPact : Initiatives pour une agriculture citoyenne et territoriale. Les membres[II] du pôle InPact sont des structures d'envergure nationale : têtes de réseaux, coopératives ou fédérations, elles inscrivent tout ou partie de leur activité dans le champ du développement agricole et rural. InPact est partenaire du réseau de l'agriculture paysanne Fadear, qui a formalisé la charte de l'agriculture paysanne en 10 principes et qui a donné naissance en 1987 au syndicat agricole de la Confédération paysanne. Ajoutons que, sur le terrain, la coopération avec le réseau de l'agriculture biologique, ainsi qu'avec les chambres

[I] Voir "Naissance de Terre de Liens", p. 140.

[II] Terre de Liens, Accueil Paysan, réseau Civam (centres d'initiatives pour valoriser l'agriculture et le milieu rural), coopérative l'Atelier paysan, Miramap (Mouvement interrégional des associations pour le maintien d'une activité paysanne), Inter AFOCG (associations de formation collective à la gestion), association Solidarités paysans, MRJC (Mouvement rural de jeunesse chrétienne), la Fadear (Fédération associative pour le développement de l'emploi agricole et rural), SOL (Alternatives agroécologiques et solidaires).

d'agriculture et avec la Safer, "se passe souvent très bien", souligne Marie Balthazard.

Terre de Liens travaille également depuis l'origine avec Biocoop, réseau de coopératives de distribution bio qui soutient ses programmes. Autre partenaire depuis 2012, la société Léa Nature participe via sa fondation à des appels à projets visant à préserver la vocation nourricière des terres, à lutter contre l'artificialisation, à réhabiliter des friches et autres initiatives sur le très long terme.

En matière de plaidoyer à l'échelle nationale, Terre de Liens consolide son savoir-faire avec des réseaux d'acteurs qui partagent les mêmes objectifs.

Des alliés pour "faire bouger les lignes"

Cette dynamique de réseaux avec des alliés de longue date est particulièrement importante pour faire mieux entendre la dimension politique de l'accès à la terre, indique Vincent Jannot. "On bosse avec la Conf', avec Agter, avec tout le réseau InPact. Ces alliances sont importantes : on a une spécificité, le foncier, avec une responsabilité sociale, politique, qui est de permettre au plus grand nombre de s'installer parce qu'en France, pour avoir une agriculture résiliente, citoyenne, environnementale et locale, il faut qu'on ait 1 million à 1,2 million de fermes... On achète 40 fermes par an. L'enjeu est bien plus gros que ça. On a intérêt à s'associer avec d'autres et à faire bouger les lignes, à la fois dans la société, au niveau des collectivités territoriales, au niveau des paysans-paysannes ; tout le réseau associatif avec lequel on travaille est là pour ça : aller vers d'autres modèles agricoles que celui qui est extractiviste."

Parmi ces organisations, beaucoup fonctionnent selon les principes de l'éducation populaire. Elles regroupent leurs forces pour peser dans le débat public au service de l'intérêt général. À la façon d'un *shadow cabinet* (cabinet fantôme) tel qu'il existe dans la pratique parlementaire britannique, ces réseaux examinent les actes et dires des ministres, proposent des politiques alternatives et demandent des comptes au gouvernement pour ses actions. Les mouvements de l'éducation populaire définissent quatre sphères stratégiques d'action[36] en fonction de leur positionnement par rapport au pouvoir. Terre de Liens investit ces différentes sphères.

- "Sans le pouvoir" : à travers des initiatives qui ont valeur d'exemplarité, qui rencontrent un réel succès, mais dont la généralisation semble impossible. Les Amap ne vont pas entraîner l'extinction des hypermarchés, l'agriculture biologique n'a pas convaincu Bayer de renoncer à acheter Monsanto. Les 8 000 hectares des 300 fermes de Terre de Liens représentent moins de 0,2 % des 5 millions d'hectares appelés à changer de main d'ici 2030. Mais ces alternatives inspirantes sont des points d'appui indispensables pour aller plus loin.
- "Contre le pouvoir" : le mouvement et ses partenaires remettent en cause un système qui entraîne l'extinction des paysans, la concentration des terres et l'effondrement de la biodiversité. Ils communiquent auprès des citoyens, les incitent à s'engager. Ils publient des études et des travaux afin d'argumenter quant à la nécessité de réorienter les politiques publiques. Ils agissent aux côtés de mouvements de luttes foncières.
- "Avec le pouvoir" : négocier avec le pouvoir pour obtenir des améliorations concrètes nécessite de se structurer pour développer un rapport de force qui permette de négocier de réelles avancées. Ce travail est souvent peu visible. Jérôme Deconinck constate une évolution sur le temps long : "On commence à être reconnu comme un expert sur les questions foncières. Maintenant, quand les députés s'intéressent au statut du fermage, ils nous auditent." Sjoerd Wartena souligne que ce sont les réalisations du mouvement qui ont construit cette crédibilité. "Nous sommes écoutés parce que

nous sommes des exemples. Le but, c'est que les politiques vont à un moment faire ce que nous faisons. On est un laboratoire. Un laboratoire ne peut impressionner les politiques et les décideurs locaux, régionaux, nationaux, internationaux que s'il peut montrer comment il faut faire. On fait et on dit : regarde ! De l'autre côté, il faut aussi gérer ces exemples… On est propriétaire, on représente un poids."

– "Dans le pouvoir" : cette dernière sphère suppose que l'accès aux instances de décision n'est pas totalement verrouillé ; en demandant à siéger dans les instances consultatives (commissions départementales, comités techniques Safer…), Terre de Liens vise à agir au sein du système. Des membres du mouvement siègent également dans des commissions départementales de préservation des espaces naturels, agricoles et forestiers (CDPENAF[I]), destinés à lutter contre l'artificialisation des terres agricoles.

Sans être "dans le pouvoir", le mouvement bénéficie d'une reconnaissance des pouvoirs publics. Le ministère de l'Agriculture reconnaît la fédération comme organisme national à vocation agricole et rurale (Onvar). La foncière a l'agrément Esus (entreprise solidaire d'utilité sociale) et aussi MOI (maîtrise ouvrage en insertion) pour l'activité de logement social sur les fermes, ce qui lui permet de bénéficier d'aides de l'État via la réduction d'impôt. La fondation est reconnue d'utilité publique et un commissaire du gouvernement siège à son conseil d'administration. Le mouvement bénéficie de fonds publics. Pour les associations et la fédération, ces fonds représentent respectivement environ 30 % et 50 % de leurs budgets[II]. Cette reconnaissance officielle n'est pas pour autant un

[I] Créées par la loi d'avenir pour l'agriculture, l'agroalimentaire et la forêt de 2014. Les CDPENAF peuvent être consultées sur toute question relative à la réduction des surfaces naturelles, forestières et à vocation ou à usage agricole et sur les moyens de contribuer à la limitation de la consommation de ces espaces.

[II] La fédération reçoit des aides du ministère de l'Agriculture au titre du Casdar (compte d'affectation spéciale développement agricole et rural). Les associations territoriales

acquis intangible. Dans les régions, les subventions dépendent des orientations politiques de l'exécutif[37]. Au niveau national, la fédération recherche des moyens pour développer ses missions. Pour Vincent Jannot, le compte n'y est pas : "Le budget du ministère a un « compte d'affectation spéciale développement agricole et rural », le Casdar, qui représente 140 millions d'euros (...) Nous, membres d'InPact, on doit en toucher 2,5 millions d'euros. Le reste, c'est ce qui finance les chambres d'agriculture, les instituts techniques, l'Inra, etc. On estime qu'on est 40 000 ou 50 000 fermes. C'est 10 % : ça veut dire qu'on devrait avoir 14 millions du Casdar. On ne les a pas."

Émilie Wietzke, directrice de la foncière Terre de Liens, raconte comment un patient travail de fond a permis à la foncière en septembre 2020 de voir publier un décret important pour le financement de ses missions. "On travaille avec la direction générale du Trésor pour défendre la place des entreprises solidaires au sein de la loi de finances. L'État français reconnaît qu'on rend un service à la collectivité en faisant cette activité d'installation de fermiers en agroécologie."

Au-delà des frontières nationales, le mouvement Terre de Liens tisse aussi des relations avec des organisations d'autres pays ou internationales.

Alliances européennes

"Terre de Liens s'est posée depuis le départ avec une identité d'alliances très forte. Elle est elle-même née d'alliances... Cette identité est une force de ce modèle Terre de Liens." Véronique Rioufol coordonne l'action européenne de Terre de Liens depuis ses débuts, en 2010. Sjoerd Wartena et d'autres partagent alors

reçoivent des subventions des régions. La fondation bénéficie de subventions pour 2 % de son budget. La foncière bénéficie de l'aide de l'État via la réduction d'impôt. Pour plus d'information, les comptes et rapports d'activité sont accessibles sur le site https://ressources.terredeliens.org

une même vision : alors que les règles définissant l'accès au foncier sont restées du ressort de chaque État membre, les enjeux sur lesquels travaille Terre de Liens sont bien des enjeux transnationaux. Qu'il s'agisse de la concentration jusqu'à l'accaparement[38], de l'installation de nouvelles générations, du recul des formes paysannes de l'agriculture, des difficultés de développement de l'agroécologie, "on retrouve ces enjeux partout en Europe et ils sont impactés par des politiques de l'UE. Le lien avec la PAC est le point d'entrée de cette politique européenne de Terre de Liens", expose Véronique Rioufol. Comme on l'a vu, la PAC a un impact direct sur la concentration foncière par le biais des aides directes à l'hectare[I]. Terre de Liens s'investit dans un travail de plaidoyer, rejoint la plateforme pour une autre PAC[39] et participe en 2012 à la création du réseau Access to Land[40], dont Véronique Rioufol devient l'animatrice.

Le 13 juillet 2016, Sjoerd Wartena, de Terre de Liens, et Marta di Pierro, de Via Campesina[II], présentent devant le Parlement européen la pétition "Préserver et gérer les terres agricoles européennes comme notre richesse commune" cosignée par 80 organisations d'Europe :

"Nous, citoyens, organisations d'agriculteurs, organisations de développement rural, mouvements civiques en faveur d'une agriculture locale et durable, organisations environnementales et organisations de défense des droits de l'homme, demandons au Parlement européen d'adopter une position sur une gouvernance européenne durable et équitable des terres agricoles, et demandons à la Commission européenne d'adapter les réglementations et politiques existantes et d'en développer de futures afin qu'elles contribuent à la préservation et à la gestion des terres agricoles en tant que richesse commune."

[I] Voir "Le modèle agricole français et l'Europe", p. 40.

[II] Mouvement international qui coordonne des organisations paysannes et milite depuis 1993 pour le droit à la souveraineté alimentaire.

La pétition affirme que cette question des terres agricoles est un enjeu européen majeur pour le renouveau agricole et rural. Elle demande au Parlement de surveiller la situation foncière et d'évaluer l'impact des politiques européennes existantes ; de tirer le meilleur parti de la PAC actuelle pour soutenir l'agriculture paysanne, l'agroécologie et l'installation ; d'adopter une stratégie ambitieuse sur "la terre comme ressource", et de proposer une directive sur l'accès équitable et durable aux terres agricoles.

"C'était un texte assez important, se souvient Véronique Rioufol. Cette pétition a contribué à faire basculer la teneur des débats au Parlement ; ça nous a permis de faire le lien entre accaparement et concentration et entre concentration et installation, entre les sujets agricoles et environnementaux. Lors de l'audition, les parlementaires ont conclu qu'il fallait que notre pétition soit prise en compte dans l'élaboration du rapport parlementaire. Ce qui a été le cas." Mais le changement institutionnel va tout balayer : "L'arrivée d'une nouvelle commission, l'arrivée d'un nouveau Parlement, avec énormément de nouveaux venus, plus d'extrême droite... Il n'y a aucune obligation de continuité dans les travaux d'un parlement à l'autre. Donc le rapport a été produit en 2017 et est resté lettre morte."

Aujourd'hui, au-delà d'affirmer des principes, comme une aide à l'hectare couplée avec le nombre d'actifs, une aide à l'installation et la révision des surfaces minimales d'installation[I], Terre de Liens et ses alliés peinent à faire exister la question foncière dans la PAC. "On a longtemps cru que réformer la PAC pourrait nous aider à travailler sur ces sujets ; je pense qu'on en est un peu revenu", confie la coordinatrice. Réformer ce paquebot qu'est la PAC, qui représente un tiers du budget de l'Union européenne[II], est-ce mis-

[I] Depuis 2010, les jeunes agriculteurs s'installent en majorité sur de petites surfaces, hors cadre familial.

[II] Le budget de l'Union pour 2021 prévoit au total 168,5 milliards d'euros de crédits d'engagement. La PAC représente 33,1 % du budget de l'Union à 27 (55,71 milliards d'euros). Les paiements directs et les mesures sur les marchés (premier pilier de la PAC) représentent 76,8 % des crédits agricoles (40,4 milliards d'euros), et les

sion impossible ? En Europe de l'Ouest, beaucoup de grosses exploitations agricoles sont structurellement dépendantes de cette aide.

Le réseau Access to Land, qu'anime Véronique Rioufol, rassemble une quinzaine d'organisations œuvrant pour l'accès à la terre de nouvelles générations et pour l'agroécologie dans neuf pays d'Europe : Allemagne, Autriche, Belgique, Espagne, France, Italie, République tchèque, Roumanie, Royaume-Uni. "Le réseau a deux dimensions principales : dire que les enjeux et les politiques publiques dans lesquelles on s'inscrit dépassent nos frontières ; et participer à constituer un réseau d'acteurs sur ces questions qui présente plusieurs sources d'inspiration, car il existe des différences nationales autour du foncier." Si la France porte une histoire politique forte sur cette question, les différences historiques[41] entre les différents pays européens sont profondes et la vision des terres agricoles comme objet politique et citoyen reste à construire. De plus, dans certains pays, "des acteurs de la société civile et des collectivités locales se mobilisent, mais ne serait-ce qu'exister est une lutte de chaque instant". Access to Land produit des ressources : des guides, des manuels, un site web, une vidéo, *Ici, ailleurs, la terre qui nous nourrit*[42] ; un livre : *Terriens.* Le réseau organise des rencontres et des actions de tutorat entre les organisations membres sur des enjeux spécifiques. Bien que le réseau ne soit pas une instance de plaidoyer, cette dimension d'échanges de pratiques se double d'une visée politique. Véronique Rioufol a ainsi été invitée par le Parlement écossais, qui mène une réforme foncière.

Quels sont les prochains chantiers ? Pour la coordinatrice européenne, des articulations sont à trouver entre les sujets fonciers et alimentaires, d'une part, et entre les sujets fonciers et environnementaux, d'autre part : "avec un sous-champ : foncier/climat, qui

mesures de développement rural (deuxième pilier) 23,2 % (15,3 milliards d'euros). Si la part des dépenses agricoles dans le budget de l'Union décroît continuellement depuis 1992, les dépenses agricoles sont restées globalement stables en termes réels.

inclut ce qui est concurrence d'usages, agrofuel, agrivoltaïsme, tout l'impact climatique de certaines formes d'agriculture par rapport à d'autres ; et un sous-champ sur les impacts écosystémiques : la biodiversité et les ressources naturelles, dont l'eau".

Depuis quelques années, indique-t-elle, face à l'impossibilité de réformer l'agriculture européenne, un débat prend de l'ampleur, exprimé en anglais sous la forme de *land sparing / land sharing*[1] (épargner / partager les terres). "Un clivage de fond structure le champ du débat européen autour du foncier : est-ce qu'on peut avoir une agriculture qui soit source de protection de l'environnement ou pas ?"

En France, ce débat a pris jusqu'à présent une ampleur limitée. Alors que les surfaces agricoles occupent la moitié du territoire, le maintien tout relatif, mais réel d'une agriculture à taille humaine rencontre l'adhésion d'une population dont les racines paysannes sont encore sensibles. Allier agriculture et protection de l'environnement est un objectif affirmé pour tout un réseau d'acteurs, dans lequel s'inscrit Terre de Liens. Le mouvement assure une veille des initiatives foncières citoyennes qui émergent dans toutes les régions. Il peut aussi en être partenaire, tout comme des membres de Terre de Liens peuvent par ailleurs s'investir dans ces collectifs. Le projet fondateur de Terre de Liens y trouve des alliés et peut d'une certaine façon essaimer à travers ces initiatives qui sont parfois inspirées du mouvement, parfois nées de luttes et qui partagent la vision de la terre comme un bien commun.

[1] Le débat du *land sharing* et du *land sparing* vise à déterminer la stratégie optimale pour maximiser la biodiversité sur un territoire donné : une agriculture extensive, qui partage *(share)* les parcelles entre la biodiversité spontanée et l'espèce cultivée ? Ou une agriculture intensive, avec une faible diversité par parcelle mais une productivité élevée qui permet de réserver *(spare)* plus d'espaces non cultivés pour la faune et la flore sauvage ? Le scenario Tyfa de l'Iddri suggère notamment que l'Europe peut atteindre l'autonomie alimentaire en optant pour l'agroécologie.

Un archipel d'initiatives citoyennes

Les initiatives foncières citoyennes forment un archipel de projets dans chaque région. Des citoyens se mobilisent en raison de leur lien à leur milieu de vie, un "commun" qu'ils savent vulnérable et dont la perte serait irréversible pour eux, pour la collectivité et les générations futures : la terre qui nous nourrit, l'eau qui nous garde en vie, les paysages et les écosystèmes. Ils se mobilisent de même pour que des paysans puissent s'installer, vivre de leur métier et, par leur activité, préserver ce commun. Localisées ou plus répandues, leurs réponses sont autant de refus d'un ordre du monde dominé par la loi du plus fort, du plus offrant. Discrètes, ces initiatives foncières citoyennes et durables font écho à des luttes plus médiatisées, historiques comme celle du Larzac, récentes comme à Notre-Dame des Landes, et actuelles comme celles portées par des mouvements comme Les Soulèvements de la Terre, qui voient converger citoyens, paysans, écologistes, naturalistes, syndicalistes, chercheurs contre la bétonisation des terres agricoles et leur accaparement par l'agro-industrie. Citons aussi le collectif Reprises de terres[43], au sein duquel œuvrent "des membres de Terre de Liens et qui associe chercheurs, activistes, habitants, forestiers ou paysans, des cimes jusqu'à la ville en passant par les champs", indique Damien Roumet, coordinateur "territoires et collectivités" à Terre de Liens. Ces formes d'engagement expriment une liberté qui se construit dans l'action collective pour préserver la terre. Sans prétendre à l'exhaustivité, la présentation qui suit permet de montrer une diversité d'initiatives. Elle s'appuie largement sur le rapport de stage et les monographies que Louise Klerlein a réalisés. En 2021, alors qu'elle était stagiaire en dernière année d'école d'ingénieur agronome[1], Terre de Liens lui a confié la mission d'étudier ces initiatives foncières citoyennes.

[1] À l'école VetAgro Sup à Clermont-Ferrand.

Paysans de nature : préserver la biodiversité par l'installation paysanne

Paysans de nature en chiffres*

- 161 paysans adhérents
- Plus de 8 000 hectares
- Localisation : 110 fermes en Pays de la Loire (où est né le projet) ; les autres sont réparties dans les régions.

*Au 31 décembre 2022.

Quelle place laisse-t-on à la nature sauvage dans les fermes ? Né en Vendée, le réseau Paysans de nature conjugue l'installation paysanne avec le développement d'espaces naturels agricoles, en associant les habitants du territoire.

Dans la zone atelier du CNRS de Chizé[44], dans les Deux-Sèvres, les scientifiques mesurent depuis 30 ans le déclin de la biodiversité sauvage dans les zones agricoles. Les naturalistes et les paysans observent aussi ce déclin. En parallèle, la population paysanne décroît, tandis que montent les attentes de la société envers une alimentation locale, de qualité et une agriculture résiliente. En 2014, ces mêmes constats amènent la Ligue pour la protection des oiseaux (LPO) de Vendée à créer le réseau "Paysans de nature", qui se développe avec la LPO Pays de la Loire. Le réseau vise à développer les espaces de renaturation[1] en zone agricole, par des paysans considérant que laisser une place à la biodiversité sauvage est une priorité. "Je suis devenu paysan pour créer ma propre réserve naturelle", explique Frédéric Signoret, naturaliste, paysan et cofondateur du réseau.

[1] Ce terme désigne la reconquête par la nature des milieux dégradés, délaissés ou détruits par les activités humaines.

Initialement, le projet se développe dans le territoire du marais breton vendéen, 45 000 hectares de zones humides à cheval entre la Vendée et la Loire-Atlantique, avec notamment de nombreuses prairies qui sont des aires de pâturage. Dans ce territoire, la dynamique d'installation et de dialogue portée par le groupe local Paysans de nature, composé de naturalistes, paysans et citoyens, a permis de passer, en 15 ans, de 200 à 1 000 hectares de zones agricoles gérées pour la biodiversité autant que pour la production alimentaire. En 2017, la marque "Paysans de nature" est déposée et un livre[45] relate les expériences d'installation de plusieurs adhérents en France. En 2021, un documentaire, *Paysans sentinelles*[46], contribue à faire connaître le projet au grand public. La même année, le réseau devient une association nationale[47]. Son objet est explicite : "L'association Paysans de nature a pour objet de favoriser la défense et la production de biodiversité sauvage en mettant les espaces et espèces sauvages au cœur des préoccupations des paysannes, paysans, autres habitantes et habitants des territoires. L'association participe à la diffusion et à la mise en place de systèmes agricoles pour lesquels la défense de la biodiversité sauvage est une activité centrale. La création, la mise en gestion d'espaces naturels agricoles ou leur protection contractuelle ou réglementaire avec les paysannes et paysans est son objectif principal. Faire reconnaître les fermes comme des espaces à vocation écologique (...) figure aussi parmi ses priorités."

En montrant que la paysannerie est une des voies professionnelles de la protection de la nature, l'association ouvre des perspectives à des jeunes sensibles à l'environnement. Des stagiaires issus de formations agricoles, des étudiants en biodiversité, géographie ou encore en sciences politiques... sont accueillis dans des fermes et des contacts se créent. L'association œuvre ainsi pour l'installation agricole, qui devient un outil de préservation de la biodiversité. Le projet de Paysans de nature s'accomplit grâce à des réseaux diversifiés : partenaires techniques, financiers, donateurs, réseaux citoyens et paysans… Le projet d'installation est porté par des groupes locaux constitués d'organisations environnementales, de gestionnaires d'espaces naturels, de paysans, d'autres habitants.

L'association nationale Paysans de nature communique et relaie les informations, elle apporte les outils nécessaires à la mise en place des projets au niveau local. L'installation agricole n'est pas pour autant le métier de l'association, et elle s'appuie pour cela sur tout un réseau de partenaires. Des structures agricoles[I] ; des paysans déjà installés pour leur connaissance du territoire et leur expérience ; des citoyens pour la veille foncière et les campagnes de financement solidaire ; des collectivités, structures territoriales et gestionnaires d'espaces naturels (parc naturel régional, conservatoire des espaces naturels…) pour l'accès au foncier. Paysans de nature travaille aussi en partenariat avec Nature et Progrès, avec Terre de Liens… Le réseau a développé un outil original : le dialogue permanent pour la nature (DPN). Ce dernier s'inspire des systèmes participatifs de garantie, portés en France par Nature et Progrès[II] pour parler en permanence et au long cours de biodiversité sauvage dans les fermes du réseau, en associant les paysans et paysannes, les naturalistes et les autres habitants du territoire. L'implication des citoyens est l'un des piliers de l'association Paysans de nature, et la gouvernance plurielle, équilibrée et locale, est indispensable au fonctionnement de l'outil.

[I] Coopérative d'installation en agriculture paysanne (Ciap), Civam, Fnab, Adear, Accueil Paysan…

[II] Association de consommateurs, d'agriculteurs producteurs et d'artisans transformateurs fondée en 1964, Nature et Progrès est l'acteur historique de la promotion du développement de l'agrobiologie en France et en Belgique. Les premiers cahiers des charges Nature et Progrès ont été créés conjointement par des paysans et des consommateurs. Ce système participatif de garantie permet d'échanger des savoir-faire, et une évolution des pratiques des producteurs.

Concernant le foncier, les groupes locaux se mobilisent pour acquérir des terres agricoles avec l'appui de l'association nationale. Les collectivités territoriales et gestionnaires d'espaces naturels peuvent mettre du foncier à disposition pour des porteurs de projets déjà sensibilisés et dont le projet est protecteur de la biodiversité. Le financement des fermes peut s'appuyer sur des campagnes solidaires, à l'instar d'autres organisations.

Une charte entre le paysan et l'organisation environnementale

L'outil d'encadrement de la démarche est la signature d'une charte entre le paysan et l'organisation environnementale locale. Deux chartes ont été créées, car deux profils de paysans différents ont été identifiés au sein du réseau. Le paysan signe la charte dans laquelle il ou elle se retrouve le plus. Les signataires de la charte "Paysans de nature" se sont installés pour assurer en priorité une fonction de gestionnaire d'espace naturel, de conservation et de restauration de milieux naturels, tout en produisant des denrées alimentaires et recherchant la rentabilité de leur activité. Ceux signataires de la charte "Paysans engagés pour la biodiversité" sont avant tout producteurs de denrées alimentaires, mais souhaitent s'engager pour favoriser la biodiversité sur leur ferme. Le projet politique de cette association est de n'exclure personne et d'aller toucher tous les publics. Les signataires sont représentés dans le conseil d'administration de l'association.

Paysans de nature recrée une passerelle entre des mondes souvent cloisonnés : paysan, naturaliste, citoyen-consommateur. Il instaure un dialogue entre les acteurs d'un territoire et fait le lien entre les questions d'alimentation, de biodiversité et d'installation agricole.

Passeurs de terres

- **2018** – Création de la SCIC Passeurs de terres
- **2019** – Agrément Esus (entreprise solidaire d'utilité sociale)
- **2020** – Première acquisition.
- 1 077 400 euros collectés entre 2018 et 2022
- 337 sociétaires
- 6 fermes coopératives : La Champenière, Les Roches, Launay, Les Quatre Vents, Le Bois Olive, Les fermes du Vignoble (avec Terres en vie).

En Pays de la Loire, l'association Terre de Liens est à l'origine de la société coopérative Passeurs de terres, un outil d'acquisition et de gestion de terres et de bâtiments agricoles en prise directe avec le territoire.

L'association régionale cherchait un outil qui soit capable de porter et de gérer des terres et du bâti agricole et d'habitation ; qui permette la transmission de ce bâti de façon équitable ; qui intègre les fermiers dans sa gouvernance et qui associe les acteurs locaux. Un outil qui réponde au plus près des besoins du territoire, empreint des luttes paysannes de l'Ouest de la France, avec un détachement de la paysannerie par rapport "au droit de propriété" des terres.

En 2018, la société coopérative d'intérêt collectif (SCIC[I]) Passeurs de terres est constituée, portée par Terre de Liens Pays de la Loire, plusieurs structures agricoles[II] et la LPO. La gouvernance inspirée de

[I] Une SCIC a pour objet "la production ou fourniture de biens et services d'intérêt collectif qui présentent un caractère d'utilité sociale".

[II] La Coordination agrobiologique des Pays de la Loire (CAB), les associations de développement agricole et rural Civam Pays de la Loire, l'association de comptabilité et gestion AFOCG 49/85.

l'exemple basque de Lurzaindia[1] associe paysans, habitants, associations, collectivités locales ; en instaurant le dialogue permanent pour la nature inspiré du système participatif de garantie de Nature et Progrès, Passeurs de terres suit la voie ouverte par Paysans de nature. Enfin, pour répondre à la problématique de gestion du bâti sur les fermes, Passeur de terres a recours au bail à domaine congéable. Ce bail ancien permet aux fermiers d'investir dans l'entretien et la réhabilitation du bâti agricole ou d'habitation en garantissant à celui qui transmet la capacité de retrouver le fruit de son travail.

"Passeurs de terres est une coopérative qui permet des achats solidaires, explique Élisabeth Guist'hau[48], administratrice Terre de Liens Pays de la Loire et également à Passeurs de terres. Les contributeurs citoyens donnent du sens à leur épargne en participant à l'achat collectif de terres avec des parts de 100 euros. Cette cause a du sens pour les citoyens, notamment par le lien à la terre en tant que bien commun." Au 31 décembre 2022, Passeurs de terres a depuis sa création collecté 1 077 400 euros auprès de citoyens pour permettre l'acquisition de fermes. En 2020, Passeurs de terres réalise une première acquisition : la ferme des Roches à Couëron (Loire-Atlantique). L'opération sur 32 hectares de terres, 1 500 mètres carrés de bâti technique plus une maison a pour but de préserver les terres et de pérenniser l'activité en élevage bovin et transformation laitière. Quatre autres collectes sont lancées en 2020. En 2022, la sixième acquisition, Les fermes du Vignoble à La Chapelle-Heulin, se concrétise à la suite d'un partenariat avec l'association Terres en vie qui travaille à la reprise de friches sur le territoire du vignoble nantais. Cette année-là, la SCIC est lauréate nationale du prix de l'Économie sociale et solidaire.

L'outil coopératif propose une gouvernance au plus près des territoires, avec un conseil d'administration composé de six collèges

[1] Voir "L'expérience basque : l'action collective pour préserver la terre agricole", p. 109.

pour 18 sièges. L'association régionale Terre de Liens dispose de la moitié des sièges. Parmi ces 9 sièges, 5 sont réservés à des bénévoles locaux de l'association qui sont proposés par les groupes départementaux. Les fermiers coopérateurs disposent de quatre sièges. Les partenaires, les contributeurs, les producteurs de biens et de services et les collectivités territoriales disposent chacun d'un siège. La dimension participative est centrale. Des groupes d'accompagnement locaux sont constitués autour des fermes. Le dialogue permanent pour la nature (DPN) implique paysans, naturalistes et habitants dans un échange autour de la biodiversité sauvage dans les fermes du réseau.

La coopérative Passeurs de terres vient compléter la "boîte à outils" de Terre de Liens Pays de la Loire. Le choix de la structure porteuse : foncière Terre de Liens, société civile immobilière (SCI) et groupement foncier agricole (GFA), société coopérative Passeurs de terres... revient au porteur de projet, aidé dans sa démarche par des salariés et bénévoles de l'association régionale. La relation entre les fermiers et la coopérative est régie par la signature d'une convention des usages. Celle-ci intègre le sujet de la biodiversité dans les fermes et la gestion des travaux sur le bâti. La mise à bail peut suivre la voie ouverte par Terre de Liens, avec la signature d'un bail rural environnemental. Une autre démarche possible est celle d'un bail à domaine congéable *(voir encadré)*.

Le bail à domaine congéable

Ce bail ancien, originaire de Bretagne, apporte les garanties habituelles au fermier (locataire), d'une durée longue et d'un loyer encadré par arrêté préfectoral. Il amène en plus une originalité sur la gestion des bâtiments. Le bail rural classique limite l'indemnisation du fermier à un amortissement sur 15 ans des investissements pour améliorations des bâtiments loués. Après 15 ans, le propriétaire ne doit aucune indemnité à son fermier, même si ce dernier a lourdement investi. Dans ce système, les fermiers ne sont pas encouragés à entretenir les bâtiments. Dans le bail à domaine congéable, lors de la mise à bail, les bâtiments sont vendus au fermier. À la fin du bail, ces bâtiments sont obligatoirement rachetés par le repreneur ou le propriétaire. Ceci permet au fermier d'être en responsabilité sur ses bâtiments et de valoriser les éventuelles améliorations qu'il y réalise, mais garantit aussi au propriétaire que l'unité entre les terres et les bâtiments perdurera au fil du temps.

Terres citoyennes albigeoises : construire la résilience alimentaire

Lescure-d'Albigeois, 4 500 habitants, au bord du Tarn et à 5 kilomètres d'Albi à vol d'oiseau. Au bord de l'ancien pays minier, le mouvement Terres citoyennes albigeoises prend racine dans la plaine. Ce collectif de citoyens s'organise afin de tisser la résilience alimentaire de son territoire. Mobilisant intelligence collective et autogestion, le groupe crée une association, puis une société coopérative pour l'achat du foncier et enfin une société d'exploitation agricole transitoire. Son but : recréer un pôle maraîcher en agriculture biologique dans une plaine historiquement maraîchère, devenue céréalière et urbanisée.

En 2017, un collectif de citoyens issus des mouvements des Incroyables Comestibles, des Villes en transition et du réseau des Amap du Tarn décide de mieux relier leurs initiatives vers la résilience alimentaire et crée l'association Albi ville comestible. Événements festifs et chantiers participatifs favorisent les rencontres des acteurs engagés en faveur d'une agriculture paysanne et citoyenne. Cette dynamique fait émerger l'enjeu majeur du foncier et de l'accès à la terre pour contribuer à construire la résilience alimentaire locale. S'y ajoute le défi de la transmission des fermes et de leur transformation. Un diagnostic agricole réalisé pour la révision du Plan local d'urbanisme intercommunal (PLUI) souligne que dans l'Albigeois 2 agriculteurs sur 3 n'ont pas de succession assurée.

En 2019, Marion et August, un couple de jeunes maraîchers, met à disposition de l'association un lieu sur leur ferme, la grange du Serayol. L'association prend le nom de Terres citoyennes albigeoises. Fin 2019, le projet de créer une foncière naît à la suite d'une rencontre avec un agriculteur de la plaine de Lescure ayant vendu une partie de ses terres aux maraîchers. Le cédant souhaite se séparer de l'ensemble de ses terres rapidement. L'association décide alors de se lancer dans l'acquisition collective de ces terres. Elle crée la société coopérative d'intérêt collectif SCIC-SA, qui obtient l'agrément Esus (entreprise solidaire d'utilité sociale). Le projet de pôle maraîcher émerge. Il prévoit des activités maraîchères et complémentaires (fruits, petit élevage), avec des conditions propices à l'installation : foncier en location, installation d'irrigation, mutualisation de bâtiments et de matériel, le tout à un prix le plus abordable possible. Afin de favoriser la biodiversité, le mouvement programme des chantiers collectifs de plantation de réseaux de haies. Situé sur une plaine proche de la ville, il s'insère dans le périmètre d'une zone d'aménagement différé de 138 hectares, qui a pour objet la protection de la vocation agricole et naturelle intégrée au PLUI.

En juin 2020, la SCIC fait appel à l'épargne citoyenne. Elle invite les acteurs du territoire à souscrire des parts sociales d'une valeur de 100 euros. Objectif : collecter 150 000 euros pour investir dans le développement du pôle maraîcher, pour le foncier, le système d'irrigation et la construction de bâtiment, matériel agricole. En septembre, la somme est réunie et 15 hectares achetés dans la plaine de Lescure, plus un hectare l'année suivante. En octobre 2020, le mouvement crée une société civile d'exploitation agricole (SCEA) pour gérer la transition entre l'acquisition et l'installation pérenne. Passer d'une plaine céréalière à un pôle maraîcher suppose en effet des travaux d'ampleur : "modifier les parcelles, installer un système d'irrigation, penser à la commercialisation… ça prend du temps". En avril 2021, la pépinière fruitière Sebtan devient fermière d'une première parcelle de la SCIC par la signature d'un bail rural environnemental. La SCIC lance chaque année une nouvelle campagne de souscription. Tout au long de l'année 2022, des chantiers participatifs permettent de construire un bâtiment agricole.

Pour nourrir le bassin de vie, constitué d'Albi et d'une ceinture d'une trentaine de kilomètres, le collectif fixe un cap[49] : "Il va être nécessaire d'engager une transition vers des systèmes agricoles et alimentaires plus durables, plus résilients, plus locaux. Les transmissions de fermes vont donc bien souvent devoir se doubler de restructurations, intégrant à la fois des changements de productions et de pratiques agricoles. Des montages financiers innovants vont également devoir être imaginés pour permettre l'installation de porteuses et porteurs de projets non issu·e·s du milieu agricole, ne disposant pas du capital pour acheter leur ferme. Le projet de Terres citoyennes albigeoises est de contribuer à répondre à ces défis pour « nourrir l'Albigeois demain »." Dans cet objectif, "le collectif souhaite associer les producteurs à la construction du projet agricole", précise Pascal, l'un des bénévoles.

Faire cohabiter producteurs et consommateurs

Les statuts de la SCIC comme ceux de l'association prévoient une place pour les citoyennes et citoyens, pour les paysannes et paysans, pour les organisations en faveur d'une agriculture paysanne, pour les collectivités… Le mouvement Terres citoyennes albigeoises tisse des liens avec de nombreux partenaires dans une logique de coopération. Des organisations ont souscrit des parts sociales de la SCIC : Nature et Progrès Tarn, le réseau des Amap et l'Adear du Tarn, la commune de Lescure-d'Albigeois. L'association a obtenu des subventions[1] dans le cadre d'appels à projets. L'association régionale Terre de Liens Midi-Pyrénées participe aux actions de veille foncière citoyenne.

Réunions mensuelles, ateliers collectifs et groupes de travail rythment le fonctionnement de l'association[50]. Les 16 groupes thématiques autogérés sont répartis en trois familles : activités foncières et paysannes (aménagement des terres, gestion transitoire, installations pérennes...), activités associatives et jardinières (mémoire du maraîchage, 48 heures de l'agriculture urbaine, jardins citoyens...) et activités support (organisation, communication, gestion).

C'est ainsi que le groupe "Installations pérennes" gère les demandes d'installations sur les terres et traite les dossiers, propose les accompagnements et les contrats qui régiront les installations, contribue à élaborer le projet agricole et de mutualisation sur les terres de Lescure.

Piloté exclusivement par des bénévoles aux multiples compétences, Terres citoyennes albigeoises associe des citoyens majoritairement non issus du milieu agricole, des paysans et des collectivités. Il montre comment un collectif peut s'emparer de questions complexes telles que le renouvellement des générations et la résilience alimentaire.

[1] L'État, la région Occitanie et la Fondation de France, les fondations Daniel et Nina Carasso, Léa Nature, Ekibio, et Terre de Liens.

La Terre en commun : préserver les terres du bocage de Notre-Dame-des-Landes

La Terre en commun

- **Janvier 2018** – Abandon du projet d'aéroport de Notre-Dame-des-Landes.
- **Octobre 2018** – Création du fonds de dotation la Terre en commun[51].
- **2019** – Rachat par le conseil départemental de Loire-Atlantique de près de 900 hectares (sur 1 425) de terres de la ZAD à l'État.
- **2019** – Début de la première campagne de collecte de fonds pour la Terre en commun.
- **2021** – Aucun achat réalisé. Négociations avec le conseil départemental, principal propriétaire des terres et du bâti que le fonds souhaite acquérir.
- **2022** – Le fonds de dotation devient propriétaire de l'auberge des Q de plomb et de la maison de la famille Herbin au Liminbout.

Notre-Dame-des-Landes, 2018. Au lendemain de l'abandon du projet d'aéroport, les membres du mouvement s'organisent pour l'avenir de la ZAD. Pour protéger les terres du bocage et pérenniser les usages agricoles et artisanaux collectifs nés de la lutte, ils montent un fonds de dotation[1] : la Terre en commun.

Qui a marché un jour dans le bocage de Notre-Dame-des-Landes garde une impression inoubliable de ce paysage remarquable, caractérisé par un maillage bocager d'une rare densité qui a protégé les

[1] Voir encadré "Le fonds de dotation", p. 83.

sols, l'eau, la biodiversité. Si nous pouvons aujourd'hui entrer en contact avec ce milieu préservé, riche en mares, prairies naturelles, haies connectées et essences diversifiées, qui abrite des milliers d'espèces animales, c'est d'abord parce que depuis la création de la zone d'aménagement différé en 1974, il n'a pas été l'objet de politique d'urbanisme ni de remembrement agricole. Et qu'ensuite, la zone vouée au bétonnage est restée cultivée du fait de la résistance des agriculteurs et agricultrices impactés "qui se sont battu·e·s dès les années 1970 pour que les terres ne tournent pas en friche[52]". Enfin, parce que cette résistance est devenue entre 2000 et 2017 une lutte menée sur une "zone à défendre" et un lieu d'expérimentation des communs. On a en quelque sorte une capsule temporelle d'avant ce grand bouleversement des années 1970-1980, au cours duquel les prairies permanentes ont été retournées et 1,4 million de kilomètres de haies ont disparu.

L'Association pour un avenir commun dans le bocage a réalisé un diagnostic[53] qui souligne la relation entre pratiques agricoles extensives et biodiversité dans cette zone humide en tête de bassins versants. "Le paysage est structuré essentiellement par le maillage bocager et le réseau hydrographique tous deux remarquables. (...) Historiquement, de nombreuses parcelles ont été conduites en élevage extensif, notamment bovin, entraînant la conservation de nombreux milieux oligotrophes, c'est-à-dire pauvres en éléments nutritifs disponibles pour les plantes. Ces milieux, qui accueillent une grande diversité d'espèces spécifiques, sont devenus rares en France depuis l'intensification quasi généralisée de l'agriculture." Le bocage de Notre-Dame-des-Landes est entré dans une nouvelle histoire depuis l'abandon du projet d'aéroport. Celles et ceux qui se sont battus contre ce projet réfléchissaient dès 2015[54] à l'avenir des terres. Ils anticipent en publiant "Les 6 points pour l'avenir de la ZAD[55]", qui posent "les bases communes nécessaires pour se projeter sur la ZAD une fois le projet d'aéroport définitivement enterré". L'action collective est guidée par des principes d'autodétermination. Le souhait que ces terres aillent à de nouvelles installations, le désir de préserver la diversité à la fois des formes de vie, des pratiques agroécologiques et des formes d'habitat autoconstruit et la volonté de continuer à cultiver l'accueil et les pratiques solidaires et créatives sont posés. Le mouvement imagine une solution inspirée des pratiques d'autogestion pendant la lutte, avec une entité qui serait l'interface avec les institutions et gérerait la mise à disposition des terres aux différentes formes d'agriculture. L'État refuse la proposition. "C'est pour se donner la possibilité de pérenniser l'expérience qui s'est développée au travers de la lutte contre l'aéroport que nous avons décidé d'acquérir les terres, les forêts et le bâti[56]."

D'une "zone à défendre" à un projet pérenne

Le projet actuel se situe dans la continuité d'un mouvement qui s'est toujours engagé pour l'usage des terres, me rappelle-t-on : "Les agriculteurs en place se sont toujours battus pour l'installation et le maintien de l'usage des terres. Depuis 2007, le mouvement d'occupation, avec le soutien d'agriculteurs a pris en charge l'usage des terres libres, en commençant par du jardinage pour arriver en 2018 à 150 hectares en production animale et végétale au service de la communauté. L'objectif était d'occuper les terres et le bocage contre le projet d'aéroport tout en sauvant le bocage et la biodiversité (sans oublier de multiples autres formes de lutte allant des procédures juridiques au sabotage). Ainsi, le mouvement se sentait légitime en 2018 pour poursuivre et développer la valorisation des terres et bois sauvés du béton."

Un fonds de dotation et une assemblée des usages

En quête d'un outil, le mouvement opte pour la création d'un fonds de dotation, qui apparaît comme la forme la plus appropriée pour privilégier la propriété collective. Non sans débats et désaccords. Un porteur de projet explique que "c'était la moins pire des options que nous avions pour garantir les communs". Le fonds de dotation la Terre en commun est constitué fin 2018, avec pour objectifs d'acquérir des terres et du bâti de manière collective sur la ZAD tout en les sortant de la propriété privée. Le cap est fixé : "Un fonds de dotation au service du commun pour des projets allant dans le sens d'une protection de la biodiversité, du maintien et de la promotion de l'agriculture paysanne et d'un soutien aux projets défendant les valeurs d'utilité sociale et de solidarité[57]."

L'"assemblée des usages" est le principal organe de discussion et de prise de décisions concernant les choix nécessaires pour la vie et les activités de la ZAD, notamment celles concernant les orientations du fonds de dotation. Elle s'assure que les membres du conseil d'administration soient bien représentatifs de la diversité du mouvement, qui rassemble des agriculteurs, occupants, naturalistes, membres des associations, etc. Une des bases politiques du CA est donc de suivre les grandes orientations décidées en assemblée. Le CA est épaulé dans la gestion quotidienne du fonds par une dizaine de personnes mandatées par l'assemblée des usages. Toutes les tâches sont réalisées bénévolement. Un comité consultatif réunit des personnalités extérieures au fonds qui en valident ou critiquent les orientations économiques.

Une première collecte et des projets en suspens

La Terre en commun démarre une campagne de collecte en 2019. Et une délégation du mouvement entame des négociations "longues et laborieuses" avec le conseil départemental de Loire-Atlantique. À cette période, l'État rétrocède au conseil départemental 895 hectares de terres, sur les 1 425 hectares du périmètre de la ZAD. Cependant, le projet d'acquisition ne se concrétise pas. Le conseil départemental ne souhaite pour l'instant pas vendre ces terres au mouvement. "Il veut rester propriétaire et nous louer le bâti qu'on a nous-mêmes construit, c'est incohérent", selon un habitant. La Terre en commun est accompagnée par des organisations actives sur la question de la propriété d'usage comme le fonds de dotation Antidote, la SCIC Passeurs de terres ou encore la SCTL des Terres du Larzac.

En 2022, le mouvement célèbre la première acquisition de bâtiments. Qu'en est-il des terres ? En 2023, les négociations se poursuivent, m'informent mes interlocuteurs, qui précisent que "le conseil départemental de Loire-Atlantique a reloué aux paysans historiques les terres qu'ils exploitaient et loue environ 400 hectares aux agriculteurs issus du mouvement d'occupation. Il s'y pratique une agriculture paysanne et biologique. Le conseil départemental veut garder la main sur cette expérience sur le long terme et ne veut donc pas vendre de terres ni de bâtiments au fonds de dotation. La situation est toujours compliquée : bâtiments et maisons en mauvais état, non viabilisés, voire détruits et constructions nouvelles par le mouvement. Cependant des négociations sont toujours en cours et des ventes seraient envisageables". Le fonds de dotation envisage aussi d'acheter des terres ou bâtiments auprès de propriétaires privés.

La foncière Antidote, un fonds de dotation pour un archipel de lieux

La foncière Antidote[58] se présente comme une organisation animée par la question des communs. À partir de 2012, des collectifs paysans de plusieurs régions de France se rencontrent. Ces collectifs s'intéressent à la propriété foncière, cherchent des alternatives aux modèles dominants. "Le fonds de dotation nous est alors apparu comme un possible « antidote » à cette maladie du compte et de la division qui touche les installations collectives. En effet, dans un fonds de dotation, il ne peut y avoir de part. On ne peut que lui donner (de l'argent, des biens meubles et immeubles) sans contrepartie… Nous voulions un Commun. Ainsi est né Antidote."

Créé en 2019, le fonds de dotation est géré par une association fondatrice : les Passagères de l'usage. Celle-ci est pilotée par une assemblée nommée conseil communal dans laquelle les décisions sont prises au consensus.

Les Passagères de l'usage fédèrent différents collectifs, chacun regroupés dans des "associations des lieux". Ces associations décident de la répartition des usages de ces lieux (entre des individus ou d'autres structures). Elles participent également au bon fonctionnement des Passagères de l'usage, par l'intermédiaire de délégués, et ainsi au pilotage de la foncière Antidote. Enfin, dans certains cas, elles peuvent acquérir les lieux qu'elles gèrent avant d'en transférer la propriété à la foncière Antidote (lorsque ces achats nécessitent des emprunts, des ventes à terme, etc. puisque la foncière Antidote s'interdit d'avoir des dettes). "Concrètement, une fois que la foncière est propriétaire, elle cède à une association des droits très élargis par des baux emphytéotiques, au profit des usagers", explique Nicolas, l'un des fondateurs, interviewé par la revue *Socialter*[59].

L'intention des fondateurs est de "soutenir l'émergence d'espaces favorisant l'autonomie politique et matérielle où il devient possible de redéfinir d'autres rapports sociaux", en "diluant la propriété foncière de divers lieux dans une structure commune" et cela pour "séparer la propriété de l'usage".

Début 2023, six collectifs ont intégré les Passagères de l'usage. Parmi eux, les Communs de la Marinie, dans le Nord de l'Aveyron, s'installent sur 27 hectares de terres agricoles autour d'un fournil, d'une salle commune, d'une savonnerie et d'une habitation. Dans le quartier des Trois Maisons à Nancy, le collectif Ancrage prévoit d'acquérir un immeuble pour installer trois logements, un atelier d'imprimerie, une bibliothèque et un espace d'éducation populaire. Dans le Lot, l'association La Talvère acquiert des bâtiments voisins d'une ferme Terre de Liens, les Graines de Clayrac, et ouvre un lieu collectif et autogéré, en partenariat avec les fermiers.

La foncière Antidote s'implique aussi dans la constitution d'un imaginaire politique : un livre issu de ses travaux, *Habiter sans posséder*, est publié. En 2021, elle invite la juriste Sarah Vanuxem[60] et la philosophe Isabelle Stengers à intervenir sur la gouvernance des communs. Sarah Vanuxem rapproche l'archipel de lieux de la foncière Antidote des anciens communs, tels les communaux, et des lieux qui s'appartiennent eux-mêmes. Elle analyse l'organisation et la gouvernance d'Antidote au prisme des huit grandes conditions énoncées par Elinor Ostrom[1] dans son ouvrage majeur, *La Gouvernance des biens communs*. "Les communs qui durent sont ceux qui remplissent ces conditions. Et il semblerait que chacune de ces conditions, vous les remplissiez." Isabelle Stengers[61], autrice de *Réactiver le sens commun*[62], rappelle qu'elle a appris à "penser que la modernité doit s'envisager sur fond d'une destruction de pratiques de vivre ensemble et de faire culture, qui perdure aujourd'hui au nom des nécessités de l'économie". La philosophe salue la démarche des fondateurs de la foncière Antidote. "Aujourd'hui, il y a des paysans et des paysannes qui essaient d'échapper à l'agriculture industrielle, de créer des collectifs de savoir et d'entraide afin de recréer une agriculture durable (...) Ils savent qu'ils ne pourront pas le faire isolément, et se présentent comme paysans-chercheurs (...) Je dirais que les membres de la foncière Antidote sont également des chercheurs d'aujourd'hui. Et leur recherche répond à ce nom qu'ils ont trouvé : chercher des antidotes aux poisons de ce milieu qui est le nôtre. À ces poisons qui viennent à la fois de l'extérieur, comme la question des droits de propriété, mais aussi à ce qui nous empoisonne nous-mêmes. Il s'agit bien de guérir, de créer des contrepoisons. Mais on ne guérit pas de manière générale. Le point de départ est toujours situé, la guérison est toujours une transformation."

[1] Voir "Les conditions pour une gestion collective des communs", p. 257.

Sous des formes juridiques diverses, la propriété collective citoyenne permet des installations et des maintiens de fermes en agriculture biologique et paysanne dans des territoires différents. Ces initiatives partagent la vision de la terre comme un bien commun. Elles voient dans la ruralité des champs de possibles. Elles relient paysans, habitants, associations, élus, etc. Elles forment un archipel dense, dont les îlots sont répartis dans toutes les régions. Elles se développent dans un contexte agricole en mutation, où la concentration des terres et la disparition des fermes accompagnent une mainmise agro-industrielle sur les moyens de production. Elles répondent au souhait d'Edgard Pisani : "L'agriculture doit respecter la nature. Les agriculteurs doivent l'entretenir. La production n'est plus leur seule activité. Ils accomplissent désormais des tâches d'intérêt général qui concernent l'environnement et l'animation de la société rurale[63]."

Ces initiatives nombreuses, foisonnantes, sont-elles condamnées à rester minoritaires ? Les crises sociales, écologiques et climatiques ravivent les enjeux d'alimentation et de santé. Ces enjeux seront-ils des leviers pour assurer le renouvellement des générations et la mutation vers une agriculture du futur responsable ? La réponse n'est pas technique, mais politique. "L'agriculture ne peut rien sans le pouvoir politique", disait aussi Pisani.

PARTIE 3

SCÉNARIOS POUR UNE DÉCENNIE DÉCISIVE

Dans *Nourrir l'humanité*[1], l'écrivain de science-fiction Liu Cixin imagine une terre bis, où vit une humanité bis, technologiquement très en avance par rapport à nous. Parvenue au stade ultime du libéralisme, cette société est dominée par un seul et unique propriétaire qui possède l'intégralité des ressources : terres, rivières, industries et jusqu'à l'atmosphère. Toutes les tâches productives mais aussi de surveillance etc. sont entièrement assumées par l'intelligence artificielle et les compétences humaines sont devenues obsolètes. Ingénieurs, cultivateurs, ouvriers, etc. sont alors des bouches inutiles, tout comme les enfants et les aînés. Confinée en sous-sol, la population a interdiction de paraître à la surface. Elle doit payer non seulement la nourriture, mais aussi l'oxygène qu'elle respire… Jusqu'au jour où le propriétaire s'en débarrasse en l'envoyant coloniser notre planète, dominée par treize multimilliardaires. Dans cette nouvelle, l'écrivain chinois pousse au paroxysme une société fondée sur la loi de propriété privée exclusive et la "libre concurrence".

La série BD *Résilience*[2] d'Augustin Lebon nous projette en 2068. L'Europe est devenue un vaste désert agricole. La puissante multinationale Diosynta exploite 90 % des terres et son armée, les FSI (Forces de sécurité intérieure), fait implacablement respecter ses droits de propriété. Pour lutter contre la famine et cette hégémonie totalitaire, un vaste réseau clandestin baptisé la Résilience diffuse des semences et des idées libres. Inspirée de la ZAD de Notre-Dame-des-Landes et de la concentration agro-industrielle à l'œuvre, cette série d'aventures projette le lecteur dans un futur proche.

Ces deux récits dépeignent une société humaine profondément inégalitaire, où la concentration des pouvoirs et des terres entre les mains d'une oligarchie se maintient par la violence. Pure fiction, certes. Et pourtant, force est de constater que ces récits dystopiques s'appuient sur des tendances montantes.

L'agriculture du futur, un choix d'aujourd'hui

Nous sommes entrés dans une décennie décisive pour l'agriculture, en France mais aussi en Europe. Pour l'humanité, parce qu'en raison de notre modèle de développement fondé sur le mythe d'une croissance infinie, nous avons dépassé les limites physiques de la Terre. Les scénarios de notre avenir se décident maintenant.

Continuer sur la même lancée, mais pour aller où ? Vers toujours moins de paysans et une "troisième révolution agricole, numérique, robotique, génétique", comme le chef de l'État s'y est engagé fin 2021 ?

Bifurquer, mais comment ? Si l'objectif est que la terre soit préservée et partagée, s'il s'agit d'installer en nombre des paysans, quelles sont les conditions sociales et politiques pour y parvenir ? Comment penser le changement et quels sont les nouveaux repères pour ce faire ? Comment passer de l'expérimentation à une transformation de notre modèle agricole ? Comment enfin peser sur l'action publique ?

1

CONTINUER, POUR ALLER OÙ ?

Les chiffres ne mentent pas

Le recensement agricole 2020 : agrandissement et diminutions

Décembre 2021. Julien Denormandie, ministre de l'Agriculture et de l'Alimentation, présente les premiers résultats du recensement agricole 2020. Cette opération décennale[1] permet de brosser le portrait de l'agriculture française et de son évolution depuis 1970. "C'est un modèle agricole de qualité, à taille humaine et familial qui se dessine", selon le discours officiel qui trace un tableau rassurant. Le ministre souligne que la surface moyenne par exploitation de 69 hectares reste modérée "en comparaison d'autres homologues européens et surtout avec d'autres modèles d'agriculture (332 hectares en moyenne au Canada et 178 hectares aux États-Unis)". Mi-2022, la publication des chiffres définitifs sur le site officiel du ministère, Agreste, offre une photographie plus précise de l'agriculture française et de ses tendances. Intéressons-nous aux principaux indicateurs que sont la superficie agricole utilisée, la superficie moyenne, l'évolution du nombre d'exploitations, l'âge des exploitants agricoles et l'emploi[I].

La superficie agricole utilisée (SAU) diminue, avec des fermes de plus en plus grandes

En 2020, l'agriculture occupe 269 000 kilomètres carrés de l'espace français. En métropole, cela représente moins de 49 % du territoire, contre 54,4 % en 1970. Depuis 2010, la SAU est passée sous la barre des 50 % du territoire. Grandes cultures (36 %) et élevage de bovins (33 %) occupent les deux tiers de la surface agricole totale.

La taille moyenne des exploitations augmente toujours au même rythme. En 2020, elle s'élève en métropole à 69 hectares, contre 55 en 2010. Elle était seulement de 19 hectares en 1970. Cette moyenne occulte des évolutions opposées entre les plus petites et les plus grandes exploitations. Celles de 100 hectares et plus sont de plus

[1] Réalisée entre le 1er octobre 2020 et le 15 mai 2021.

en plus nombreuses : plus de 100 000 en 2020, soit un quart du total, contre 2 % (moins de 20 000) il y a 50 ans. À l'inverse, si les exploitations de moins de 50 hectares sont toujours majoritaires, elles diminuent à un rythme accéléré. Les plus petites (moins de 20 hectares) concentrent les deux tiers de la diminution totale.

À noter : la SAU peut aussi s'avérer nulle. C'est le cas pour 5 311 exploitations, où seuls les bâtiments servent à la production agricole : aviculture, élevage de porcs, autres.

Un nombre d'exploitations en baisse

En 2020, la France compte 416 400 exploitations agricoles. En métropole, elles sont 390 000. C'est 100 000 de moins en 10 ans, soit une baisse de 20 %. C'est dans les élevages bovins que la baisse est la plus prononcée : 63 000 exploitations ont disparu (– 30 % de cette catégorie).

Des exploitants agricoles de plus en plus âgés

En 2020, près de 500 000 producteurs dirigent les 390 000 exploitations agricoles de France métropolitaine. Ils sont en moyenne un peu plus âgés qu'en 2010 : 51,4 ans. Leur effectif a reculé de 18 % entre 2010 et 2020, pratiquement d'autant que le nombre d'exploitations. La moitié des fermes françaises est dirigée par des exploitants de 55 ans ou plus. Un peu moins d'un quart (24 %) est âgé de 55 à 60 ans, et plus d'un quart (27 %) est âgé de 61 ans et plus. Les moins de 40 ans ne sont que 14 % du total, et les femmes représentent un quart des exploitants.

L'emploi agricole : de moins en moins familial

En 2020, “758 300 personnes travaillent de façon permanente sur les exploitations agricoles en France métropolitaine, soit 208 000 de moins qu'en 2010. En ajoutant la main-d'œuvre saisonnière ou occasionnelle, le volume total d'emploi mobilisé par les exploitations est de 659 500 équivalents temps plein (ETP), en baisse de

11 % en 10 ans[2]". Parmi les effectifs permanents, si les chefs et coexploitants ainsi que les membres de leur famille assurent toujours la plus grande part du travail agricole, l'emploi non familial s'accroît, marquant la tendance vers une agriculture de salariat. En 2021, le Conseil général de l'alimentation, de l'agriculture et des espaces ruraux (CGAAER) a publié un état des lieux sur les nouvelles formes de travail en agriculture[3]. Il note que "de nouvelles formes de travail et relations au travail progressent fortement dans le secteur agricole depuis une dizaine d'années. Elles représentent à présent plus d'un tiers de l'emploi salarié des exploitations agricoles". Ainsi, les entreprises de travaux agricoles et les groupements d'employeurs emploient 105 000 équivalents temps plein.

Vers 200 000 exploitations agricoles ?

En mai 2021, alors que la campagne de recensement agricole se termine, et que bien sûr les chiffres ne sont pas encore établis, Arnaud Rousseau, premier vice-président de la FNSEA (il en devient président en 2023), est interviewé par la revue *Plein champ*[1]. Une question porte sur le renouvellement des générations. Extrait.

> *Quels sont vos objectifs en matière de renouvellement des générations ?*
> Arnaud Rousseau : Dans ce domaine, il faut se garder des discours péremptoires et idéologiques. Face au départ programmé des baby-boomers, si on arrive à remplacer un départ sur deux, ce sera un très bon résultat. Si on voit le verre à moitié plein, on se dira qu'on aura infléchi la courbe et ramené un certain nombre d'agriculteurs au métier. Si on le voit à moitié vide, on aura toujours moins d'agriculteurs. Mais il faut tenir compte de la réalité économique de notre secteur. Vous pouvez être passionné, attaché aux valeurs de l'agriculture et de la ruralité, à la vie et à la valeur patrimoniale de l'exploitation familiale, quand

[1] Le 10 mai 2021.

vous travaillez plus de 55 heures par semaine pour des revenus aussi faibles, l'attractivité du métier en prend un coup.

Le journal souligne cette vision "pragmatique". Le responsable syndical, par ailleurs président réélu de la puissante Fédération française des producteurs d'oléagineux et de protéagineux (FOP), vise donc de remplacer un agriculteur partant sur deux. C'est moins que le taux de remplacement actuel. Le syndicat majoritaire anticipe-t-il une agriculture française où ne subsisteraient que 200 000 grandes exploitations ? Sur quelle transformation de notre modèle agricole cette hypothèse repose-t-elle ?

Le scénario high-tech

2021 : Lancer la troisième révolution agricole "numérique, robotique, génétique"

Le 12 octobre 2021, le président de la République dévoile le plan "France 2030". Avec 30 milliards d'euros, ce plan doit permettre de rattraper le retard industriel français, d'investir massivement dans les technologies innovantes et de soutenir la transition écologique. Le plan prévoit 2 milliards d'euros pour mettre sur les rails une "troisième révolution agricole" après celles de la mécanisation puis de l'agrochimie au XXe siècle. Pour bâtir cette "alimentation saine, durable et traçable", Emmanuel Macron mise sur "le numérique, la robotique, la génétique".

Le même jour, Christiane Lambert, présidente de la FNSEA, abonde dans le même sens sur BFM TV[4]. "Le numérique, la robotique et la génétique sont la troisième révolution agricole." La robotique permettra de limiter la pénibilité et de remplacer la main-d'œuvre manquante, le numérique d'assurer une traçabilité parfaite de l'alimentation, la génétique de développer des plantes résilientes pour s'adapter au changement climatique. Décarboner l'agriculture est un impératif. La journaliste qui mène l'interview s'inquiète : ces technologies ne sont-elles pas accessibles qu'aux plus gros agriculteurs ? "Il ne faut pas en faire un conflit gros/petit", assure la présidente du syndicat majoritaire.

Le lendemain, Julien Denormandie, à l'époque ministre de l'Agriculture et de l'Alimentation, bénéficie dans *La Tribune* d'une pleine page pour expliquer "Pourquoi il faut investir massivement dans la troisième révolution agricole[5]". Le ministre argue de la nécessité de cette révolution en raison de la hausse des importations : "Cela remet en cause notre souveraineté alimentaire et privilégie trop souvent l'importation de produits de moins bonne qualité." Conformément aux vœux d'Emmanuel Macron, cette révolution "du vivant et de la connaissance" doit s'appuyer sur le high-tech. Le maître mot : innovation, est répété comme un mantra. Extrait : "Les innovations se développent en France ou existent d'ores et déjà grâce à un écosystème d'acteurs innovants, dynamiques et audacieux. Ces innovations permettent de sortir d'impasses techniques, auxquelles nous sommes encore trop souvent confrontés. D'associer création de valeur environnementale et économique. De faciliter le travail de nos agriculteurs, de mieux préserver nos ressources, de limiter les émissions carbone, tout en augmentant la qualité nutritionnelle de nos productions grâce à l'innovation dans nos chaînes alimentaires."

En réalité, cette révolution de la connaissance et du vivant est déjà engagée, souligne le ministre, qui entrevoit un avenir radieux, à condition "d'investir massivement et sans attendre pour accompagner nos agricultures dans cette direction". Le site ministériel précise qu'il s'agit d'accélérer la transition écologique et de répondre aux besoins alimentaires de demain. Comment ? "Le numérique est un pilier de cette troisième révolution agricole. Il s'ajoute à l'agrirobotique, à la sélection variétale et au biocontrôle." Le numérique "apporte des réponses aux grands enjeux : résilience économique ; adaptation au changement climatique ; atténuation des émissions de gaz à effet de serre ; prévention et gestion des épidémies animales avec un effet potentiel sur la santé humaine". Les solutions numériques existent déjà : robots agricoles, capteurs, drones, stations météo, reconnaissance d'images, intelligence artificielle, outils d'aide à la décision, etc. "Leur déploiement et leur amélioration continue sont désormais les enjeux essentiels."

Des actions concrètes sont engagées pour répondre à la feuille de route gouvernementale : déploiement de "conseillers numériques" au sein du conseil agricole[1], élaboration d'un livre blanc sur les enjeux du numérique, création d'une plateforme d'échanges sécurisés et tracés de données agricoles... Sans oublier des expérimentations sur la sécurité des véhicules agricoles autonomes et la modernisation du système de traçabilité des animaux.

Salon international de l'agriculture, 2022

Du 26 février au 6 mars, après deux années de confinement dû à la pandémie, "l'édition des retrouvailles" attend 600 000 visiteurs. La guerre en Ukraine vient de démarrer, nous sommes à la veille de l'élection présidentielle. Et une troisième révolution agricole, numérique, robotique, génétique, est en marche. Le 28 février 2022, le ministre de l'Agriculture et de l'Alimentation, accompagné du secrétaire d'État chargé de la Transition numérique, présente la feuille de route du gouvernement pour "le déploiement de l'innovation et du numérique en agriculture, de la formation à la gestion et au partage des données, en passant par le soutien aux start-up de « l'AgriTech »".

[1] Le Système de conseil agricole (SCA) permet à tout agriculteur qui le souhaite de recevoir un conseil en matière de gestion des terres et des exploitations, en particulier sur la mise en œuvre de la conditionnalité des aides de la PAC. Des réseaux regroupant un ou plusieurs organismes de conseil sont habilités en régions par les Draaf/Daaf pour dispenser cette prestation de conseil, de façon individuelle ou collective. Le réseau habilité est autorisé à délivrer des attestations de certification environnementale de niveau 1, utiles pour les certifications environnementales des niveaux 2 et 3 (HVE).

J'avoue ne pas avoir lu le dossier de presse à ce sujet lorsque, le 1er mars, je me rends au salon pour la conférence que Terre de Liens organise afin de présenter son rapport sur l'état des terres agricoles[1]. C'est la première fois que je me rends à ce grand rendez-vous annuel entre l'agriculture et le grand public.

Il n'est pas encore 9 h 30 et déjà la foule afflue porte de Versailles. Contrôle du passe vaccinal, contrôle du sac, palpation corporelle, contrôle du billet. Me voilà entrée. Après la conférence, je me rends au pavillon 4, celui des institutions. Ni équidés, ni bovins, ni gastronomie régionale sur les deux hectares du pavillon 4. Les stands représentent des organismes nationaux : techniques, commerciaux, syndicaux ou politiques. Pour que les familles s'y retrouvent, on a installé une ferme pédagogique. Mais la plupart des visiteurs sont ici des professionnels.

Je m'éloigne du stand noir et blanc, sans logos, sur lequel 35 organisations d'agriculture paysanne se sont regroupées. Elles militent pour une autre PAC, le développement d'activités en milieu rural, l'installation de jeunes non issus du milieu agricole, l'autonomie des fermes, l'agroécologie… Je déambule dans les allées, encore absorbée par la question des terres agricoles. Elle fait partie des fondamentaux de l'agriculture, je vais certainement trouver à qui parler dans ce salon qui lui est dédié.

Je m'arrête au stand de la Safer. Un responsable régional répond volontiers à mes questions. Que pense-t-il de la loi Sempastous ? Insuffisante, certes, mais elle constitue un premier maillon indispensable. Puis il confie qu'il attend une grande loi foncière. "On l'a dit au syndicat… C'est un moment crucial. L'avenir de notre modèle est en jeu." Mon interlocuteur avoue être inquiet du développement "d'exploitations de papier" qui en réalité délèguent intégralement leurs travaux, mais aussi de holdings qui dirigent plusieurs exploitations. En 2020[6], les Safer ont acquis 11 200 biens

[1] Voir "Rapport sur l'état des terres agricoles en France", p. 199.

du marché rural (biens agricoles et forestiers) pour 1,53 milliard d'euros, ce qui représente une superficie totale de 98 200 hectares. Un quart des opérations réalisées et un tiers des surfaces (près de 34 000 hectares) ont été consacrés à l'installation et à la consolidation d'agriculteurs récemment installés, dont 1 400 opérations en faveur d'une première installation. Ces nouveaux installés sont pour 68 % hors cadre familial. Du côté du marché sociétaire, elles ont reçu 6 880 notifications de cessions de parts sociales concernant 4 980 sociétés, pour une valeur de 1,35 milliard d'euros.

Je lis ces chiffres dans un espace saturé de messages visuels et sonores. De bannières en logos, d'écrans en annonces, peu à peu je sature moi aussi. J'erre dans les allées qui regorgent de solutions variées, mais très éloignées des questions que je me pose. Dans le pavillon 4, l'agriculture high-tech règne. Partout, une profusion d'applications, de plateformes, d'objets connectés et de services répond à une volonté politique d'innovation technologique. L'agriculture dominante ne se définit plus comme conventionnelle, mais se proclame l'agriculture du futur. Quel sera son visage ?

Il y a foule sur le stand Acta, tête de réseau des instituts techniques agricole (ITA). C'est l'heure d'une conférence sur le *carbon farming*[I]. On parle collecteurs de données, gestion, certification et revenus associés… Il est question de label bas carbone[II], de leviers

[I] "Culture du carbone" : ensemble de méthodes agricoles qui permettent de fixer cet élément dans les sols. L'Union européenne souhaite mettre en place fin 2022 une réglementation de certification des absorptions de carbone.

[II] Le label bas carbone, lancé par le gouvernement en 2019, permet de certifier des projets de réduction d'émissions de gaz à effet de serre et de séquestration carbone dans tous les secteurs (forêt, agriculture, transport, bâtiment, déchets, etc.) et de les valoriser économiquement. L'agriculture peut s'engager dans le label bas carbone notamment en augmentant la matière organique des sols par différentes techniques agronomiques (agroécologie, agriculture de conservation). Les exploitations pourront être accompagnées financièrement dans leurs projets certifiés label bas carbone par les entreprises ou collectivités locales qui souhaitent compenser leurs émissions de CO_2 grâce à des "crédits carbone".

de stockage et de mesure de l'évolution du carbone organique dans le sol. C'est le prochain marché : celui de la captation du carbone. L'immense et discret stand Yara, vendeur d'engrais, vante "l'agriculture digitale de précision" et des solutions bas carbone.

Au centre du pavillon 4 trône un imposant stand circulaire : celui de la FNSEA et des JA. Il est entouré d'un côté de la Safer, de l'autre du stand aux lignes épurées de l'Inrae, entièrement dédié à l'eau, ressource vitale objet de tensions croissantes.

Un vaste carré très éclairé attire le chaland : bienvenue à la Ferme digitale[1], dans l'espace "Agri 4.0". Cette "ombrelle" rassemble des start-up qui promettent des lendemains à l'abri du changement climatique, de l'eau comme il faut, des sols labellisés capteurs de carbone, des ruches intelligentes, et des vaches connectées.

Juste en face de la Ferme digitale, un vaste espace avec écran géant et plateau télévisé s'adosse au mur. C'est celui du ministère de l'Agriculture. Pour répondre à l'enjeu du renouvellement des générations, le ministère a investi en 2021-2022 dans une campagne multimédia #EntrepreneursDuVivant, "Agriculture, agroalimentaire, paysage, forêt, aquaculture, pêche, des milliers d'emplois sont à pourvoir"... Site internet dédié, mobilisation de youtubeurs influents et de web TV... La campagne permet d'accéder à des formations et des offres d'emploi. La dernière phase coïncide avec le salon 2022. "Après deux premières phases de communication 360° (TV, presse, réseaux sociaux), elle se tourne à présent vers des dispositifs immersifs et les médias d'influence pour valoriser les formations et les métiers du vivant auprès des plus jeunes." Promoteur de la troisième révolution agricole, le stand met en valeur la "FoodTech" et la "French AgriTech". Ces "secteurs de pointe font de la France un leader mondial de l'innovation en agriculture".

[1] La Ferme digitale est une association loi 1901 qui a pour objectif de promouvoir l'innovation et le numérique en agriculture – https://www.lafermedigitale.fr

Start-up et fermes intelligentes

Lancé en 2021, le label "French AgriTech" se traduit par deux appels à projets, pour 2021 et 2022, dotés de 200 millions d'euros.

Les 22 lauréates dévoilées en juillet 2022[7] sont installées en Occitanie, Hauts-de-France, Bretagne, Pays de la Loire, Île-de-France, Nouvelle-Aquitaine, Auvergne-Rhône-Alpes et Provence-Alpes-Côte d'Azur. Ces start-up ont été sélectionnées notamment sur leur capacité à déployer leur projet rapidement et à grande échelle en France et/ou à l'international. Curieuse de les découvrir, je me rends sur leurs sites. La mosaïque d'ingénierie de solutions proposées me projette dans un univers insoupçonné. Limiter le gaspillage par la fermentation, revitaliser les sols, valoriser des coquilles d'œufs, encapsuler des micro-organismes fertilisants, insecticides ou fongicides, réduire le stress hydrique du maïs ou encore recycler l'urine humaine… Ces entreprises dont le nom voit souvent l'avenir en vert regorgent de solutions.

Agreenculture, société immatriculée à Toulouse, conçoit, développe et produit des solutions autonomes pour le monde agricole. Sa promesse ? "Une agriculture connectée pour élargir le champ des possibles, robotique de pointe pour le *smart farming*." Parmi ses produits, le robot autonome Ceol travaille "sans pause et sans nécessiter de supervision humaine. Ainsi, une journée de huit heures de conduite d'un tracteur devient une heure de gestion de Ceol. L'objectif est de dégager du temps à l'agriculteur pour qu'il puisse se concentrer sur des tâches à plus forte valeur ajoutée". Le Phenobox, "outil de phénotypage pour la sélection variétale", se présente comme une "solution pour accompagner les sélectionneurs", et effectue "grâce à des process standardisés (…) des comparaisons uniformes entre les semences et les fruits". Autre société occitane, Naïo Technologies est spécialiste des robots agricoles depuis 2011. À destination des agriculteurs et viticulteurs, ces robots "100 % électriques et légers favorisent une agriculture saine et respectueuse de l'environnement et des sols". Sur son site, des utilisateurs témoignent. Un maraîcher applaudit : "En quatre heures, Oz abat un travail qu'une personne réaliserait normalement en deux jours !"

Sencrop, dans les Hauts-de-France, propose "des stations météo de précision connectées à une application météo collaborative", afin d'anticiper les risques climatiques et ceux liés aux maladies et ravageurs. Capteurs et analyses aident à piloter efficacement l'irrigation.

En Bretagne, Agriloops est une ferme en aquaponie qui produit des gambas et des légumes frais. Elle élève des crustacés et des poissons dont les déjections servent d'engrais pour fertiliser les légumes. "Sans antibiotique, sans pesticide et sans sulfite, la production des aliments se fait de la façon la plus durable possible."

En Pays de la Loire, Green Impulse se consacre aux "biosolutions pour l'agriculture". Elle offre des alternatives aux fongicides et fertilisants conventionnels dans différents domaines : grandes cultures, horticulture, arboriculture, maraîchage. "Nos produits de biocontrôles agissent par deux modes d'action complémentaires, la stimulation des défenses naturelles chez la plante et l'inhibition de la croissance du pathogène", expose le site de la jeune société établie sur le Campus du végétal à Angers.

Depuis Sophia-Antipolis, Mycophyto s'inscrit dans la transition agroécologique et propose une alternative aux produits chimiques qui vise à augmenter les rendements et cultiver des produits sains respectueux et la santé des sols et des hommes. L'une des cofondatrices, Justine Lipuma, explique : "En sélectionnant la meilleure association possible de plantes et champignons microscopiques, il est possible d'augmenter la surface d'échange des plantes, ce qui maximise la production tout en protégeant les végétaux."

Que penser de ces innovations tous azimuts au-delà de leurs promesses et de leur langage souvent abscons ? Certaines paraissent intégrer une réelle approche agroécologique soucieuse des enjeux en matière de biodiversité... Comment éviter de jeter le bébé-éprouvette avec l'eau de la pipette ?

Peut-on croire aux promesses de la troisième révolution agricole ?

Été 2022. L'élection présidentielle a reconduit Emmanuel Macron à la présidence de la République. De retour chez moi, en Charente-Maritime, je repense aux multiples promesses que j'ai lues en marchant le long de la rivière à sec. Parmi les innovations promues, lesquelles dessinent le visage de l'agriculture du futur ? Le lien entre les agriculteurs et entre l'agriculteur et la terre doit-il transiter par Google ? La focalisation sur des solutions technologiques n'occulte-t-elle pas des questions fondamentales ? Cette vague numérique et technologique se déploie alors que la taille des exploitations ne cesse d'augmenter. Elle répond en priorité aux besoins de grandes exploitations. Elle s'adresse à une population formée et à l'aise avec les nouvelles technologies, alors que plus de la moitié des agriculteurs est proche de l'âge de la retraite. Rien, nulle part, ne dit que cette révolution favorise le maintien du nombre de fermes ni du nombre d'agriculteurs. Compte tenu des investissements nécessaires, on peut craindre plutôt un accroissement de l'endettement, relève Tanguy Martin : "Cette « technologisation » grignote toujours plus l'autonomie des paysans qui dépendent de machines qu'ils ne peuvent plus réparer seuls et qui les poussent à un endettement parfois plus long que leur carrière professionnelle (600 000 euros pour un robot de traite, 750 000 pour un pulvérisateur de précision), seules des firmes peuvent se payer ce matériel." Cette "révolution" pose aussi la question de l'énergie et de celle des matières premières... et avance discrètement des pions pour de nouveaux OGM. Fondée sur la croyance en la croissance à tout prix, elle apparaît hors sol. La biodiversité s'effondre. Durant l'été 2022, les incendies consument des milliers d'hectares dans toutes les régions. Les discours qui promettent une maîtrise de l'environnement semblent dérisoires. Ici, ailleurs, la sécheresse règne, les récoltes sont compromises, les cheptels souffrent et les agriculteurs endurent. Au bord du lit asséché de la rivière, je mesure notre fragilité commune et l'importance du chemin à parcourir. Le changement climatique n'est pas un argument de vente, il nous met au pied du mur pour changer notre façon de penser et d'habiter le monde.

"L'innovation n'est pas seulement technique"

Septembre 2022 : l'ex-ministre Julien Denormandie annonce qu'il va rejoindre une start-up et créer sa propre société de conseil. Nommé ministre de l'Agriculture et de la Souveraineté alimentaire, Marc Fesneau s'exprime devant les députés et annonce une loi d'orientation agricole pour 2023.

Il souligne : "Pendant les 10 dernières années, 100 000 exploitations ont disparu et dans les 10 prochaines années la moitié des agriculteurs seront en âge de prendre leur retraite. Ce sont donc plus de 200 000 hommes et femmes qui nous nourrissent dont l'activité pourrait cesser." Le ministre souhaite "bâtir avec le monde agricole un pacte de renouvellement et de confiance autour de quatre piliers : l'orientation et la formation, la transmission, l'installation et la transition et, enfin, l'adaptation au changement climatique". Avant de répondre aux questions des élus, le ministre annonce, dans le cadre du fonds "Entrepreneurs du vivant", une dotation de 400 millions pour soutenir les installations des jeunes. "Se pose également la question de l'accès au foncier et de la charge capitalistique, qui constituent autant de freins à l'installation des jeunes."

Il conclut sur la transition écologique et l'adaptation au changement climatique. S'il inscrit son action dans "la troisième révolution agricole", il ajoute cependant un bémol : "Notre agriculture pourra notamment s'appuyer sur la sélection variétale, le biocontrôle, la robotique et le numérique mais l'innovation, à mon sens, n'est pas seulement technique : elle touche également les pratiques, la formation et le modèle que nous voulons."

À l'heure de préparer une loi d'orientation agricole, le ministre pose le problème de l'accès à la terre et de la charge capitalistique, freins à l'installation des jeunes. Par ailleurs, il emploie un "nous" qui m'interroge : qu'englobe ce pronom ? À coup sûr, le président de la République et les représentants du monde agricole, ainsi que les élus auxquels il s'adresse. Mais jusqu'où ira son écoute des préconisations citoyennes ? Enfin, concernant ce "modèle que nous voulons", un ouvrage de François Purseigle et Bertrand Hervieu paru en octobre 2020 éclaire "une révolution indicible" en cours, avec le surgissement de nouvelles formes d'exploitations et l'effacement d'un modèle d'agriculture familiale.

Vers "une agriculture sans agriculteurs" ?

Avec un ouvrage au titre choc, *Une agriculture sans agriculteurs. La révolution indicible*[8], les sociologues François Purseigle et Bertrand Hervieu[1] appellent à la réflexion sur les multiples modèles agricoles. "La France se vit toujours comme un pays de petites et moyennes exploitations agricoles autonomes, exposent les auteurs. Ce modèle (...) vole en éclats, laissant place à des formes nouvelles et très diverses d'organisation du travail et du capital. La figure du couple exploitant ses terres (...) l'idée d'une immuable unicité paysanne, sont en train de s'effacer (...)" L'ouvrage décrit le surgissement récent de formes d'exploitation en France. Déléguées, intégrées, "clustérisées", en association... Exercées non plus par le seul agriculteur-chef d'exploitation et sa famille, ces façons de travailler impliquent un assemblage varié de sociétés, de nouveaux métiers, de salariés. Interviewé pour *Agra Presse*, François Purseigle[9] constate que l'entreprise se banalise, avec un outil de travail de moins en moins familial.

[1] François Purseigle est chercheur associé au Cevipof-Sciences Po ; professeur en sociologie, directeur du département de sciences économiques, sociales et de gestion de l'École nationale supérieure agronomique de Toulouse (INP-Ensat). Bertrand Hervieu est sociologue, ancien directeur de recherche au CNRS, ancien président de l'Inrae, inspecteur général de l'agriculture honoraire.

"Il y a une rupture fondamentale entre l'image de l'agriculture et ce qui est vécu par les agriculteurs eux-mêmes. (...) Toutefois, ces changements ouvrent la voie à des choses positives aussi." Ces changements sont des formes d'adaptation : "Les exploitations sont confrontées à deux types de défis, un défi interne : le renouvellement des générations, des actifs, le recrutement de main-d'œuvre. Et un défi externe, l'adaptation au changement climatique et les aléas du marché. Pour y faire face, ils cherchent à optimiser au mieux en adoptant une stratégie d'embauche, d'association ou de délégation. Ou les trois à la fois." Face à l'échéance du départ à la retraite de 50 % des agriculteurs, François Purseigle souligne : "On n'est pas face à un problème d'attractivité du métier, sauf dans certaines filières. (...) L'élément central de la transmission, c'est le décalage entre l'offre et la demande. (...) Or il y a un enjeu à rendre attractives des exploitations qui n'ont pas été pensées pour correspondre à ces projets (des nouveaux arrivants), y compris à des reprises par des enfants d'agriculteurs : c'est un problème générationnel, non sectoriel." Le sociologue conclut : "Ce qui est nouveau, c'est que les politiques et la profession ne s'accordent pas sur ce que le chef d'exploitation doit devenir. Il n'y a pas de consensus pour définir un modèle à la française. Une agriculture sans agriculteurs ne veut pas dire plus de production. Seulement, on ne sait pas quel sera le visage des producteurs demain. Et c'est ce qui contribue d'une certaine manière au malaise d'une partie de la profession."

François Purseigle estime que "les agricultures artisanales, patrimoniales et industrielles vont devoir cohabiter". Or, ces modèles sont en concurrence, ne serait-ce que pour l'accès à la terre. Et leurs empreintes écologiques et sociales ne se valent pas. La question est plutôt : quels modèles voulons-nous collectivement, et comment les favoriser ?

2

BIFURQUER, COMMENT ?

Verra-t-on un prochain Salon de l'agriculture où seront montrées fièrement les courbes ascendantes des nouveaux installés, des sols nourriciers et de la biodiversité en milieu agricole ? Où les savoirs paysans et agronomiques qui nous nourrissent tout en préservant la terre, l'eau, les milieux, les paysages auront leur place dans le pavillon des institutions ? Où les citoyens ne seront pas seulement invités comme consommateurs et badauds, mais comme acteurs des territoires ?

Les enjeux prioritaires d'accès à la terre et de renouvellement des générations ne pourront être efficacement relevés en continuant sur la voie économique qui favorise un système agro-industriel et nous mène à une impasse sociale et écologique. Le modèle d'exploitation familiale est remplacé à bas bruit par une agriculture de firme. Mais comment changer de voie ? Les aiguillages semblent rouillés, les freins ne fonctionnent pas. Si des jeunes à l'heure de s'engager choisissent de bifurquer individuellement, notre société dont est issu notre modèle agricole semble incapable d'y parvenir, en dépit des signaux d'alerte concordants.

Alors que nous sentons que notre monde vacille, quels sont les repères sur lesquels s'appuyer pour repenser notre relation à la terre et à l'agriculture ? Ces repères existent. Ils redonnent un horizon à notre société déboussolée, ils lui permettent de retrouver le sentiment d'une communauté de destins et de vie. Ils s'articulent autour de la pensée des communs. Comment gérer des ressources nécessaires à tous ? Ces nouveaux repères amènent à reconsidérer notre relation à la propriété de la terre.

Sur la base de ces principes, les archipels d'initiatives qui se développent, les groupes qui créent des solutions fondées sur la sobriété, la résilience et la préservation des ressources montrent des chemins possibles. Comme nous l'avons déjà vu, de multiples organisations s'investissent avec succès dans des formes de gestion collective des terres. Ces alternatives ont fait leurs preuves.

Mais quelles sont les conditions pour dépasser le stade de l'expérimentation ? La question des terres est éminemment politique. Quel chemin tracer pour enfin peser sur l'action publique ?

Vers de nouveaux repères

La terre, un commun ?

Les communs, une longue histoire

Dans *La Propriété de la terre*[1], la juriste Sarah Vanuxem rappelle que plusieurs façons de penser la propriété dans leur lien à la terre ont existé en droit français. Avant notre conception contemporaine, "celle d'une exclusive jouissance hors sol, développée à partir de 1980", que l'auteure nomme "doctrine renouvelée de la propriété", avant la théorie classique de la propriété, élaborée après l'adoption du Code civil de 1804 "autorisant la domination d'une terre immobilisée", le lien à la terre incluait des droits d'usage et la propriété collective. Par ailleurs, des éléments naturels sont même exclus du champ de la propriété : notre Code civil précise (art. 714) : "Il est des choses qui n'appartiennent à personne et dont l'usage est commun à tous. Des lois de police règlent la manière d'en jouir."

Dans le droit franc, rappelle la juriste, "la terre appartenait à la catégorie franque des choses pérennes et productives, offertes à la jouissance humaine et non susceptibles d'appropriation". L'ancien droit coutumier français, élaboré vers le Xe siècle, propose un système de propriétés simultanées, qui renvoie à une multiplicité de droits de propriété pour un même fonds de terre. Ces droits – au chaume, au bois, droit de pâture, de récolte, etc. – sont attribués à différents bénéficiaires, et précisent les périodes auxquelles ils s'exercent. "Cette première figure est celle des usages de la terre." Ce dispositif est nécessairement local.

Le droit coutumier aurait décliné avec la montée de l'individualisme puis via les enclosures[I] foncières au XVIIe siècle, avant de disparaître à la Révolution. Cependant, des formes de propriétés simultanées ont subsisté, observe Sarah Vanuxem. Elle remarque par ailleurs que la propriété ne s'oppose pas à la communauté et "la propriété collective concurrence la propriété privative au sein même du Code civil" : l'article 542 pose que "Les biens communaux sont ceux à la propriété ou au produit desquels les habitants d'une ou plusieurs communes ont un droit acquis". Il offre ainsi une forme de propriété collective reposant sur l'appartenance à une communauté d'habitants. C'est notamment encore le cas des biens sectionnaux[II] et des biens communaux du Marais poitevin. Situés dans la deuxième plus grande zone humide de France, les marais communaux sont des prairies naturelles humides conquises autrefois sur la mer, qui appartiennent aux habitants des communes. C'est aussi le cas des montagnes basques, patrimoine commun à tous les habitants, géré par des commissions syndicales de vallée.

La vision d'une propriété par essence privative et exclusive est beaucoup plus récente. Dans la doctrine contemporaine, "toute chose est ramenée à la condition d'objet matériel extérieur aux personnes (...) le droit de propriété ne signifie pas un droit d'accès à l'usage des choses, mais (...) un droit d'exclusion des autres". Sarah Vanuxem interroge cette vision désincarnée : "relation d'exclusivité avec une part abstraite du globe terrestre, la propriété foncière apparaît littéralement hors-sol".

L'analyse de Sarah Vanuxem amène le lecteur à s'interroger sur son propre rapport à cette notion. "Nous voudrions proposer une

[I] Cet anglicisme désigne d'abord le fait d'enclore un espace commun et qui se réfère à l'usurpation des biens communaux, en Angleterre dès le XVIIe siècle puis en France au XVIIIe siècle, au bénéfice de grands propriétaires privés.

[II] Une section de communes est toute partie d'une commune possédant à titre permanent et exclusif des biens (mobiliers ou immobiliers) ou des droits distincts (chasse, affouage, pâturage, etc.) de ceux de la commune. La loi n° 2013-428 du 27 mai 2013 modernisant le régime des sections de commune a facilité le transfert dans le patrimoine communal des biens sectionnaux.

vision de la propriété qui fasse directement écho aux usages de la terre et qui réponde aux exigences écologiques actuelles. En d'autres termes, nous aimerions (...) sur la base du droit civil français, proposer une figure propriétaire au soutien d'une politique écologique."

La juriste prolonge son exposé historique par une proposition innovante, qui renverse notre façon de voir : la propriété consiste moins à posséder qu'à habiter. Elle va chercher l'origine d'une conception de la propriété comme d'un rapport d'habitation dans la relation romaine entre *domus* (maison) et *dominus* (maître de maison) "qui donnerait son sens au *dominium* (pouvoir sur les choses) (...) Originellement, le *dominium* ne pourrait-il pas signifier, d'abord, le pouvoir d'habiter, avant celui de dominer ?"

Concevoir la propriété comme rapport d'habitation permet de renouer avec le système des propriétés simultanées et de retrouver le lien à la terre et à ses usages. En effet, il n'est plus question d'un pouvoir illimité, "mais d'un pouvoir nécessairement mesuré, de l'habiter". La propriété foncière est définie alors "tel un droit d'habiter la terre opposable à tous et conférant le droit d'en user, d'en récolter les fruits, et d'en disposer matériellement et juridiquement, mais dans le respect des lois et règlements".

Soucieuse de s'inscrire dans le droit existant, la juriste note que cette figure d'un "propriétaire-habitant" pourrait "intégrer pleinement les limites posées à l'article 544 du Code civil. Celles-ci apparaîtraient telles des règles à respecter pour l'habitation des choses conçues comme des lieux", à l'image d'un règlement intérieur qui oblige à respecter la destination des lieux. Cette nouvelle approche ne méconnaît pas non plus la lettre de l'article 544 : "énoncer que la propriété est « le droit de jouir et disposer des choses de la manière la plus absolue » ne signifie pas nécessairement de manière illimitée. Cela peut signifier qu'elle est le droit de jouir et disposer des choses de manière incontestée", dans le sens d'opposable à tous.

Dans le prolongement d'une conception fondée sur un rapport d'habitation, l'auteure évoque la possibilité d'instituer des lieux de vie ou des territoires en tant que propriétaires, à l'instar du droit des lieux formulé par un archevêque au XIIe siècle[I] à propos des monastères. Elle cite enfin des démarches actuelles, émanant d'autres civilisations, visant à doter des entités naturelles comme un fleuve ou une forêt, d'une personnalité juridique. La juriste cite notamment des pays, tels l'Équateur et la Bolivie[II], qui reconnaissent la personnalité juridique de la nature, "sujet collectif d'intérêt général", englobant la faune et la flore, les minéraux, l'eau, l'air, les paysages ainsi que chacune des entités animées ou inanimées qui la composent. Cela ouvre la possibilité de regarder avec attention les droits des non-humains. "Au final, la propriété habitation pourrait aider à penser la transition, le passage ou le tournant d'une conception moderne subjectiviste à une conception écologique réaliste. Au lieu d'un droit orienté vers le libre vouloir du sujet de droit et la soumission des objets de droit, on rendrait visible un droit veillant sur la solidité des interrelations entre les personnes à l'égard des choses, et entre les personnes et les choses mêmes[2]."

Riches d'une longue histoire qui s'actualise à l'aune des enjeux contemporains, les communs sont aussi pratiqués dans de nombreuses communautés à travers le monde. Penser les communs, c'est l'œuvre à laquelle l'économiste et politologue américaine Elinor Ostrom (1933-2012) a consacré sa vie.

La gouvernance des biens communs avec Elinor Ostrom

Les travaux d'Elinor Ostrom ont été reconnus par le prix Nobel d'économie en 2009, décerné pour la première fois à une femme. L'Académie suédoise royale des sciences salue "son analyse de la

[I] L'archevêque Moïse de Ravenne jugea vers 1140 que l'église Saint-Ambroise, dont la communauté monacale s'était éteinte, était propriétaire des terres où elle se situait.
[II] En 2008, l'Équateur adopte une nouvelle constitution dans laquelle la Pachamama (la Terre-mère) devient un sujet de droit devant être respecté et même réparé en cas de dommages. La Bolivie adopte en 2010 une loi de la "Terre-mère" qui établit des droits fondamentaux pour la nature. En Nouvelle-Zélande, la communauté maorie obtient en 2017 la reconnaissance des droits et intérêts du fleuve Whanganui.

gouvernance économique" soutenant que son œuvre a démontré comment la propriété commune pouvait être bien gérée par les groupes qui l'utilisent. Publié en 1990, son ouvrage majeur *Governing the Commons*[3] ne sera traduit en français qu'en 2010, sous le titre *Gouvernance des biens communs*.

Durant sa vie, Elinor Ostrom mène des recherches de terrain sur la gestion des ressources : dès 1965, sa thèse de doctorat porte sur la gestion d'une nappe aquifère californienne. Chacun des utilisateurs est incité à la "course au pompage" et l'absence de coordination entre les exploitants a mené à la surexploitation. Elle explique comment les différentes parties sont parvenues malgré tout à trouver des solutions en recourant à des arènes de décisions publiques (tribunaux) et privées (association d'usagers) afin de construire des accords pour réguler leur consommation et investir dans des solutions techniques de restauration des stocks d'eau douce. Par la suite, elle mène des recherches mêlant sociologie, anthropologie et économie, sur les forêts au Népal, les systèmes d'irrigation en Espagne, les villages de montagne au Japon, les pêcheries dans le Maine et en Indonésie…

Avant Ostrom, l'idée qui prévaut concernant les communs est celle soutenue par Garrett Hardin dans son article "The tragedy of the commons" ("La tragédie des biens communs"), publié en 1968. Hardin y décrit les mécanismes de prédation et surexploitation de ressources naturelles qui, selon lui, résultent d'un accès totalement libre et gratuit. Pour la plupart des économistes, la solution à cette "tragédie" passe par l'éviction du collectif, soit par la création de droits individuels de propriété, soit par la gestion des biens communs par la puissance publique. Dans chaque cas, il y aurait une seule solution optimale.

Ostrom accueille avec scepticisme cette théorie. Elle soutient qu'il n'y a pas un seul problème mais que chaque fois "il existe de nombreuses solutions face à de nombreux problèmes différents". Avec son mari, Vincent Ostrom, professeur en sciences politiques, elle défend une vision décentralisée qui s'oppose à une vision centralisée de la prise de décision, prévalant alors dans les années 1960 aux États-Unis. Elle fonde avec lui un atelier de travail à l'université de l'Indiana. Elle et ses collègues comparent et évaluent des centaines d'études de cas de gouvernance de biens communs dans le monde, afin d'essayer d'en sortir des principes de fonctionnement. Pourquoi certains groupes humains arrivent-ils à gérer durablement leurs ressources et pourquoi d'autres n'y arrivent-ils pas ?

Dans *Gouvernance des biens communs*, Elinor Ostrom analyse de nombreuses études de cas de ressources gérées de manière autoorganisée et collective, certaines depuis plusieurs siècles. Elle identifie les facteurs de succès. Elle montre surtout qu'il n'existe pas de recette toute faite, mais dégage des principes de base récurrents : il faut veiller à renforcer les structures d'auto-organisation naissantes ; toujours prendre les décisions proches du lieu de l'action (c'est-à-dire de la ressource) ; encourager les systèmes de gouvernance polycentriques, c'est-à-dire avec plusieurs centres de décision indépendants les uns des autres. L'œuvre d'Ostrom montre qu'il existe une voie complémentaire, l'autogouvernement, dont elle définit les deux éléments clés de son émergence : la réciprocité et la confiance.

Elinor Ostrom insiste sur l'importance de ne jamais proposer une solution unique. Elle réhabilite la propriété collective et les arrangements institutionnels entre les acteurs, entre des biens publics et des biens privés qui peuvent être agencés. Elle insiste sur le fait que ce qui compte, c'est bien moins le statut juridique des biens qui sont mobilisés, biens publics, biens privés, donc propriété publique ou propriété privée, que les règles d'organisation des ressources. Elle observe enfin que les communs qui durent sont ceux qui remplissent huit grandes conditions *(voir encadré)*.

Les conditions pour une gestion collective des communs

1. Une définition claire de l'objet de la communauté et de ses membres. Il s'agit d'identifier précisément les limites du système, ainsi que les parts que chacun peut prélever. Sans ce préalable, personne ne sait ce qui est géré ni par qui.
2. Des règles d'appropriation et de fourniture des ressources adaptées aux conditions locales (en termes de temps, d'espace, de technologie, etc.).
3. La participation des utilisateurs à la modification des règles opérationnelles concernant la ressource commune. Cela permet d'assurer l'adaptation dans le temps de l'exploitation de la ressource et donc sa pérennité.
4. Une surveillance par les appropriateurs eux-mêmes ou par des gens qui rendent compte directement aux appropriateurs.
5. Une échelle de sanctions graduelle pour les appropriateurs qui transgressent les règles.
6. Des instances locales de résolution de conflit à faible coût d'accès.
7. Une reconnaissance minimale des pouvoirs publics des règles d'auto-organisation.
8. Une gouvernance organisée en multiples niveaux imbriqués quand il s'agit de ressources plus importantes.

Alors que partout dans le monde les ressources naturelles sont soumises à des pressions insoutenables, les travaux d'Elinor Ostrom inspirent de nombreux mouvements et organisations dans différents pays. Ses principes ont été confirmés à de nombreuses reprises et ont prouvé leur fiabilité.

L'approche juridique de la propriété comme l'analyse économique de la gouvernance des communs se tournent *in fine* vers la sphère politique. C'est justement de cette sphère politique que surgit, en France à la fin du XXe siècle, une proposition qui vise à refonder le régime de la propriété du sol.

Le sol, un bien d'intérêt national dans Utopie foncière

On sait quel rôle moteur a joué Edgard Pisani (1918-2016), ministre de l'Agriculture de 1961 à 1966 et père de la loi d'orientation agricole, dans la transformation de l'agriculture française et dans le démarrage de la politique agricole commune. L'homme qui modernisa l'agriculture a toujours considéré la terre comme une question politique de premier plan. Dans *Utopie foncière*[4] (1977) après une analyse approfondie de la question, il propose un cadre juridique novateur qui transforme le régime de la propriété du sol. Comment ? En sortant peu à peu les terres du marché pour en confier la gestion à des organismes publics décentralisés.

"La pièce centrale de ce dispositif est l'Office foncier, qui aurait eu pour fonction de concilier progressivement droits collectifs sur le territoire et droits d'usage privatifs", souligne Gwenaëlle Mertz dans un article[5] rédigé pour Agter. Ce projet qui fit partie du programme de l'Union de la gauche sera jugé trop "révolutionnaire" et abandonné à l'arrivée au pouvoir de la gauche en 1981. L'histoire aurait pu s'écrire autrement, imagine Philippe Cacciabue[1] : "Si Pisani avait eu gain de cause à l'époque, on n'aurait pas eu à acheter les terres, cela aurait été la puissance publique qui progressivement serait devenue propriétaire et la question de l'argent pour devenir propriétaire ne se serait plus posée."

Rédigé sous forme de projet de loi, l'ouvrage postule que "le sol est l'instrument et l'objet d'une politique collective et qu'à ce double titre la collectivité a le besoin et le droit de le posséder". Edgard Pisani prévoit la création d'offices fonciers, définis comme suit (art. 26) : "La gestion par l'Office du patrimoine foncier qui

[1] Premier directeur de la foncière Terre de Liens.

est le sien a pour objet l'exécution du service public, la conduite de la politique d'aménagement du territoire et du cadre de vie et la maîtrise du marché foncier."

Le texte instaure ces offices comme opérateurs uniques des acquisitions foncières du pays. Ils en sont les gestionnaires et les administrateurs. Edgard Pisani précise cependant que ce processus d'acquisition ne correspond pas à une nationalisation massive de la terre, mais doit se réaliser de façon progressive en acquérant une partie des terres qui se trouvent mises en marché ou mutent chaque année. Les offices sont administrés de façon décentralisée, à l'échelle de groupements de communes. Les élus locaux sont assistés par un comité foncier, économique, social et culturel où siègent les représentants des différents intérêts en cause. Ainsi, la population est invitée à participer à l'orientation de la politique d'aménagement de son espace.

Pisani veut allier la planification, conçue comme un instrument d'unité, et la décentralisation, à travers une charte régionale qui tienne compte de la diversité des territoires. Il plaide aussi pour une participation de tous à l'action collective : administrations, citoyens, entreprises. L'homme d'État manifeste enfin une conscience écologique ; la sensibilité collective au "respect du milieu vivant" et l'implication des habitants doivent être prises en compte, souligne-t-il, "l'aménagement du territoire et du cadre de vie en restera à la phase infantile tant que la création d'associations de défense n'apparaîtra pas comme la prise en compte normale des préoccupations écologiques ou esthétiques... le territoire, le cadre de vie ne sont pas des préoccupations extérieures et encombrantes que l'on intègre le plus tard possible... ils doivent constituer la préoccupation permanente et substantielle de toute administration". Et d'enfoncer le clou : "ne consulter l'opinion que lorsque tout est réglé (...) c'est tromper son monde". Les citoyens, les entreprises, les associations doivent être constamment "informés et interrogés. La procédure permet d'éviter bien des erreurs et de faire de chaque citoyen un acteur responsable, tandis que l'ignorance des fins et des nécessités en fait un adversaire".

Le plaidoyer de l'homme d'État pour la participation de tous à l'action collective entre en résonance avec la pensée contemporaine des communs, telle que la développe Elinor Ostrom dans son ouvrage, *Gouvernance des communs*[I].

Les propositions d'Edgard Pisani visaient alors à répondre à des problèmes croissants d'accès à la terre, à la hausse continue des prix, à la difficulté croissante des transmissions, au cercle vicieux d'agrandissements créant une pression toujours plus forte sur les terres... Alors que ces phénomènes sont plus que jamais d'actualité, la réflexion développée dans *Utopie foncière* n'a rien perdu de sa pertinence[II]. "Ce texte montre qu'il est possible de penser une gestion du foncier qui serve l'intérêt général, avec une sécurité foncière avérée, mais sans pour autant être fondée sur un régime de propriété privée absolue", conclut Gwenaëlle Mertz.

Pour autant, depuis 1977, les lois du marché continuent à peser sur le devenir des terres. Or, le monde agricole, riche de son histoire des anciens communs, a culturellement des atouts pour se saisir de cette question au regard des enjeux actuels. À condition de ne pas le faire isolément, mais au contraire de s'ouvrir à d'autres voix de la société, comme le montrent des débats récents.

Controverses européennes dans le champ des communs

En novembre 2019, l'Académie d'agriculture de France consacrait une séance à cette question, sous le titre : "La gestion des communs, une voie pour dépasser nos crises environnementales territoriales ?" Les intervenants – juriste, historien, fonctionnaire d'État délégué à l'agriculture, l'alimentation et la forêt, membre de l'académie – soulignent l'importance de cette notion : qu'il s'agisse de

[I] Voir "La gouvernance des biens communs avec Elinor Ostrom", p. 254.
[II] L'ouvrage a été réédité en 2010, il est à nouveau épuisé.

faire évoluer le droit pour des règles en adéquation avec l'évolution des rapports homme-nature, de transformer la façon dont on conçoit et met en œuvre l'action publique, ou plus globalement de développer une culture de l'innovation sociale.

Devons-nous considérer la terre comme un "bien commun" et si oui, à qui revient la responsabilité de gérer cette ressource ? C'est la question débattue à l'occasion des 26e controverses européennes de la mission Agrobiosciences-Inrae, en juillet 2020, "Foncier agricole : dans le champ des communs". Sous l'égide de l'Inrae, la mission Agrobiosciences "s'attache à éclairer les crises présentes, les questions sensibles et les signaux faibles qui traversent nos sociétés" avec pour objectif "de favoriser les échanges sociétaux sur des sujets à controverses concernant les avancées des sciences, le devenir du vivant, de l'agriculture". À Bruxelles, les cinq personnalités invitées sont issues des sphères agricole, politique et militante. Ce débat qui a eu lieu au moment de la renégociation de la PAC instaure un dialogue entre des représentants des différentes parties concernées par le sujet. Il permet de clarifier les positions des uns et des autres.

Emmanuel Hyest est président de la Fédération nationale des Safer depuis 2011. À la tête d'une exploitation agricole de 165 hectares à Vesly dans l'Eure, l'homme se distingue par une multitude d'engagements syndicaux et politiques. Il a été successivement président local du centre des Jeunes agriculteurs puis administrateur national, président de la FDSEA de l'Eure puis administrateur de la FNSEA. Depuis 2014, il est aussi adjoint au maire de Gisors en charge de l'urbanisme.

Titulaire d'un master en philologie germanique obtenu à Bruxelles, Maarten Roels contribue à fonder la ferme urbaine et participative du Chant des Cailles à Boitsfort, en 2012. Dans la foulée, il cofonde Terre-en-vue, coopérative qui vise à favoriser l'accès à la terre pour des projets agroécologiques en Belgique, inspirée de son homologue français Terre de Liens.

Dominique Potier, agriculteur, député socialiste de Meurthe-et-Moselle et directeur de l'observatoire de l'agriculture et du monde rural de la Fondation Jean-Jaurès, a cosigné *La Terre en commun : plaidoyer pour une justice foncière*, aux côtés de Benoît Grimonprez et de Pierre Blanc. Il considère la terre agricole comme un grand enjeu politique du XXIe siècle. Et veut refonder une grande loi de partage et de protection de la terre.

Une grande loi foncière, c'est aussi l'objectif de Gérard Leras, vice-président du conseil d'administration d'Agter. Ancien éleveur laitier en Isère, Gérard Leras a été conseiller puis vice-président vert de la région Rhône-Alpes, où il bataille pour la création d'une délégation à la politique foncière et l'impulsion d'une véritable stratégie rhônalpine. Originaire de Marseille, l'homme a croisé dans sa jeunesse la route de René Dumont.

Jeune éleveur flamand de vaches laitières, Jannes Maes est depuis 2017 président du Conseil européen des jeunes agriculteurs (Ceja), après avoir porté les intérêts des jeunes agriculteurs au sein de Groene Kring, la plus grande organisation de jeunes agriculteurs et horticulteurs flamands. Son objectif ? Favoriser l'installation et l'accès à la terre de 2 millions de jeunes, sans oublier leur structuration en réseau à l'échelle européenne afin de peser sur les décisions.

Autour de la table, les invités s'accordent sur les constats : la raréfaction des terres agricoles, la décroissance continue du nombre de fermes et la concentration des terres, la montée des prix et de la financiarisation du secteur. "Même topo en Belgique, à ceci près que le prix des terres est excessivement plus élevé qu'ailleurs." Et en Europe, 3 % des exploitations concentrent plus de 50 % des terres agricoles. Chacun en convient : il y a urgence à préserver et partager cette ressource, et les enjeux alimentaires et écologiques concernent toute la société. La régulation est donc une nécessité. Passé les constats, le débat fait ressortir une certaine diversité concernant la définition de ce qu'est ou doit être un "bien commun".

La terre doit-elle être un bien commun ? Si pour Gérard Leras, c'est oui sans hésiter, Emmanuel Hyest rejette cette idée : "Quand on parle de bien commun, ça veut dire que c'est à tout le monde. Or le foncier agricole n'est pas à tout le monde : nous sommes dans une société où les choses ont un propriétaire et une valeur." Maarten Roels s'inscrit dans les principes énoncés par Elinor Ostrom : la terre, en tant que bien commun, doit être "gérée par une gouvernance prédéfinie par l'occupant et celui qui bénéficie de ses fruits, typiquement le consommateur". Ce que conteste Dominique Potier, qui relie la notion de bien commun à "une ressource régie par des règles en vue de l'intérêt général", mais pour qui ce n'est pas à des citoyens, mais "au territoire dans son ensemble, à la nation de juger ce qu'il est bon de faire sur ces terres".

Qui est légitime pour accéder à la terre ? Le président de la Safer évoque l'émergence d'une tout autre menace que la financiarisation du secteur : "Imaginez que, demain, des individus bien-pensants, avec beaucoup d'argent, décident de sortir l'agriculture d'une partie du territoire en sanctuarisant ses espaces." Dominique Potier réfute la limitation de la liberté d'entreprendre de l'agriculteur dans des limites déterminées par l'ensemble de la communauté – citoyens propriétaires des espaces agricoles, agriculteurs et consommateurs –, pour préférer une régulation par le fermage. Enfin, sur la question de l'ambition de la PAC en matière de terre, pour Jannes Maes, "il faut définir un cadre légal et, dans ce cadre, les choix de productions doivent revenir aux agriculteurs eux-mêmes".

Le président de la Safer, le député et le représentant des Jeunes agriculteurs expriment tour à tour de vives réticences à l'intervention des citoyens dans le champ de l'agriculture et des terres agricoles. À l'inverse, pour le fondateur de Terre-en-vue comme pour l'association Agter, la préservation des terres agricoles concerne la société tout entière, et à ce titre la terre doit être reconnue comme un bien commun. Au-delà de ces personnes, cette controverse traverse aujourd'hui le débat public.

Des communautés pour gérer les usages de la terre

Président de l'association Agter, Robert Levesque, agronome et spécialiste des questions foncières, apporte sa contribution[6] à la question de la gestion des ressources naturelles et en particulier des terres, dont il souligne le caractère crucial. Il rappelle que de nombreuses sociétés attribuent des droits d'usage de la terre "à telle ou telle personne, à tel ou tel groupe, au titre de l'appartenance à une communauté, en qualité de résident d'un village, au regard de la situation familiale, de l'âge, de la capacité physique..." et que ces droits d'usage, non cessibles, ne constituent pas une propriété. La propriété foncière n'est donc pas le seul mode d'attribution des droits d'usage de la terre.

Selon lui, dans la situation présente d'épuisement des ressources, la terre est un commun à gérer au même titre que l'air et l'eau, selon les règles de gouvernance des communs mises en évidence par Elinor Ostrom. Il plaide pour un droit à l'alimentation "assuré par l'accès à certains usages de la terre (aux droits d'usage dans le cadre ou non de la propriété foncière), qui procurent une auto-alimentation et/ou un revenu pour accéder aux marchés alimentaires, ou par l'accès à des revenus pour être en mesure d'acheter des produits alimentaires, voire, même si ce n'est pas satisfaisant, par l'aide alimentaire faute de revenu suffisant".

Cet accès aux usages de la terre doit s'effectuer de manière équitable "sur la base de règles établies par des communautés locales". Il préconise pour cela d'autres modes que la propriété, où "l'accès s'opère par l'héritage ou la donation, plus ou moins égalitaires, et par les marchés fonciers, qui par essence sont des mécanismes d'exclusion (...) les marchés des droits d'usage de la terre non régulés sont des facteurs de concentration voire d'accaparement des terres et donc d'exclusion".

Afin d'assurer une gestion durable des usages de la terre, Robert Levesque énonce des conditions de gouvernance : cette régulation foncière doit faire l'objet "d'un exercice démocratique au sein des communautés autochtones, locales, dans le respect des droits des unes et des autres. Elle suppose l'établissement de règles, leur application, leur contrôle, et des sanctions éventuelles".

Inspiré tant par les travaux d'Elinor Ostrom que par la réflexion politique d'Edgard Pisani, Robert Levesque montre une voie pour changer la donne. Or, prendre conscience de notre dépendance aux ressources vitales nous amène à reconsidérer certains réflexes sociaux.

Faire commun

L'auteur Pablo Servigne propose une approche pragmatique pour entrer dans la notion de communs, et liste une série d'obstacles[7] à leur compréhension par ses contemporains. Il s'agit de barrières cognitives – comme l'invisibilité de notre dépendance à ces ressources – ou de réflexes sociaux bien ancrés, comme confondre l'auto-organisation des communs avec le communisme et la collectivisation forcée ("la peur du goulag") ; le doute dans les capacités humaines d'auto-organisation durable figure en bonne place, en raison de l'adhésion à "l'hypothèse d'un humain calculateur, égoïste et rationnel : l'*Homo œconomicus*... Or les peuples, partout dans le monde, coopèrent bien plus que ne le prédisent les modèles économiques". De nombreuses expériences ont montré des aptitudes humaines précoces à la coopération, l'entraide, l'empathie et au rejet de l'injustice. Adhérer à cette vision d'un être humain coopératif est une condition nécessaire pour l'émergence d'autres formes d'organisations favorables à la préservation des biens communs. Un autre réflexe tenace est la tendance à se reposer sur les institutions, l'État, le marché, alors que les communs sont des pratiques qui naissent de la confrontation d'une communauté avec des problèmes locaux et particuliers. "La gestion des biens communs ne se décrète pas, elle se pratique. Ce n'est pas un statut, c'est un processus dynamique. Si les acteurs arrêtent de « pratiquer leur bien commun », alors il s'éteint, car il n'y a pas (ou peu) d'institution qui le soutienne. Les

Anglais ont inventé un verbe pour cela, *commoning*. C'est en marchant que le bien commun se crée. Cela nécessite un engagement et un devoir constants."

S'engager pour devenir le changement

Mettre la main à la pâte, adopter des façons de penser non dissociées du contingent, du sensible, c'est "chercher des antidotes aux poisons de ce milieu qui est le nôtre", nous dit la philosophe Isabelle Stengers[8]. Ces derniers viennent de l'extérieur, mais aussi de l'intérieur de nous-mêmes. Pour se défaire de ceux-ci et faire, il nous faut atterrir. S'engager là où nous sommes. Dans la conscience de nos interdépendances, de nos fragilités. Se relier à des savoirs anciens, conservés par certains, tels des paysans encore "liés aux terres qu'ils habitent, aux particularités climatiques, à leurs relations avec les marchés locaux", reliés aussi à cette mémoire des anciens communs.

La notion de "communs" est de plus en plus invoquée aujourd'hui comme une troisième voie, alternative tant à la propriété privée qu'à la propriété publique. Mais que désigne exactement ce terme ? Dans le droit romain, l'air, l'eau courante, la mer et ses rivages sont des "choses communes", inappropriables par essence. De nos jours, un ensemble d'acteurs scientifiques et citoyens plaident pour que l'eau soit reconnue comme un bien commun[9]. Il existe des biens communs institués, comme les zones environnementales protégées. D'autres sont numériques (Wikipédia, les logiciels libres et autres licences Creative Commons). Reconnaître la terre comme un bien commun constitue le socle de la charte de Terre de Liens. D'autres collectifs s'y réfèrent. Ainsi, le nom choisi pour le fonds de dotation destiné à acheter les terres à Notre-Dame-des-Landes est "La Terre en commun[1]". En France et ailleurs, des organisations mobilisées

[1] Voir "La Terre en commun : préserver les terres du bocage de Notre-Dame-des-Landes", p. 222.

sur les questions fondamentales d'accès à la terre, de modèle agricole et d'alimentation expérimentent des formes auto-organisées de se nourrir et d'habiter des lieux. Ce faisant, habitants, citoyens, producteurs... élaborent des formes d'expertises, fondées sur une vision des lieux comme des milieux habités de multiples vies.

Prise de conscience pour une métamorphose

La crise systémique dans laquelle nous sommes collectivement embarqués peut nous mener à l'abîme. Ou jusqu'à un point de rupture à partir duquel nous serons contraints de changer en profondeur nos modes de pensée et de vie. Le philosophe Edgar Morin lançait en 2013 un appel à la "métamorphose" de la société, à partir de "la prise de conscience que nous avons un destin d'êtres humains commun". Dix ans ont passé. L'engagement de la jeunesse dans cette prise de conscience environnementale va-t-il obliger les politiques à changer ? D'autres voix anthropologiques, philosophiques et littéraires ouvrent des voies pour repenser notre rapport à la terre et aux autres êtres avec lesquels cohabite l'espèce humaine : outre Isabelle Stengers[I], on pense notamment à Philippe Descola[II], à Marielle Macé[III]... La conception et l'usage du monde de peuples minoritaires sont des sources d'inspiration pour nombre de personnes. Cofondateur de Terre de Liens, Sjoerd Wartena rapproche ces conceptions de l'ancienne culture agricole du village de Vachères-en-Quint où

[I] Philosophe des sciences belge, Isabelle Stengers développe une réflexion sur une écologie des pratiques, qui met l'accent sur les liens et les interdépendances dans le monde vivant, sans nier leur part de conflictualité. Selon elle, "la modernité doit s'envisager sur fond d'une destruction de pratiques de vivre ensemble et de faire culture, qui perdure aujourd'hui au nom des nécessités de l'économie".

[II] Anthropologue français, Philippe Descola développe une pensée critique du dualisme nature/culture. Ses travaux s'intéressent aux relations entre humains et non-humains autant qu'à celles entre humains.

[III] Marielle Macé enseigne la littérature à l'EHESS. Dans son œuvre, elle s'intéresse aux solidarités décelables entre la poésie et une anthropologie élargie aux choses, aux environnements, aux communs, aux plantes et aux animaux. Voir notamment *Nos cabanes*, Verdier, 2019.

il est arrivé dans les années 1970. Pour lui, l'agriculture paysanne diversifiée a un rôle à jouer dans cette métamorphose. Il développe cette idée dans un texte dans lequel il affirme la nécessité d'une écologie intérieure[10]. "Contrairement à ce que beaucoup de gens veulent nous faire croire, nous ne trouverons pas une issue à la crise écologique uniquement par des réformes politiques et économiques, des chartes éthiques, des avancées technologiques ou des écogestes quotidiens. Quelle que soit leur importance, l'écologie extérieure n'est pas suffisante. Elle doit être complétée par l'écologie intérieure." Cette dimension spirituelle s'ancre dans un lien vital avec la nature. Elle nourrit l'engagement de Sjoerd Wartena dans le mouvement Terre de Liens, au sein duquel coexistent d'autres visions. Ces différentes approches servent un engagement commun : "Nous continuons de montrer des exemples de la façon dont les choses peuvent se développer différemment et nous continuons à essayer de rassembler les différentes composantes d'un mouvement plus social et plus solidaire. Il n'y a pas grand-chose d'autre à faire."

Dépasser le stade de l'expérimentation

Revenons donc sur le terrain, où les signaux s'accumulent et où les tensions sur les ressources vont croissant.

Nous avons vu comment une multiplicité de pratiques et de solutions se développent dans différents lieux et contextes, afin de préserver un usage responsable des terres agricoles. Dans cette décennie décisive, comment changer d'échelle et dépasser le stade de l'expérimentation ? Cette question traverse l'ensemble du mouvement Terre de Liens, qui fête ses 20 ans en 2023. Qu'ils soient fondateurs, acteurs de longue date ou plus récents, ceux qui la posent l'abordent de façon pragmatique. Pour commencer, quels principes affirmer ?

Affirmer des principes pour guider l'action

"La question à l'origine de Terre de Liens, c'était : à qui appartient la terre[1] ?"

Durant l'été 2022, des fondateurs de Terre de Liens se réunissent pour évoquer les débuts du mouvement : leurs motivations initiales, les épreuves et les alliances… Ce faisant, ils souhaitent s'adresser aux 42 000 personnes de la communauté Terre de Liens, "pour voir le présent avec la perspective du passé, poser les nouveaux enjeux de maintenant et des années à venir, en guise de conclusion et d'ouverture, sans chercher à y répondre". Au cours de ces échanges, Sjoerd Wartena, René Becker, Jacques Blanc, Jérôme Deconinck et Philippe Cacciabue expriment "les bases non négociables autour de la propriété, du foncier, de l'argent, de l'écologie et du faire ensemble". Ces principes sont les fondations sur lesquelles le mouvement a construit son expertise.

Sortir les terres du marché

Bien des histoires seraient à raconter sur les voies et les rencontres qui amènent les uns et les autres à questionner la propriété et à affirmer qu'il faut d'abord "sortir la terre de la spéculation" et pour cela "impliquer les citoyens et les consommateurs". Ce principe fondateur s'exprime dans l'un des premiers tracts de Relier, en 2000 : "La terre n'est pas une marchandise, levons ensemble l'obstacle du foncier pour le développement de l'activité en milieu rural." La société civile a inventé des réponses dont Terre de Liens fait partie. Entre "agitateur politique" qui met sur la table la question de la propriété et "laboratoire de gestion du foncier considérant la terre comme un bien commun", le mouvement montre par l'exemple "comment on peut gérer la terre autrement".

Ce principe de non-spéculation a guidé le groupe de travail sur les GFA et SCI. Plusieurs fondateurs sont en effet déjà impliqués

[1] René Becker.

dans des GFA et si ces outils apparaissent dès le départ compatibles avec ce principe fondamental de sortir les terres du marché, c'est à condition d'établir une séparation claire entre la propriété et l'usage d'une part, l'argent et le pouvoir d'autre part. Sjoerd Wartena rappelle : "Le GFA a été inventé par le Crédit agricole avec l'idée que les gens, à un certain moment, pouvaient racheter leur ferme et devenir propriétaires. Mais ce n'était pas du tout notre idée. Je dis toujours que Terre de Liens libère la terre du joug de la spéculation, du droit de propriété." Ce principe qui donne lieu à la création de la foncière, puis de la fondation est la boussole du mouvement. C'est à cette condition que peuvent être préservés des espaces de travail, de biodiversité, de résilience de la nature, de développement de projet d'activité. "On est une des rares organisations, notamment dans les foncières solidaires, qui ne se laissent pas avoir par les fonds d'investissement, car on ne les rémunère pas", souligne Jérôme Deconinck. "Tous les grands capitaux du monde sont des spéculateurs de terre", rappelle Sjoerd Wartena. En l'absence d'intervention publique décisive, l'action collective est nécessaire pour sortir des terres du marché. Cela amène le deuxième principe.

Organiser une gouvernance partagée

Questionner la propriété, c'est questionner le pouvoir et l'argent. Comment acheter des terres sans soumettre leur devenir au bon vouloir des détenteurs de capitaux ? Comme on l'a vu, la réponse de Terre de Liens est d'assumer la fonction de propriétaire en instaurant la séparation de l'argent et du pouvoir ; non seulement en créant une société en commandite par actions[1], la foncière, mais plus globalement dans l'architecture du mouvement, rappelle Jérôme Deconinck. "La rencontre et le travail avec Habitat et Humanisme nous ont permis de dire qu'on n'y arriverait pas avec une seule structure

[1] Voir "Naissance de Terre de Liens", p. 140.

juridique : il nous fallait un outil financier qui gère l'épargne, un qui gère le don, et un outil social pour gérer les bénévoles. On s'est dit que ce ne serait pas rentable et qu'il faudrait s'appuyer sur du bénévolat." Permettre à chacun d'exercer sa responsabilité vis-à-vis de la terre suppose d'organiser une gouvernance partagée. Celle-ci doit être la plus large possible. En 2022, le mouvement rassemble des dizaines de milliers d'adhérents – actionnaires, donateurs, bénévoles – dont les idéologies politiques peuvent être très éloignées. Ils s'accordent cependant au nom du bien commun. "Je disais toujours : « compromis, délégation, confiance », car, sans ce compromis, ça ne marchait pas", résume Sjoerd Wartena.

Poser les conditions nécessaires

En 20 ans, le mouvement est devenu le premier propriétaire agricole de terres bios en France. Quelque chose a changé, souligne Jérôme Deconinck. "C'est par notre pratique qu'on a créé notre expertise. Maintenant, on vient consulter Terre de Liens du fait de cette expertise reconnue parce qu'on a fait bouger les choses." Non seulement il a inspiré d'autres initiatives, mais il a aussi imposé la question foncière comme un sujet incontournable chez ses partenaires. Terre de Liens est mûr pour engager un changement d'échelle. Cela fait consensus au sein du mouvement[II].

Incarner le projet, innover

Propriétaire terrien responsable, éthique et mieux-disant en termes d'agroécologie nourricière et de responsabilité sociale, Terre de Liens incarne un exemple inspirant. Plus remarquable encore est la dynamique du mouvement, toujours en questionnement afin d'apporter des réponses aux enjeux présents et à venir. Il innove avec le programme biodiversité[1] et cherche à rendre les fermes résilientes

[1] Voir "Vers des fermes résilientes", p. 188.

au changement climatique. Voire à les rendre actrices de l'atténuation[1] du réchauffement climatique, à travers la question des sols et de leur capacité à fixer le carbone. Or l'agriculture bio a un rôle à jouer, souligne Charles Pernin, délégué général de Synabio : "Une étude de l'Inrae a comparé quatre modes de grandes cultures pour calculer leur impact sur les gaz à effets de serre et seule la bio est fixatrice nette de carbone dans les sols, compte tenu du poids que représentent les engrais de synthèse dans le bilan carbone[12]." Pour développer son projet, Terre de Liens crée des alliances et travaille avec des ONG, des entreprises, des réseaux associatifs. Et de plus en plus, note Jérôme Deconinck, avec des collectivités qui s'engagent dans des programmes de résilience alimentaire, de protection de la ressource en eau, de maîtrise foncière. "Il y a 20 ans, on cherchait des moyens juridiques de gérer des problèmes techniques... Maintenant, les collectivités locales viennent nous chercher pour qu'on apporte notre expertise juridique afin de les aider à définir et mettre en œuvre leurs politiques publiques : c'est un vrai changement de paradigme." Terre de Liens met en œuvre son projet par une approche à la fois pragmatique et systémique. Ces partenariats sont un moyen d'étendre la question de la préservation des terres au plus grand nombre. Sans perdre de vue les fondamentaux ni l'objectif politique, rappelle Sjoerd Wartena : "Ce n'est pas la protection de la nature qui peut réduire l'effondrement de la biodiversité, c'est l'agroécologie. Et tu ne peux pas promouvoir l'agriculture biologique si tu ne changes pas la législation foncière."

Un million de paysans en 2030 ?

Mais comment sortir des pesticides et retrouver une autonomie paysanne et alimentaire ? En installant un million de paysans et paysannes ! "C'est le nombre d'agriculteurs nécessaires pour nourrir la

[1] Les mesures d'atténuation du changement climatique permettent soit de réduire ou de limiter les émissions de gaz à effet de serre (GES), soit de protéger et d'accroître les puits et réservoirs de GES, tels que les forêts et les sols.

France de manière autonome et en bio selon le calculateur Parcel[I]", rappelle Tanguy Martin. Fabrice Ruffier, en charge de la propriété foncière responsable à la fédération Terre de Liens, abonde : "Le système paysan a les vertus pour garantir une alimentation de qualité accessible au plus grand nombre." Un million de paysans : cet objectif chiffré est aussi celui d'un manifeste que signent en février 2020 plusieurs organisations citoyennes[II] aux côtés de la Confédération paysanne[13]. Un autre syndicat agricole, le Modef[III], reprend cet objectif en 2022. On est loin de l'objectif déclinant de "remplacer un agriculteur sur deux" auquel se résigne le responsable de la FNSEA, Arnaud Rousseau[IV]. Organisations citoyennes et syndicats veulent alerter sur la mutation technologique et capitaliste d'une agriculture qui parachève le déclin paysan et qui pourrait bien, à l'avenir, se passer d'agriculteurs, pour reprendre le titre de l'ouvrage de Bertrand Hervieu et François Purseigle[V].

Une population d'un million de chefs d'exploitation correspond à la situation des années 1980. Il ne s'agit pourtant pas d'un retour en arrière, mais bien d'une mutation. La France a su, en son temps, engager une politique agricole et foncière ambitieuse et efficace et engager des moyens à la hauteur de son ambition. À condition que s'affirme une volonté politique appuyée sur une vision claire des priorités, l'histoire foncière française est un terreau fertile pour refonder une politique qui réponde aux défis d'aujourd'hui. Principal pays

[I] Développé par Terre de Liens, la Fédération nationale de l'agriculture biologique (Fnab) et la société coopérative d'intérêt collectif le Basic, Parcel est un outil web gratuit, permettant d'évaluer pour un territoire donné les surfaces agricoles nécessaires pour se nourrir localement. https://parcel-app.org

[II] Le Snetap-FSU, la Confédération paysanne, le syndicat Solidaires, Greenpeace, les Amis de la Terre, Oxfam et Attac demandent dans un manifeste commun "un million de paysan·ne·s pour répondre à l'urgence climatique et sociale".

[III] Le Mouvement de défense des exploitants familiaux (Modef) est un syndicat agricole français créé en 1959. https://www.modef.fr/2022/11/09/1-million-de-paysans-a-lhorizon-2030/

[IV] Voir p. 236.

[V] Voir p. 247.

producteur agricole de l'Union en chiffres d'affaires, la France est au premier rang en termes de surface agricole utilisée et de nombre d'exploitations[14]. C'est aussi le premier pays bénéficiaire des aides de la PAC, avec 62,4 milliards d'euros pour la période 2021-2027[I]. Tout désigne notre pays comme le plus à même d'enclencher l'aiguillage. Alors, un million de paysans, chiche ?

Aller vers cet objectif suppose un nouveau contrat social. Tous les syndicats agricoles alertent sur le manque d'attractivité d'un métier dont la faiblesse de revenus ne permet pas au plus grand nombre de vivre décemment. Un métier exigeant en temps. Un métier, enfin, aux risques psychosociaux élevés. Un rapport remis en 2020 au ministère de l'Agriculture[II] identifie les principaux facteurs de risque de suicide dans la profession : isolement, endettement, difficultés économiques et pressions administratives, en particulier chez les éleveurs ; mais aussi l'absence de repreneur ou la confusion entre vie professionnelle et vie personnelle. Plusieurs films ont mis en évidence des situations intenables de paysans en France : *Au nom de la terre*, d'Édouard Bergeon, *Petit paysan*, d'Hubert Charuel, le documentaire *Sacrifice paysan*, de Gabrielle Culand, pour ne citer que ceux-là. Comment redonner une attractivité à cette profession ? Les attentes de la jeune génération portent sur des questions très concrètes : dégager un revenu décent, prendre des congés, se loger, ne pas devoir s'endetter à long terme.

Des réponses s'élaborent en dehors des sentiers battus. L'installation en collectif[15] apparaît comme une piste à soutenir, pour répartir les responsabilités et prendre des congés, mais aussi pour reprendre

[I] Au total, le budget de la PAC 2021-2027 s'élève à 386,7 milliards d'euros, la France perçoit 16 % de l'enveloppe. 75 % des fonds sont alloués aux aides directes, dites "premier pilier" ; ces aides sont distribuées aux agriculteurs en fonction de la surface et de la production.

[II] Identification et accompagnement des agriculteurs en difficulté et prévention du suicide – 29 propositions pour améliorer les actions de sensibilisation et d'accompagnement, 2 décembre 2020 – https://www.vie-publique.fr/rapport/277548-identification-accompagnement-des-agriculteurs-difficulte-et-prevention

des fermes devenues trop grandes. L'habitat léger, démontable, est encore trop souvent l'objet de crispations. Pourtant, sa réversibilité est un atout pour la préservation des terres, plaide Paul Lacoste, membre de Relier, qui accompagne les porteurs de projets sur cette question au sein de l'association Halem[1]. Il y voit une réponse à la crise du logement et "un mode d'habitat vertueux, digne, écologique, accessible et économique au niveau du chauffage". Le portage foncier développé par Terre de Liens et d'autres organisations est une réponse à la question de l'accès à la terre. Celle de la transmissibilité des fermes renvoie aussi au problème de la faiblesse des retraites agricoles. Le Modef liste une série de mesures fortes en faveur de l'installation et de la transmission, en particulier pour faciliter la transmission plutôt que l'agrandissement et soutenir les petites installations vertueuses. Au-delà du monde agricole, cet objectif engage la société tout entière.

Grandir, essaimer et changer d'échelle

"Est-ce que 300 fermes au bout de 20 ans, ça sert à quelque chose, vu l'ampleur des enjeux et l'urgence à agir ?" La question revient à plusieurs reprises. Terre de Liens doit-elle continuer à acheter des terres ? Les réponses concordent : c'est oui. "On pallie quelque chose aujourd'hui, dans un moment de transition. Et surtout, on crée un modèle, un exemple. Pas un exemple technique à recopier, mais plus que ça, une expérience à diffuser", analyse René Becker. "Il faut s'agrandir encore, car plus grand on est, mieux on est écouté, insiste Sjoerd Wartena. Je pense qu'il faut acheter des terres jusqu'à ce que la politique change. Et on essaye d'influencer la politique dans ce sens." Grandir et continuer à être source d'inspiration est une clé du changement. "Vivement qu'il y ait 250 Terre de Liens ! anticipe Jérôme Deconinck. Une par département ou microrégion, et qui soient connectées entre elles, qui collectent l'épargne, qui influent sur

[1] Halem : Association d'habitant·e·s de logements éphémères ou mobiles, http://www.halemfrance.org

les élus, qui mobilisent les citoyens", comme le font déjà les associations territoriales existantes. La responsabilité de Terre de Liens est aussi d'essaimer et d'accompagner les structures nouvelles qui agissent dans les domaines de l'agriculture et du foncier. Continuer et accompagner ce qui vient, oui, "mais en étant créatif, avertit René Becker : en s'adaptant à tout ce qui se présente, en étant attentif à ce qui émerge des territoires, aux nouvelles manières de faire, mais sans que ce soit une anarchie. C'est ça qui est difficile, la manière de travailler ensemble, d'accepter d'écouter les idées nouvelles, même si elles semblent farfelues, car elles peuvent être le fil à tirer qui aboutira à de grandes choses". Accueillir la diversité, voilà un souci qui s'accorde avec la gouvernance des communs : au fil de ses recherches sur de nombreux cas de gestion auto-organisée de ressources communes, Elinor Ostrom acquiert la certitude que, chaque fois, "il existe de nombreuses solutions face à de nombreux problèmes différents".

Grandir encore ne suffira pas à répondre aux enjeux d'une décennie décisive. Il est nécessaire d'engager un changement d'échelle. Terre de Liens en a fait l'objet de son projet stratégique 2021-2026[16] et engage plusieurs chantiers dans ce sens. En voici quelques-uns.

Grandes fermes à reprendre[17] *: un enjeu agroécologique*

Avec 5 millions d'hectares qui changeront de mains d'ici 2030, un nombre considérable de fermes vont se trouver sur le marché. C'est à la fois une opportunité pour la transition agroécologique et une menace, expose Véronique Rioufol, car ces fermes risquent de partir à l'agrandissement, "empêchant le renouvellement générationnel et aggravant le modèle de concentration que nous combattons". En effet, ces fermes sont souvent surdimensionnées au regard de la majorité des projets d'installation. "Il y a une inadéquation entre l'offre et la demande", résume Fabrice Ruffier[1]. Sur le terrain, des

[1] Représentant Terre de Liens Midi-Pyrénées, il est aussi chargé de la propriété foncière responsable à la Fédération.

initiatives émergent : le réseau InPact promeut l'option de la restructuration, notamment via des installations collectives qui permettent de partager le capital existant, créer de l'emploi et diversifier les activités. C'est la voie choisie par des fermes comme la Tournerie, dans la Vienne, acquise en 2015 par Terre de Liens. D'autres fermes avec des projets collectifs sont en cours d'acquisition. L'objectif est de généraliser ces initiatives à plus grande échelle. Terre de Liens s'engage dans un programme de recherche-action, Ferments[18]. "Il faut montrer que l'agroécologie paysanne est possible aussi sur des fermes moyennes ou grandes, souligne Véronique Rioufol. L'agriculture que défend Terre de Liens n'est pas une agriculture de niche ou une agriculture de la marge. Tout l'enjeu est de généraliser la transition vers l'agroécologie paysanne."

Vers la propriété foncière responsable

Changer d'échelle, c'est l'objectif qui anime Fabrice Ruffier, coauteur du *Guide de la propriété foncière agricole responsable*[19] édité par Terre de Liens, et qui finalise une nouvelle version. "On a 10 ans. On a besoin d'imaginer des montages juridiques et financiers avec d'autres acteurs qu'agricoles. De proposer un autre modèle, avec les mêmes valeurs. L'accompagnement des propriétaires privés est lié à ce changement d'échelle." En effet, l'enjeu est de taille, m'apprend-il : 40 % des terres cultivées appartiennent aux agriculteurs et 60 % sont louées à des agriculteurs par d'autres. Aujourd'hui, Terre de Liens reçoit autant de sollicitations pour les offres que pour les recherches de foncier. Mais comment définir la propriété foncière agricole responsable ? "Chez Terre de Liens, on ne s'adresse pas seulement à la personne dans sa fonction de propriétaire, mais on s'adresse au citoyen qui partage l'intérêt commun, pose Fabrice Ruffier. On peut valoriser le propriétaire dans son rôle, mais quand il rejoint une dimension collective." Car on n'est jamais "seulement propriétaire", mais aussi habitant d'un territoire, parent d'élèves, citoyen... et en tant que tel, soucieux des paysages, de la qualité de l'eau, de relocaliser l'alimentation. Il s'agit donc de valoriser le propriétaire en tant que "partie prenante d'un projet collectif" sur son territoire, qui exerce ses droits, y compris jusqu'à la cession, "avec le souci que les choses se passent dans un sens vertueux : créer de l'emploi, diversifier la production"... En France, de nombreux petits propriétaires ont gardé un ancrage au territoire : "titiller cette fibre citoyenne", c'est réveiller le pouvoir d'agir ; chacun peut à son échelle s'opposer à la marchandisation de la terre et ainsi fermer la porte à des spéculateurs qui, sinon, "vont nous dicter ce qu'on va manger et à quel prix. Comment on garde notre capacité d'agir sur le long terme, c'est ce qu'on essaie de promouvoir à travers la propriété foncière responsable".

Accompagner les politiques publiques

Une autre voie explorée est de "développer des politiques publiques qui touchent la politique foncière", expose Jérôme Deconinck. Les conservatoires d'espaces naturels, les réserves naturelles de France, la LPO (Ligue pour la protection des oiseaux), etc., toutes ces ONG exercent une maîtrise foncière grâce à des financements publics. "La question, c'est : les terres agricoles peuvent-elles devenir un enjeu de société qui fasse que leur maîtrise foncière soit enfin un outil d'utilité publique ?" C'est aujourd'hui le cas indirectement, à travers l'enjeu de préserver la ressource en eau. Terre de Liens travaille avec les agences de l'eau, qui ont pour mission de préserver cette ressource, très impactée en France par les intrants d'origine agricole : nitrates et pesticides. Les agences de l'eau financent la fondation pour l'acquisition de fermes en agriculture biologique afin de protéger les zones de captage. Plus largement, les collectivités locales exercent des responsabilités croissantes en matière d'alimentation, d'agriculture, de gestion du foncier, de transition écologique et d'adaptation au changement climatique. Leur rôle est notamment appelé à grandir avec la mise en place de plans alimentaires territoriaux (PAT), ou avec la loi Climat et résilience. "On sent la vague qui arrive", selon Fabrice Ruffier. Pour Terre de Liens, ces collectivités sont des partenaires stratégiques pour préserver les terres et les rendre accessibles à une agriculture nourricière et résiliente. Dans les associations territoriales comme au niveau national, le mouvement développe des ressources transversales[20] et accompagne ces partenaires afin qu'ils se saisissent des différents outils dont ils disposent : "des outils de la force publique, de l'urbanisme (la contrainte réglementaire) ; la maîtrise foncière (l'acquisition) et l'animation d'un projet de territoire, pour inciter les acteurs locaux à aller dans le sens de la politique souhaitée par les élus".

Travailler avec des chercheurs

La recherche scientifique peut-elle contribuer à ce changement d'échelle visé ? "Un axe stratégique est d'intéresser les chercheurs, confirme Fabrice Ruffier : produire de la connaissance afin de rendre lisibles les enjeux autour du foncier, créer des liens avec des sociologues, des économistes, des géographes porteurs d'un regard critique." Le projet de Terre de Liens suscite l'intérêt du monde de la recherche. Il a fait l'objet de thèses, des liens se sont établis. Et plusieurs projets de recherche-action sont en cours. Ces démarches qui associent chercheurs et praticiens visent à mener en parallèle et de manière intriquée l'acquisition de connaissances scientifiques et des actions concrètes et transformatrices sur le terrain. L'une d'elles est le programme Ferments, cité plus haut, avec l'unité mixte de recherche Territoire, basée en Auvergne. Une autre est le collectif Fonciers en commun(s), démarche de recherche et développement (R&D) sociale dans laquelle s'investit Delphine Leroux, juriste à Terre de Liens Bretagne.

Le collectif Fonciers en commun(s)

Terre de Liens Bretagne a répondu fin 2020 à l'appel à communs national du LabCom Destins qui a donné lieu à la naissance du collectif Fonciers en commun(s) ; ce collectif a répondu à l'appel à projets Recherche & Société de la région Bretagne fin 2021. Rattaché à l'université de Poitiers, le LabCom Destins se donne pour objet d'accompagner des transformations sociales et écologiques. Terre de Liens Bretagne s'implique dans une démarche autour de l'accès au foncier avec d'autres acteurs : la fédération Terre de Liens, Terre de Liens Pays de la Loire, Passeurs de terres, la Chambre régionale d'économie sociale et solidaire (Cress), une avocate, un département du CNRS de l'université de Rennes, des représentants de GFA et SCI citoyens... Le collectif est sélectionné et un accompagnement se met en place en 2021. L'ambition est claire : les acteurs entendent dépasser le stade de l'expérimentation pour que le foncier en commun devienne une réalité à une échelle significative. "On a tous un problème de cadre légal et réglementaire qui nous contraint beaucoup, expose Delphine Leroux. Aujourd'hui, on est suffisamment nombreux et forts ; à l'échelle de la France, ça représente un paquet de monde et un paquet d'outils. Nous disons : on en a marre d'expérimenter. Maintenant qu'on a prouvé qu'on était capables de réussir, qu'on nous donne les moyens de faire plus et mieux demain." L'objectif est d'innover, d'adapter les outils juridiques et financiers, en particulier concernant les problématiques du bâti ; et de faire de ces outils des leviers pour la transition des modèles agricoles et la transmission des exploitations. La recherche s'appuie "sur la créativité juridique" à l'œuvre sur le terrain et considère "le droit comme un commun au service d'initiatives d'utilités sociales". Transversale et pluridisciplinaire, la démarche se poursuit en 2023. Il s'agit de favoriser la diversité des points de vue pour appréhender la complexité. "Nos actions et ambitions actuelles sont de cartographier l'existant, fédérer les différentes initiatives foncières citoyennes, comprendre les structures et faire bouger le cadre réglementaire et législatif", précise Amélie de Monès del Pujol, administratrice à Terre de Liens Bretagne.

L'ensemble de ces chantiers vise à généraliser la transition vers l'agroécologie paysanne, afin que cette dernière, rappelle Sjoerd Wartena, "joue son rôle dans ce qu'Edgar Morin appelle la « métamorphose » de la société, sans laquelle on va dans l'abîme". Le changement ne peut être que systémique, conclut le fondateur de Terre de Liens : "Si on a une Safer qui fonctionne, si on a des Terre vivante[1] dans chaque département, si on a le système Cuma, si on a le système de bail français, si on a une loi efficace sur l'ESS (économie sociale et solidaire), si on a des espaces-tests, si on a des Amap, si chaque école a un lien avec une ferme, si vous travaillez à mettre ces huit points en route, tout va changer. Nous sommes une très petite partie d'un système global, on ne peut pas tout faire. On fait notre part. Il faut que tous ces outils soient mis en œuvre, et Terre de Liens fait partie de ces outils. Le million de jeunes viendra (par tous ces points). Il faut poursuivre."

[1] Située au pied du Vercors, Terre vivante est une Scop avec une activité d'édition et de formation en jardinage et écologie.

Peser sur l'action publique : un chemin en construction

On appelle "murmurations" les vols synchronisés de milliers d'oiseaux qui forment une nuée où ils fonctionnent comme un seul et même organisme pour se protéger des attaques des oiseaux de proie. De même, des bancs de poissons coordonnent collectivement leurs mouvements sans avoir besoin de leader. Est-ce à l'image de ces comportements remarquables que les organisations qui défendent l'agriculture paysanne et l'accès à la terre s'allient et élaborent par leur intelligence collective des plateformes de revendications communes pour transformer les politiques publiques ?

À l'échelle internationale : le temps long

L'instrument juridique international apparaît comme un outil à longue portée. Souvent long à naître et techniquement ardu, il demande un investissement collectif important en temps et en ressources pour se l'approprier et plus encore pour participer à sa construction. Reconnu par des déclarations internationales *(voir encadré)*, l'accès au droit à la terre pour les paysans et les populations autochtones reste loin d'être effectif.

La coordination qui s'exerce à l'échelle internationale et la liaison entre acteurs de terrain et de plaidoyer permettent de porter avec force des informations et des propositions. L'alliance pour la souveraineté alimentaire Nyéléni regroupe des petits producteurs alimentaires et des mouvements qui les soutiennent. Son manuel *Des terres en commun !* (2020) montre qu'en s'appuyant sur les "directives volontaires pour une gouvernance responsable des régimes fonciers applicables aux terres, aux pêches et aux forêts", adoptées en 2012, des acteurs de la société civile dans différents États ont pu demander des comptes sur des situations d'accaparement, communiquer et influencer le contenu de réforme foncière (Eco Ruralis – Roumanie), être impliqués dans des réformes agricoles (Résap – Belgique), remporter une victoire judiciaire pour défendre leurs droits fonciers (éleveurs samis – Suède). Panorama thématique de cas inspirants, *Des terres en commun !* reflète la diversité des motifs, des mobilisations et des moyens d'action. Il offre aussi des ressources à l'usage de ceux qui s'engagent. Faire pression, développer, rendre public, consulter, protéger, promouvoir, revendiquer, renforcer, combattre, occuper, reprendre, négocier... Au fil des verbes qui caractérisent les différentes actions, c'est une geste contemporaine qui se dessine pour la liberté d'agir, de se nourrir, de travailler... et de développer la résilience. L'ouvrage expose aussi la diversité des institutions internationales, qu'Elinor Ostrom estime "aussi importante que la diversité biologique pour notre survie à long terme".

Cependant, une décennie après l'adoption des directives volontaires, une déclaration conjointe de Via Campesina et de ces alliés brosse en mai 2022 un sombre tableau de la question foncière mondiale. "L'accaparement des terres et des ressources se poursuit dans le monde entier, entraînant des degrés alarmants de concentration des terres et des ressources naturelles entre les mains de quelques acteurs puissants. La dépossession des personnes et des communautés de leurs terres, de leurs pêcheries, de leurs forêts et de leurs écosystèmes s'accompagne de violences (...)" Rappelant que ces phénomènes sont les expressions et causes de crises interconnectées, la déclaration souligne l'inadéquation des réponses des gouvernements et institutions internationales, qui "proposent de fausses solutions au changement climatique, à la perte de biodiversité et à la destruction des écosystèmes" et sapent "la démocratie et la responsabilité par la mainmise toujours plus grande des entreprises sur les espaces politiques à tous les niveaux".

Comment se mobiliser face à ces constats ? "On a besoin de politiques publiques pour générer du changement systémique", me dit Véronique Rioufol. Le rapport *Les Racines de la résilience, une politique foncière pour la transition agroécologique en Europe*[21], publié en 2021 par la plateforme Nyéléni, énonce plusieurs recommandations aux niveaux local, national et européen. À l'échelle de l'Union européenne, une prochaine étape des réseaux d'alliances d'organisations paysannes et citoyennes sera de soutenir l'élaboration d'un nouveau cadre pour la gouvernance foncière, avec une Directive foncière européenne afin de passer "d'une approche de la terre comme marchandise à une approche fondée sur les droits humains et sur la nature multifonctionnelle de la terre" ; un ensemble de mesures sont aussi préconisées, parmi lesquelles la mise en place d'un observatoire central européen du foncier et la création d'une instance de dialogue civil permanent entre les responsables institutionnels, les représentants des organisations paysannes, des sociétés civiles et des communautés concernées.

Le droit à la terre reconnu par l'ONU

En 2018, la déclaration des Nations unies sur les droits des paysans et autres personnes travaillant dans les zones rurales[22] reconnaît explicitement et protège le droit à la terre, "une première en droit international des droits humains", résultat de décennies de mobilisation de Via Campesina et ses alliés.
Extrait de l'article 17 de cette déclaration :
"Les paysans et les autres personnes vivant dans les zones rurales ont droit à la terre, individuellement et/ou collectivement (...) ce qui comprend le droit d'accéder à la terre et aux plans d'eau, zones maritimes côtières, zones de pêche, pâturages et forêts qui s'y trouvent, et de les utiliser et de les gérer d'une manière durable, pour s'assurer un niveau de vie suffisant, avoir un endroit où vivre en sécurité, dans la paix et la dignité, et développer leurs cultures.
Les États prendront des mesures appropriées pour supprimer et interdire toutes les formes de discrimination liées au droit à la terre (...) pour veiller à la reconnaissance juridique des droits

d'occupation des terres, y compris les droits d'occupation des terres coutumiers actuellement dépourvus de protection légale, en reconnaissant l'existence de modèles et de systèmes différents. (...)
Les États intégreront dans leur législation des mesures de protection contre le déplacement (...) interdiront l'expulsion forcée arbitraire et illégale, la destruction de zones agricoles et la confiscation ou l'expropriation de terres et d'autres ressources naturelles... les États prendront des mesures appropriées pour procéder à des réformes agraires afin de faciliter un accès large et équitable à la terre et aux autres ressources naturelles (...) et pour limiter la concentration et le contrôle excessifs de la terre. (...)
Les États prendront des mesures en vue d'assurer la préservation et l'utilisation durable des terres et des autres ressources naturelles utilisées à des fins productives, notamment grâce à l'agroécologie, et ils instaureront les conditions que nécessite la régénération des ressources biologiques et des autres capacités et cycles naturels."

En France : un pacte et un projet de loi d'orientation et d'avenir agricoles en 2023

Le 7 décembre 2022, le ministre Marc Fesneau lançait la concertation, voulue par le président de la République, sur ce projet de loi. Un mois plus tôt, il exposait aux députés la philosophie de ce futur texte[1]. "Nous avons besoin d'écrire une loi d'orientation qui permette non seulement de répondre au problème classique de la transmission et de la reprise des exploitations, mais également à celui de la transition après leur transmission. En effet, l'installation des

[1] Lors de la déclaration sur le budget 2023 consacré à ses missions. https://www.vie-publique.fr/discours/287016-marc-fesneau-02112022-budget-2023-mission-agriculture

jeunes aujourd'hui nous impose de penser d'ores et déjà le modèle agricole qui sera valable dans trente ans, avec les contraintes qui lui seront propres, comme le dérèglement climatique. Or, l'adaptation au changement climatique nécessite des actions dans les territoires : nous devrons donc construire un modèle national, mais qui se décline à l'échelle locale. (...) Nous devrons aussi travailler à l'attractivité des métiers, qu'il s'agisse de celui de salarié agricole ou d'exploitant agricole : les conditions de travail sont importantes, tout comme la rémunération."

Juin 2023 : la concertation nationale pour le projet de loi d'orientation et d'avenir agricole qui s'est déroulée de janvier à mai 2023 vient de s'achever. Les trois groupes de travail ont remis la synthèse de leurs propositions au ministre de l'Agriculture et de la Souveraineté alimentaire. Les enjeux de cette loi mobilisent de nombreux acteurs. Plus d'une centaine d'organismes ont participé à ces groupes de réflexion axés sur trois thématiques : orientation et formation ; installation et transmission ; adaptation et transition face au changement climatique. Outre les organisations professionnelles agricoles, les structures d'enseignement, des élus, les organisations couvrent tout le champ de la société civile : réseaux, ONG, fédérations, etc. Des contributions écrites et orales ont été recueillies auprès de différents acteurs régionaux. La concertation a pour objectifs, précise le ministère, de "partager une vision commune sur les tendances d'ici 2040 ; d'identifier les leviers de politique publique, les outils, les engagements des partenaires privés et associatifs en matière d'orientation et de formation, d'installation, de transmission et d'adaptation et de transition face au changement climatique ; de préciser les modalités de mise en œuvre de ces leviers et outils ; (...) d'identifier les acteurs (...) et les conditions concrètes pour que ces dispositions puissent s'inscrire dans les réalités des territoires et contribuer à renforcer la relation agriculture-société". Mais pas question pour autant de privilégier un modèle plutôt qu'un autre, souligne la note de cadrage. Quelle sera la position du ministère, et sur quelle vision des priorités va-t-elle s'appuyer pour penser un "modèle agricole encore valable dans trente ans" ? Réponse à l'automne, lorsque seront dévoilés la proposition de loi et le pacte annoncés.

Notons à ce stade que les synthèses des propositions des groupes de travail se sont focalisées sur les éléments de consensus, conformément à la demande ministérielle. Chacun peut consulter sur le site du ministère[23] les fruits de cet important travail collectif.

Curieuse de découvrir lesquelles dans ces propositions font écho aux questions qui traversent ce livre, j'ai lu ces synthèses peu avant son départ à l'impression. Telle une abeille, j'ai butiné parmi les préconisations. Je me suis intéressée en particulier à la synthèse des propositions du groupe de travail n° 2 "installation et transmission[1]", qui fait ressortir 37 mesures consacrées à l'installation, à la transmission et à l'investissement.

Le document insiste sur "la diversité des profils, des projets" ainsi que "des solutions à apporter", comme sur "le pluralisme nécessaire dans la gouvernance future du cadre rénové de pilotage".

Une préconisation centrale concernant l'installation est la nécessité d'accueillir tous les publics pour assurer le renouvellement des générations. Pour cela, "d'identifier et de mobiliser de nouveaux viviers de futurs actifs agricoles" : les urbains, non issus du milieu agricole, les jeunes comme les adultes en reconversion professionnelle. Pour rendre plus attractifs les métiers de l'agriculture, une attention particulière est portée aux "éléments socio-économiques susceptibles de diminuer la pénibilité" mais aussi de répondre aux attentes des jeunes générations en matière de protection sociale, congés, logement, possibilité de travail en commun, couverture numérique, etc.

Accueillir ces publics implique de rénover et de renforcer les points d'accueil installation (PAI). Sous forme de guichet unique

[1] Coprésidé par Jean Salmon, président du Conseil national de l'enseignement agricole privé, Marine Marot, directrice générale de la MSA des Portes de Bretagne et Jean-Marie Marx, ingénieur et ancien membre du CGAAER.

départemental, ceux-ci devront coordonner toutes les structures compétentes sur les questions de transmission, d'installation et de formation, et aussi s'ouvrir au salariat. Ce dernier est vu comme "un enjeu majeur" d'une part au regard de l'évolution de l'agriculture vers des formes sociétaires, d'autre part comme une composante du processus d'installation qui répond à une aspiration des nouvelles générations. Plus largement, la synthèse souligne la nécessité de rénover la gouvernance du dispositif d'accompagnement. Les actifs agricoles doivent être suivis dans la durée, en phase de pré-installation comme de post-installation. Il est notamment proposé d'étendre le "droit à l'essai", sous forme d'expérimentation et d'espaces test. Afin de former les actifs agricoles de demain, il est proposé de renouveler la formation initiale et continue, notamment par des thématiques attractives pour les jeunes et par des passerelles entre enseignement agricole et éducation nationale. Cela fait écho à des propositions travaillées dans le groupe n° 1.

L'accès au foncier apparaît comme un enjeu majeur de politique publique en matière de transmission et d'installation. Un consensus se dégage sur la nécessité de favoriser l'éclosion et le développement de fonds de portage, comme de faire évoluer les GFA. Par ailleurs, la fiscalité du foncier doit encourager la mise à bail des terres tout en maintenant la modération des fermages. Le bail rural environnemental permet de répondre aux enjeux de la transition écologique.

Enfin, au moment de la transmission, la transparence est nécessaire concernant l'appréciation de la valeur économique réelle de l'exploitation, mais aussi ses dimensions environnementales. Le groupe propose ainsi un "diagnostic transmissibilité" afin que l'exploitation réponde aux attentes des repreneurs, avec d'éventuelles préconisations sur la restructuration d'exploitations trop grandes.

Il faut saluer cette démarche participative dont l'ambition est de répondre au défi démographique "historique" du renouvellement des générations. Cependant, l'objectif de faire ressortir des propositions suffisamment consensuelles pour être retenues a été très limitant, relève Tanguy Martin, qui pour Terre de Liens a participé au processus avec Vincent Jannot et Astrid Bouchedor : “Pour arriver à ce consensus, on reste à des niveaux de généralités très hauts. Ainsi, sur des items comme « réorienter et accroître les financements publics en faveur de la transition » tout le monde est d’accord. Mais quand on arrive à « ne plus soutenir des pratiques défavorables à l’environnement », il n’y pas de consensus, donc ce n’est pas retenu. À ce rythme, on n’aura jamais une loi consensuelle qui réponde aux enjeux du moment.”

Tout le monde s’accorde sur le fait qu’il n’y a pas de modèle unique et pas de solution unique. “Mais de cette affirmation découle un syllogisme, poursuit Tanguy Martin : « donc il faut soutenir tout le monde ». Mais ce n’est pas parce qu’il n’y a pas un modèle unique que tous les modèles se valent et que tous les modèles sont souhaitables ! Car il peut y avoir plusieurs modèles souhaitables et plusieurs modèles néfastes. Plusieurs modèles sont incompatibles, or la ressource en terres est limitée. Et si la terre va à certains modèles néfastes, elle n’ira pas aux modèles positifs. On ne peut pas mettre en même temps deux agricultures sur la même ferme.”

Ce débat n’a rien de rhétorique et en matière d’agriculture, on est loin du consensus : au printemps 2023, la proposition de loi “pour un choc de compétitivité en faveur de la Ferme France” adoptée par le Sénat et transmis à l’Assemblée nationale en mai, prévoit un paquet de mesures effectivement choquantes, en particulier sur les pesticides et sur les mégabassines ; elle reporte l’obligation pour la restauration collective de s’approvisionner à 20 % en produits bios et à 50 % en produits durables et de qualité. Ce texte “vise surtout à détourner l’attention des vrais enjeux et à peser sur le débat public” analyse Stéphane Foucart dans *Le Monde*[24]. Au niveau régional, les politiques pour l’installation agricole ne sont pas à l’abri de considérations partisanes : le président d’Auvergne Rhône-Alpes a ainsi cessé en 2023 de financer le principal réseau d’aide à l’installation paysanne, l’Ardear[25].

Edgard Pisani avait en son temps fustigé le conservatisme et les groupes de pression, avant de plaider pour une transformation agroécologique de notre modèle. Que dirait-il aujourd'hui ? Lors de la présentation du budget 2023[1] consacré à l'agriculture et à la souveraineté alimentaire, la députée Aurélie Trouvé, par ailleurs ingénieure agronome, interpellait le ministre Marc Fesneau en évoquant son prédécesseur : "40 ans plus tard, Pisani lui-même l'affirme, ce modèle productiviste doit cesser : il est tout sauf moderne. (...) 40 ans plus tard, Pisani l'affirme aussi : soumettre l'agriculture à la libéralisation des marchés est une catastrophe. (...) Car Pisani le disait : nous devons enclencher une vaste bifurcation agroécologique et mettre, au service de cela, les moyens de l'État, ceux de ses services déconcentrés, ceux des organisations professionnelles comme la France avait su le faire après la Seconde Guerre mondiale."

Pour que les responsables politiques s'engagent véritablement dans cette bifurcation agroécologique, il faut peser. Nous devons être plus nombreux à être conscients des enjeux, à en débattre, à interpeller les élus et à nous mobiliser. C'est le sens du manifeste de l'Atelier paysan.

Le manifeste de l'Atelier paysan : **Reprendre la terre aux machines**

Agriculture, alimentation, démocratie : l'Atelier paysan met les points sur les *i* avec la parution d'un manifeste : *Reprendre la terre aux machines*[26]. La coopérative des technologies paysannes qui accompagne les producteurs dans la conception et la fabrication de machines et de bâtiments adaptés à une agroécologie paysanne a écrit à plusieurs mains ce texte politique pour contribuer "à l'émergence d'un large mouvement populaire pour l'autonomie paysanne et alimentaire".

Le bilan d'un siècle d'industrialisation de l'agriculture et de l'alimentation à bas coût qu'elle produit est "catastrophique", tant pour

[1] Le 2 novembre 2022.

les agriculteurs que pour les mangeurs, constate le collectif. Cependant, "le milieu de l'agriculture paysanne continue d'espérer que les alternatives dont il est porteur fassent tache d'huile et changent la société. Nous venons de ce milieu, nous avons partagé cette croyance. Nous continuons de pratiquer, mais nous ne croyons plus". Ces alternatives, si nombreuses et précieuses soient-elles, "ne constituent pas un projet politique en elles-mêmes et ne mettent pas en danger l'agriculture industrielle. Elles en fournissent plutôt le complément de gamme, notamment pour l'alimentation des fractions aisées de la population". Ces alternatives sont nécessaires à toute perspective de transformation sociale, elles ont prouvé que l'on sait produire en dehors des trajectoires industrielles. Mais elles ne changeront pas seules la donne, estiment les auteurs.

Faut-il alors s'adresser solennellement aux dirigeants de l'État ou de l'Union européenne "pour les convaincre de l'urgence de politiques publiques dédiées à une transition rapide vers l'agroécologie" ? L'absence de résultats significatifs des démarches engagées pour peser sur les orientations agricoles ne permet pas de croire en cette voie, souligne l'Atelier paysan. Un bouleversement aussi important que le passage d'une agriculture industrielle à l'agriculture paysanne "ne sera pas concédé par les élites politiques et économiques sans le surgissement d'un mouvement social. Il n'aura jamais lieu sans un rapport de force assumé (...) dont nous allons dans ce livre tenter de définir les terrains prioritaires. Il sera conquis par la lutte ou il n'adviendra pas".

Ce bouleversement politique s'appuie sur "le refus définitif de dissocier la question agricole de la question alimentaire : ne pas les penser ensemble, c'est valider la séparation entre production et consommation". En effet, du côté des producteurs, le prix des denrées agricoles ne reflète pas les coûts de production. Cela entraîne une dépendance aux aides publiques : "sur la période 2010-2019, 77 % des revenus des agriculteurs proviennent des aides nationales et européennes... Sur l'année 2018, 14 % des exploitations françaises ont un résultat courant négatif, selon les chiffres publiés en 2020 par le ministère de l'Agriculture", argumente Nicolas Mirouze[27], sociétaire de l'Atelier paysan. Du côté des consommateurs, poursuit-il, "une partie non négligeable de la population n'a pas les moyens de l'alimentation qu'elle voudrait choisir. Parfois, elle ne peut même pas acheter l'alimentation la moins chère disponible en grande surface... Selon l'Inspection générale des affaires sociales, 5,5 millions de personnes en grande précarité alimentaire dans la France de 2018, antérieure à la crise due au Covid-19, se procuraient leurs repas quotidiens grâce à l'aide alimentaire. Cette aide, devenue systémique en France, est distribuée par plus de 200 000 bénévoles. (...) Elle est abondamment pourvue par les surplus inconsidérés de l'agriculture industrielle intensive (...) et participe directement à la compression des coûts des produits agricoles et donc à la diminution du revenu des agriculteurs". Pas de changement de modèle agricole, de généralisation de l'agriculture paysanne sans un droit universel à une alimentation choisie. Instaurer un nouveau contrat social liant agriculture et alimentation, c'est le sens du manifeste de l'Atelier paysan.

L'horizon politique d'une "autonomie paysanne et alimentaire" permettra de soustraire la production agricole à la pression du marché mondial et de mettre fin à la subordination de l'agriculture aux autres secteurs économiques. L'Atelier paysan précise que "l'autonomie ne consiste sûrement pas à s'affranchir de toutes ses dépendances, mais à faire l'inventaire des dépendances qui nous asservissent et de celles qui nous rendent plus libres". En chemin, il reprend l'objectif d'installer "un million de paysans dans les 10 ans à venir" en France. Installation qui "relève de l'urgence absolue pour une société menacée par des débâcles aussi bien économiques et alimentaires qu'écologiques, sanitaires et sociales".

Le collectif appelle à la création de rapports de force autour de trois pistes principales. La première est protectionniste : "la fixation de prix minimum d'entrée pour les produits importés en France, proposition déjà portée par la Confédération paysanne depuis peu".

La deuxième vise à socialiser l'agriculture et l'alimentation, avec notamment la séparation de la propriété de la terre et du travail de la terre et "le projet d'une Sécurité sociale de l'alimentation". Plusieurs organisations et collectifs soutiennent cette idée[28] d'un conventionnement des aliments couplé à une allocation mensuelle, financée par la création d'une cotisation sociale à taux unique sur la production réelle de valeur ajoutée.

La troisième proposition est une désescalade technologique en agriculture, avec l'ouverture d'un front de refus contre la robotique agricole, "dernier clou planté dans le cercueil de la paysannerie", assure Hugo Persillet[29] : "Le projet politique agricole et alimentaire est de diviser encore au minimum par deux le nombre d'exploitations : passer de 400 000 à 200 000. Avec aussi peu d'exploitants agricoles, l'agriculture n'est possible qu'avec un arsenal technologique."

C'est sur l'éducation populaire que l'Atelier paysan compte pour bâtir un mouvement de transformation sociale capable de porter ce projet pour changer, enfin, la donne. Son appel rejoint d'autres portés par de nombreuses voix.

Laissons le mot de la fin à Edgard Pisani, qui dès 1979[30] appelait chacun à se mobiliser pour les enjeux environnementaux et démocratiques au cœur des défis des nouvelles générations : "Il n'y a pas de protection de la nature par la loi seule ; il n'y a pas d'aménagement du territoire par les décisions de financement seules ; il n'y a pas d'aménité du cadre de vie par le seul dessin de l'ingénieur. Il faut que chacun d'entre nous, individu, association, entreprise, institution locale, soit fait responsable de son environnement. Alors et alors seulement, après quelques hésitations peut-être, les choses iront autrement."

EN GUISE DE CONCLUSION

Au cours de ce voyage au cœur de la terre, j'ai voulu proposer une lecture la plus accessible et vivante possible des enjeux peu visibles de la propriété et des usages de la terre. Ces enjeux qui répondent à des besoins fondamentaux sont déterminants pour nous tous. Alors que nous sommes dans une période cruciale, où les tensions vont croissant, nous ne pouvons éviter le changement, mais nous pouvons agir pour choisir quel changement nous voulons. J'ai cherché à montrer la diversité des formes d'accès à la terre inventées par des organisations qui associent agriculteurs, ruraux et citadins et qui considèrent la terre comme un bien commun.

En guise de conclusion, je voudrais nous inviter collectivement et individuellement, à nous intéresser à la ferme d'à côté, au producteur qui vient sur le marché, à l'association Terre de Liens ou au collectif qui localement aide des paysans à s'installer. À nous intéresser aussi à ce que l'on mange, d'où ça vient et comment c'est produit ? À tendre l'oreille lorsque des élus de nos territoires portent des projets sur ces sujets. Enfin, à prêter attention, lorsque l'on marche, au sol sur lequel se posent nos pieds, à la couleur et à l'aspect de la terre, qui ne dit rien, mais qui supporte beaucoup.

S'engager pour faire de la terre un commun nous mène sur un sol vivant à un chemin qui relie démographie agricole et démocratie alimentaire ; à des croisements où penser nos interdépendances ; à des lieux en construction où agir et définir des règles collectivement ; à des bannières pour porter des combats communs ; à des lisières où sentir que nous habitons ici avec d'autres, humains et non-humains. Car nous sommes une partie d'un tout.

NOTES

Introduction. – L'usage de la terre (pages 10 à 14)
1. *Objectif "Zéro artificialisation nette" : quels leviers pour protéger les sols ?*, rapport, France Stratégie, 2019.

PARTIE 1 – D'OÙ VENONS-NOUS ?

CHAPITRE 1 – Il y a 100 ans... Posséder, c'est pouvoir (pages 16 à 18)
1. Michel Boulet, "Évolution de l'agriculture française de 1918 à 1945", *L'École des paysans*, 2018, https://ecoledespaysans.over-blog.com/2018/12/evolution-de-l-agriculture-francaise-de-1918-a-1945-2003.html

CHAPITRE 2 – 1789-1945 : La propriété "droit inviolable et sacré" (pages 19 à 25)
1. Edgard Pisani, *Utopie foncière*, Gallimard, 1977.
2. Antoine Béague, *Essai sur l'histoire de la propriété de la terre*, Terre de Liens, coll. "Arpenter", 2019.
3. Léon Gambetta, discours prononcé à Auxerre le 1er juin 1874, BNF, Gallica.
4. Jean Ibanès, "La répartition des exploitations dans l'agriculture française à la fin du XIXe et au début du XXe siècle", *Revue économique*, vol. 25, n° 4, 1974. https://www.persee.fr/doc/reco_0035-2764_1974_num_25_4_408168
5. *Ibid.*
6. Michel Boulet, "Évolution de l'agriculture française de 1918 à 1945", art. cité.
7. "Le début du XXe siècle : l'essor des petits propriétaires-exploitants". http://www.agter.asso.fr/article872_fr.html

CHAPITRE 3 – Après 1945 : moderniser l'agriculture (pages 26 à 44)
1. Lisa Gauvrit, "Les lois d'orientation agricole de 1960 et 1962, à l'origine de la politique foncière actuelle", in Agter, *Les Politiques foncières agricoles de la France au XXe siècle*, juin 2012.
2. Frédéric Courleux et Dimitri Liorit, "De la tenure héréditaire à la protection du fermier", *Les Cahiers du pôle foncier*, n° 16, 2016.
3. Michel Merlet, "Le statut du fermage, une expérience réussie de sécurisation des droits d'usage du sol des producteurs agricoles", in Agter, *Les Politiques foncières agricoles de la France au XXe siècle*, 2008.

4. Lisa Gauvrit, “Les lois d’orientation agricole de 1960 et 1962”, art. cité.
5. *Ibid.*
6. Edgard Pisani, *Utopie foncière, op. cit.*
7. Voir Michel Merlet, “La « politique des structures » en France : une capitalisation d’expérience”, in Agter, *Les Politiques foncières agricoles de la France au XXe siècle*, juin 2016.
8. Jean Gault, Sylvain Marty, Jean-Noël Menard et Jean-Marc Pringault, *Évaluation des mesures prises dans le cadre de la loi d’orientation agricole de 2006 pour faciliter la transmission des exploitations agricoles et le financement des facteurs de production par des capitaux extérieurs*, rapport, Conseil général de l’alimentation, de l’agriculture et des espaces ruraux, 2013.
9. Yann de Kerorguen, “Edgard Pisani, le ministre qui a modernisé l’agriculture. Portrait”, *Place publique*, https://www.place-publique.fr/index.php/le-magazine-2/edgard-pisani-le-ministre-qui-a/
10. Catherine de Menthière, Patrick Falcone, Vincent Piveteau, Xavier Ory, *La Haie, levier de la planification écologique*, CGAAER, rapport n° 22114, avril 2023.
11. Fabien Béziat, Agnès Poirier, *Nous, paysans*, Program 33, France Télévisions, TV5 Monde, 2021.
12. https://www.ccomptes.fr/system/files/2019-01/20190110-refere-S2018-2553-aides-directes-FEAGA.pdf
13. https://pouruneautrepac.eu/propositions-pour-la-pac-2023-2027/
14. Donella Meadows, Dennis Meadows, Jorgen Randers et William Berhens, *Les Limites à la croissance*, rapport, Club de Rome, 1972.
15. *Printemps silencieux*. Une nouvelle édition en français est parue chez Wildproject en juin 2020.

CHAPITRE 4 – Au XXIe siècle, l’héritage du XXe siècle. Comment atterrir ? (pages 45 à 59)

1. Robert Levesque, “La concentration des terres en France”, in Agter, *Accaparement des terres. Études de cas*, 2019.
2. “La science du sol, pourtant au cœur des recherches agronomiques avant-guerre, ne se voit pas accorder le statut de département au sein de l’Inra avant 1974. Cette disparition de l’organigramme indique l’effacement, dans la technostructure agronomique d’après-guerre, de la science du sol derrière une chimie agricole et une agronomie délaissant le monde microbien et la vie du sol pour se focaliser sur la mise en place de formules types de fertilisation.” Céline Pessis, “Histoire des « sols vivants »”, *Revue d’anthropologie des connaissances*, vol. 14, n° 4, 2020, mis en ligne le 1er décembre 2020, https://journals.openedition.org/rac/12437

3. https://www.afes.fr/les-sols/sols-et-chiffres-cles/
4. Dominique Potier, Pierre Blanc et Benoît Grimonprez, *La Terre en commun. Plaidoyer pour une justice foncière*, Fondation Jean-Jaurès, 2019.
5. https://www.gissol.fr
6. https://www.researchgate.net/publication/324056184_Etat_des_Ressources_en_Sols_dans_le_Monde_Resume_technique
7. *La Terre en commun, plaidoyer pour une justice foncière*, chapitre “Terres et inégalités : géohistoire d’une injustice explosive”.
8. Lucile Leclair, *Hold-up sur la terre*, Seuil, 2022.
9. Terre de Liens, *État des terres agricoles en France*, rapport, 2022.
10. Source Eurostat, article de Delphine Jeanne, publié le 25 mars 2021 sur Webagri, https://www.web-agri.fr/foncier-agricole/article/177141/prix-du-foncier-2019-en-europe
11. Frédéric Courleux et Dimitri Liorit, “De la tenure héréditaire à la protection du fermier”, art. cité.
12. Robert Levesque, “La concentration des terres en France”, art. cité.
13. https://www.terre-net.fr/actualite-agricole/politique-syndicalisme/article/la-loi-sempastous-urgente-pour-orienter-les-terres-vers-les-jeunes-205-206368.html
14. François Purseigle, Geneviève Nguyen et Pierre Blanc, *Le Nouveau Capitalisme agricole. De la ferme à la firme*, Les Presses de SciencesPo, 2017.
15. https://www.ifrap.org/agriculture-et-energie/exploitations-agricoles-toujours-plus-de-reglementations-franco-francaises
16. *Entre transmettre et s’installer, l’avenir de l’agriculture !* Avis du Conseil économique, social et environnemental (Cese) présenté par Bertrand Coly au nom de la section de l’agriculture, de la pêche et de l’alimentation, juin 2020.
17. Edgard Pisani, *Un vieil homme et la terre. Neuf milliards d’êtres à nourrir. La nature et les sociétés rurales à sauvegarder*, Seuil, coll. “L’histoire immédiate”, 2004.

CHAPITRE 5 – Récit. S’installer, un parcours du combattant. La ferme de la Houlette, Charente-Maritime (pages 60 à 78)

1. Voir notamment la thèse en sociologie d’Elsa Pibou, *Paysans de passage : les fermiers du mouvement Terre de Liens en France*, université Toulouse le Mirail, 2016.
2. Pauline Thomann, de Terre de Liens Alsace, rapportant des propos tenus aux porteurs de projets en entretien à la Safer.

3. Document de référence conçu par branche professionnelle, un guide de bonnes pratiques d'hygiène est validé par les pouvoirs publics.
4. Communiqué Terre de Liens du 11 mai 2021 : "Stop à l'accaparement de terres : pas de laissez-passer !"

PARTIE 2 – LES COMMUNS, OUI, MAIS COMMENT ?

1. Christine Léger-Bosch, *Les Opérations de portage foncier pour préserver l'usage agricole*, thèse en sciences économiques, université de Grenoble Alpes, 2015.

CHAPITRE 1 – Jouer collectif pour l'accès à la terre : les pionniers (pages 85 à 137)

1. Voir l'ouvrage de François Purseigle, Geneviève Nguyen et Pierre Blanc, *Le Nouveau Capitalisme agricole*, *op. cit.*
2. Voir l'enquête de Lucile Leclair, *Hold-up sur la terre*, *op. cit.*
3. José Bové, "La société civile des Terres du Larzac, une approche novatrice et originale de la gestion foncière des territoires ruraux", in Agter, *Les Politiques foncières agricoles de la France au XX*e *siècle*, 2002, https://www.agter.org/bdf/fr/corpus_chemin/fiche-chemin-9.html
4. *Ibid.*
5. Anne-Marie Lagarde, *Le Matriarcat basque*, Arteaz, 2022.

CHAPITRE 2 – Terre de Liens, un mouvement d'éducation populaire pour préserver les terres agricoles (pages 138 à 229)

1. Bertrand Hervieu et Danièle Léger, *Le Retour à la nature*, Seuil, 1979.
2. Sjoerd Wartena, *Lettre de Vachères à la jeune génération*, 2020.
3. Jean Le Monnier, "Terre de Liens : histoire de convergences", *Pour*, n° 220, 2013.
4. *Ibid.*
5. La dernière mise à jour de ce guide date de 2007 : https://ressources.terredeliens.org/les-ressources/l-acces-collectif-et-solidaire-au-foncier-et-au-bati. Un nouveau guide est produit en 2018 : https://ressources.terredeliens.org/les-ressources/trouver-une-terre-pour-mon-projet-agricole
6. Cette citation et celles qui suivent sont extraites du site http://www.education-populaire.fr/pour-quoi-faire/
7. Terre de Liens Bretagne, Liamm an douar, *Rapport d'activité 2021*, assemblée générale du 30 avril 2022.

8. Sources : ABC, chiffres, édition 2021, Chambres d'agriculture de Bretagne.
9. Nicolas Bihan, *L'Utilisation des techniques sociétaires en agriculture*, thèse, Institut de recherche en droit privé, Nantes, 2005.
10. *Analyser et valoriser les démarches d'accès collectif et solidaire au foncier*, synthèse de l'étude de Pauline Chiron, 2019.
11. *Découvrir les GFA/SCI citoyens – 9 monographies*, Fédération Terre de Liens et Terre de Liens Bretagne, 2019.
12. Les données sont extraites du rapport d'activité 2021, Terre de Liens Bretagne, Liamm an douar, présenté à l'assemblée générale du 30 avril 2022.
13. Mathilde Sanglier et Damien Roumet (dir.), *Agir sur le foncier agricole, un rôle essentiel pour les collectivités locales*, Terres de Liens, coll. "Retours d'expériences", 4e édition, 2022.
14. Voir le rapport de gérance 2021 de la foncière.
15. *Ibid.*
16. Décret n° 96-1133 du 24 décembre 1996 : Interdiction de la fabrication, de la transformation, de la vente, de l'importation, de la mise sur le marché national, de la cession de toutes variétés de fibres d'amiante.
17. Brunelle Dalbavie et Madeleine Mialocq, *Le Guide de l'habitat Terre de Liens*, Terre de Liens, https://www.reseaurural.fr/sites/default/files/documents/fichiers/2018-05/2016_mcdr_guide_habitat_terre_de_liens.pdf
18. "Habitat paysan, habitat des paysans", https://ressources.terredeliens.org/les-ressources/habitat-paysan-habitat-des-paysans-rapport-d-enquete-sur-l-habitat-et-l-installation
19. Rapport de gérance 2021 de la foncière.
20. Voir le label mieux-disant Fnab : https://www.fnab.org/label-bio-mieux-disant/ ; ainsi que le programme Synabio : https://www.synabio.com/le-synabio-s-engage-pour-la-biodiversite
21. Ces informations et les suivantes sont extraites du programme "Biodiversité" de la Fondation Terre de Liens, rapport intermédiaire au terme de la première année de mise en œuvre, août 2022.
22. Extrait du rapport annuel 2021 de la fondation.
23. Programme "Biodiversité" de la Fondation Terre de Liens, rapport intermédiaire au terme de la première année de mise en œuvre, août 2022.
24. Ivan Logvenoff, "Lobbying et agriculture : qui sont les acteurs les plus influents", *Agra Presse*, 2022, https://www.agra.fr/agra-presse/enquete
25. https://www.hatvp.fr/wordpress/wp-content/uploads/2022/05/Rapport-dactivite-HATVP-2021.pdf
26. https://terredeliens.org/structure-du-plaidoyer-a-terre-de.html

27. https://cap-impact.org/astrid-bouchedor-portrait-de-femme-engagee/
28. On peut voir à ce sujet le film *Goliath*, fiction qui repose sur une documentation solide ; voir aussi la publication du Fian sur la prise de pouvoir des multinationales, *Beet The System !* 2019, http://www.fian.be/La-prise-de-pouvoir-des-multinationales
29. https://ressources.terredeliens.org/les-ressources/preserver-et-partager-la-terre
30. *Le Berry républicain* : https://www.leberry.fr/bourges-18000/actualites/pour-astrid-bouchedor-chargee-de-plaidoyer-a-terre-de-liens-le-projet-de-loi-climat-et-resilience-manque-d-ambition_13940353/
31. https://reporterre.net/Loi-Climat-trop-de-derogations-affaiblissent-la-lutte-contre-l-artificialisation-des-sols
32. https://ressources.terredeliens.org/les-ressources/etat-des-terres-agricoles-en-france
33. https://ressources.terredeliens.org/recolte
34. Notamment Objectif Terres, plateforme gratuite de petites annonces destinée à mettre en relation paysans-cédants et porteurs de projets agricoles : https://www.objectif-terres.org ; et Parcel, application gratuite permettant d'évaluer pour un territoire donné les surfaces agricoles nécessaires pour se nourrir localement : https://parcel-app.org
35. id. http://reseau-relier.org
36. http://www.education-populaire.fr/democratie/
37. https://reporterre.net/Laurent-Wauquiez-confie-la-bio-aux-agro-industriels
38. Voir le rapport du réseau Coordination européenne Via Campesina et Hands Off the Land, *La Concentration et l'accaparement des terres et les luttes paysannes en Europe*, 2013. Réalisé dans 11 pays, le rapport alerte sur le fait que 3 % des propriétaires terriens sont arrivés à contrôler la moitié des terres cultivables. Il révèle que l'un des moteurs principaux de la concentration et de l'accaparement des terres en Europe sont les subventions versées dans le cadre de la politique agricole commune.
39. https://pouruneautrepac.eu
40. https://www.accesstoland.eu
41. Pierre Blanc, "Terres et inégalités : géohistoire d'une injustice explosive", in Pierre Blanc, Benoît Grimonprez et Dominique Potier, *La Terre en commun, op. cit.*
42. https://www.accesstoland.eu/film-La-terre-qui-nous-nourrit
43. Voir notamment "Ces terres qui se défendent", hors-série de *Socialter*, rédigé par le collectif Reprises de terres, publié en décembre 2022.
44. Vincent Bretagnolle et Vincent Tardieu, *Réconcilier nature et agriculture*, CNRS éditions, 2021.

45. Perrine Dulac et Frédéric Signoret, *Paysans de nature*, Delachaux et Niestlé, 2018.
46. Réalisation : Coraline Molinié, Real Productions, en partenariat avec la LPO Pays de la Loire. *Paysans sentinelles* a notamment été primé en 2022 au Festival international du film ornithologique de Ménigoute.
47. https://www.paysansdenature.fr
48. Sur TV Nantes, le 24 janvier 2022.
49. https://terrescitoyennes.org/index.php/nos-projets/nourrir-lalbigeois/
50. https://wiki.terrescitoyennes.org/?ComExterne
51. https://encommun.eco
52. Contribution de l'association Pour un avenir commun dans le bocage à la construction d'un projet de territoire post-aéroport du Grand Ouest, *Un territoire environnemental habité*, rapport, 2018, https://zad.nadir.org/IMG/pdf/territoireenvironnmentalhabite_v1.2.pdf
53. *Ibid.*
54. Charte "rédigée au sein d'une assemblée régulière ayant pour objet de penser l'avenir des terres".
55. https://zad.nadir.org/spip.php?article4629
56. https://encommun.eco/vision-avenir/situation-inedite
57. https://encommun.eco/vision-avenir/notre-approche
58. https://lafonciereantidote.org
59. "Ces terres qui se défendent", *op. cit.*
60. "La gouvernance des biens communs", intervention de Sarah Vanuxem le 12 novembre 2021 à Aubervilliers, dans le cadre de la journée "Pérenniser, partager, transmettre" organisée par la foncière Antidote. Voir aussi Sarah Vanuxem, *La Propriété de la terre*, Wildproject, 2018.
61. "Interdépendances", intervention d'Isabelle Stengers lors de la rencontre organisée par la foncière Antidote à Aubervilliers le 12 novembre 2021.
62. La Découverte, 2020.
63. Edgard Pisani, *Un vieil homme et la terre, op. cit.*

PARTIE 3 – SCÉNARIOS POUR UNE DÉCENNIE DÉCISIVE

1. Sylvain Runberg (scénario), Miki Montillo (dessins), *Nourrir l'humanité*, d'après la nouvelle de Liu Cixin, Delcourt, 2022.
2. Augustin Lebon, *Résilience*, Casterman, 2017-2020.

CHAPITRE 1 – Continuer, pour aller où ? (pages 233 à 248)

1. Chiffres : https://vizagreste.agriculture.gouv.fr
2. https://agreste.agriculture.gouv.fr/agreste-web/disaron/Pri2211/detail/
3. https://www.vie-publique.fr/en-bref/281377-secteur-agricole-de-nouvelles-formes-de-travail
4. https://www.bfmtv.com/economie/consommation/c-lambert-le-numerique-la-robotique-et-la-genetique-sont-la-troisieme-revolution-agricole_VN-202110120459.html
5. *La Tribune*, 13 octobre 2021, https://www.latribune.fr/opinions/tribunes/pourquoi-il-faut-investir-massivement-dans-la-troisieme-revolution-agricole-894253.html
6. Rapport d'activité 2020 des Safer, https://www.safer.fr/app/uploads/2021/10/2021-cra-2020-A4.pdf
7. https://agriculture.gouv.fr/french-tech-agri20-22-start-laureates-de-la-premiere-edition
8. Paru le 20 octobre 2022, Les Presses de SciencePo.
9. "L'agriculture familiale n'est qu'un moment dans l'Histoire", propos recueillis par Mathieu Robert, *Agra presse*, 12 octobre 2022.

CHAPITRE 2 – Bifurquer, comment ? (pages 249 à 293)

1. Sarah Vanuxem, *La Propriété de la terre, op. cit.*
2. *Ibid.*
3. Elinor Ostrom, *Governing the Commons: The Evolution of Institutions for Collective Action*, Cambridge University Press, 1990 ; traduction française : *Gouvernance des biens communs. Pour une nouvelle approche des ressources naturelles*, De Boeck, 2010.
4. Edgard Pisani, *Utopie foncière, op. cit.*
5. Gwenaëlle Mertz, *Les Offices fonciers, une "utopie foncière", d'après Edgar Pisani*, Agter, 2010.
6. *Contribution sur les communs et les ressources naturelles*, Agter, 2021.
7. *Six outils pour faire vivre les biens communs*, Reporterre, 2016.
8. "Interdépendances", intervention d'Isabelle Stengers lors de la rencontre organisée par la foncière Antidote à Aubervilliers le 12 novembre 2021.
9. Voir notamment le programme OneWater – Eau Bien commun, https://www.cnrs.fr/fr/cnrsinfo/leau-est-essentielle-et-doit-etre-consideree-des-lors-comme-un-bien-commun
10. *Lettre de Vachères à la jeune génération, op. cit.*
11. Voir notamment le projet stratégique 2021-2026 de la fédération : https://ressources.terredeliens.org/les-ressources/projet-strategique-federation-2021-2026 ; et la revue *Chemins de terre* n° 15, octobre 2022.

12. 20 septembre 2022, https://www.stripfood.fr/charles-pernin-synabio-la-bio-va-continuer-a-se-developper-car-elle-resonne-avec-les-defis-de-fond-de-notre-epoque/
13. Dans un communiqué publié en mars 2020 avec des ONG : “Pour un plan de transition sociale et écologique de notre agriculture : un million de paysan·ne·s pour répondre à l’urgence sociale et climatique” ; http://www.confederationpaysanne.fr/actu.php?id=9752
14. Agreste, mémento 2021 France, mars 2022.
15. Voir Maëla Naël, *Fermes collectives. Le guide (très) pratique*, éditions France agricole, 2022.
16. https://ressources.terredeliens.org/les-ressources/projet-strategique-federation-2021-2026
17. Voir *Chemins de terre* n° 15, qui consacre son dossier à cette question.
18. Fermes et réseaux mobilisés ensemble dans la transformation des systèmes ; https://umr-territoires.fr/projet_du_labo/ferments/
19. https://ressources.terredeliens.org/les-ressources/guide-de-la-propriete-fonciere-agricole-responsable
20. Notamment l’outil Parcel – voir ci-après – et un guide *Agir sur le foncier agricole, un rôle essentiel pour les collectivités locales*, 4e édition, février 2022, disponible sur le centre de ressources https://ressources.terredeliens.org
21. https://www.tni.org/files/publication-downloads/french_exeutive_summary_rootsofresilience_online.pdf
22. https://www.fao.org/family-farming/detail/fr/c/1197483/
23. https://agriculture.gouv.fr/pacte-et-loi-dorientation-et-davenir-agricoles-les-syntheses-des-propositions
24. https://www.lemonde.fr/idees/article/2023/05/21/proposition-de-loi-sur-la-ferme-france-l-objectif-du-texte-du-senat-n-est-pas-d-uvrer-pour-l-agriculture-francaise-mais-d-elargir-la-fenetre-d-overton_6174182_3232.html
25. https://reporterre.net/En-Auvergne-Rhone-Alpes-Wauquiez-entrave-l-installation-paysanne
26. Paru aux éditions du Seuil, mai 2021.
27. https://www.lemonde.fr/idees/article/2022/06/01/nous-avons-pour-objectif-d-installer-dans-les-campagnes-francaises-un-million-de-paysans_6128443_3232.html
28. https://securite-sociale-alimentation.org
29. Interviewé par *La Revue durable*, n° 67, été 2022.
30. Dans une publication du Grep intitulée “Agriculture, environnement et vie rurale”. Citations reprises dans la revue *Pour* n° 228, https://www.cairn.info/revue-pour-2015-4.htm

LISTE DES PERSONNES INTERVIEWÉES

André Boutteaud

GFA Marne : Antoine Bertin, Hervé Lapie

Larzac : Ghislaine Ricez

Lurzaindia, Pays basque : Maryse Cachenaut, Isabelle Capdeville, Johanne Foirien, Peio Iralour, Pantxika Maïtia, Myriam Pierrot, Arno Thicoïpe

Les Chants de la terre : Marie Balthazard, Guillaume Goepp, Agnès Keller, Étienne Meyer, Claude Sourice, Pauline Thomann

La ferme de la Houlette : Claudette Bonnin, Sébastien Lavau, Caroline Thomas

Relier : Paul Lacoste

Terre de Liens Bretagne : Nicolas Bihan, Véronique Conan, Delphine Leroux, Amélie Monès del Pujol

Terre de Liens foncière, fédération et fondation : Philippe Cacciabue, Matthieu de Cointet, Jérôme Deconinck, Benjamin Duriez, Delphine Fèvre, Constance Gard, Emmanuel Jaccaud, Vincent Jannot, Louise Klerlein, Sébastien Launais, Marion Maréchal, Stéphanie Marulier, Séverine Pellerin, Françoise Pruvost, Véronique Rioufol, Fabrice Ruffier, Elsa Vidon, Laurine Vouhé, Sjoerd Wartena, Émilie Wietzke.

BIBLIOGRAPHIE

Partie 1

Articles et rapports

Stéphanie Barral, Samuel Pinaud, "Les agriculteurs, maîtres tenaces de l'accès à la terre. Les impasses de la politique foncière française contemporaine", *Mouvements*, n° 84, 2015.

Stéphanie Barral, Samuel Pinaud, "Accès à la terre et reproduction de la profession agricole. Influence des circuits d'échange sur la transformation des modes de production", *Revue française de socio-économie*, n° 18, 2017.

Michel Boulet, "Évolution de l'agriculture française de 1918 à 1945", *Agriculture et milieu rural*, 2003.

Collectif, "L'accaparement des terres", dossier, Nature et Progrès, avril-mai 2020.

Cour des comptes, *Le Soutien à l'agriculture biologique*, rapport public thématique, évaluation de politique publique, juin 2022.

Frédéric Courleux, Dimitri Liorit, "De la tenure héréditaire à la protection du fermier", *Les Cahiers du pôle foncier*, n° 16, 2016.

Jean Gault, Sylvain Marty, Jean-Noël Menard et Jean-Marc Pringault, *Évaluation des mesures prises dans le cadre de la loi d'orientation agricole de 2006 pour faciliter la transmission des exploitations agricoles et le financement des facteurs de production par des capitaux extérieurs*, rapport, Conseil général de l'alimentation, de l'agriculture et des espaces ruraux, 2013.

Lisa Gauvrit, "Les lois d'orientation agricole de 1960 et 1962, à l'origine de la politique foncière actuelle", in Agter, *Les Politiques foncières agricoles de la France au XXe siècle*, juin 2012.

Robert Levesque, "La question foncière renouvelée : pour une alimentation durable de l'humanité et une souveraineté alimentaire européenne", *Cahier Demeter*, n° 15, 2015.

Robert Levesque, “La concentration des terres en France”, in Agter, *Accaparement des terres. Études de cas*, 2019.

Donella Meadows, Dennis Meadows, Jorgen Randers, William Berhens, *Les Limites à la croissance*, rapport, Club de Rome, 1972.

Catherine de Menthière, Patrick Falcone, Vincent Piveteau, Xavier Ory, *La Haie, levier de la planification écologique*, CGAAER, rapport n° 22114, avril 2023.

Michel Merlet, “Le statut du fermage, une expérience réussie de sécurisation des droits d'usage du sol des producteurs agricoles”, in Agter, *Les Politiques foncières agricoles de la France au* XXe *siècle*, 2012.

Michel Merlet, “La « politique des structures » en France : une capitalisation d'expérience”, in Agter, *Les Politiques foncières agricoles de la France au* XXe *siècle*, juin 2016.

Elsa Pibou, *Paysans de passage : les fermiers du mouvement Terre de Liens en France*, thèse, université de Toulouse le Mirail, 2016.

Terre de Liens, *État des terres agricoles en France*, rapport, 2022.

Livres

Antoine Béague, *Essai sur l'histoire de la propriété de la terre*, Terre de Liens, coll. “Arpenter”, 2019.

André Boutteaud, *Quelle agriculture pour demain ? Témoignage et réflexions*, La Nage de l'ourse, 2018.

Rachel Carson, *Printemps silencieux* [1962], Wildproject, 2020.

Lucile Leclair, *Hold-up sur la terre*, Seuil, 2022.

Edgard Pisani, *Un vieil homme et la terre. Neuf milliards d'êtres à nourrir. La nature et les sociétés rurales à sauvegarder*, Seuil, coll. “L'histoire immédiate”, 2004.

Dominique Potier, Pierre Blanc, Benoît Grimonprez, *La Terre en commun. Plaidoyer pour une justice foncière*, Fondation Jean-Jaurès, 2019.

François Purseigle, Geneviève Nguyen, Pierre Blanc, *Le Nouveau Capitalisme agricole. De la ferme à la firme*, Les Presses de SciencesPo, 2017.

Films et documentaires

Fabien Béziat, Agnès Poirier, *Nous, paysans*, Program 33, France Télévisions, TV5 Monde, 2021.

Partie 2

Articles et rapports

Association pour un avenir commun dans le bocage, *Un territoire environnemental habité. Contribution de l'Association pour un avenir commun dans le bocage à la construction d'un projet de territoire post-aéroport du Grand Ouest*, rapport, 2018.

José Bové, "La société civile des Terres du Larzac, une approche novatrice et originale de la gestion foncière des territoires ruraux", in Agter, *Les Politiques foncières agricoles de la France au XXe siècle*, 2002.

Pauline Chiron, *Analyser et valoriser les démarches d'accès collectif et solidaire au foncier*, Terre de Liens, 2019.

Collectif, *La Politique foncière agricole en France : l'essentiel des propositions d'Agter et de Terre de Liens*, synthèse, mars 2019.

Fédération Terre de Liens et Terre de Liens Bretagne, *Découvrir les GFA/SCI citoyens – 9 monographies*, Terre de Liens, 2019.

J.-C. Kroll, "Les politiques foncières agricoles en question", *La Revue foncière*, n° 14, 2016.

Christine Léger-Bosch, *Les Opérations de portage foncier pour préserver l'usage agricole*, thèse en sciences économiques, université de Grenoble Alpes, 2015.

Jean Le Monnier, "Terre de Liens : histoire de convergences", *Pour*, n° 220, 2013.

Ivan Logvenoff, "Lobbying et agriculture : qui sont les acteurs les plus influents", *Agra Presse*, 2022.

Réseau Coordination européenne Via Campesina, Hands Off the Land, *La Concentration et l'accaparement des terres et les luttes paysannes en Europe*, rapport, 2013.

Livres

Vincent Bretagnolle, Vincent Tardieu, *Réconcilier nature et agriculture*, CNRS éditions, 2021.

Collectif, *Agir sur le foncier agricole, un rôle essentiel pour les collectivités locales*, 4e édition, Terre de Liens, février 2022.

Collectif, Reprises de terres, "Ces terres qui se défendent", *Socialter*, hors-série, décembre 2022.

Perrine Dulac, Frédéric Signoret, *Paysans de nature*, Delachaux et Niestlé, 2018.

Bertrand Hervieu, Danièle Léger, *Le Retour à la nature*, Seuil, 1979.

Isabelle Stengers, *Réactiver le sens commun*, La Découverte, 2020.

Films et documentaires

Coraline Molinié, *Paysans sentinelles*, Real Productions, 2021.

Frédéric Tellier, *Goliath*, A Single Man Productions, 2022.

Partie 3

Articles et rapports

Gwenaëlle Mertz, *Les Offices fonciers, une "utopie foncière", d'après Edgard Pisani*, Agter, 2010.

Robert Levesque, *Contribution sur les communs et les ressources naturelles*, Agter, 2021.

Coline Sovran (dir.), *La Propriété des terres agricoles en France*, rapport, Terre de Liens, 2023.

Isabelle Stengers, "La résurgence des communs", transcription d'une intervention orale dans le cadre de la conférence *Résurgence Communes*, 2019.

Livres

David Bollier, *La Renaissance des communs. Pour une société de coopération et de partage*, éditions Charles Léopold Meyer, 2014.

Bertrand Hervieu, François Purseigle, *Une agriculture sans agriculteurs. La révolution indicible*, Les Presses de SciencePo, 2022.

L'Atelier paysan, *Reprendre la terre aux machines*, Seuil, 2021.

Augustin Lebon, *Résilience*, Casterman, 2017-2020.

Maëla Naël, *Fermes collectives. Le guide (très) pratique*, éditions France agricole, 2022.

Elinor Ostrom, *Gouvernance des biens communs. Pour une nouvelle approche des ressources naturelles*, De Boeck, 2010.

Edgard Pisani, *Utopie foncière*, Gallimard, 1977.

Véronique Rioufol, Ivan Mammana, Alisha Sesum, Fergal Anderson (dir.), *Des terres en commun ! Stratégies locales d'accès à la terre pour l'agriculture paysanne et l'agroécologie*, Nyéléni, 2020.

Stefano Rodotà, "Vers les biens communs, souveraineté et propriété au XXIe siècle", *Tracés*, hors-série n° 16, "Traduire et introduire", 2016.

Fabrice Ruffier, Thibaud Rochette (dir.), *Guide de la propriété agricole foncière responsable*, Terre de Liens, 2021.

Sylvain Runberg, Miki Montillo, *Nourrir l'humanité*, Delcourt, 2022.

Sarah Vanuxem, *La Propriété de la terre*, Wildproject, 2018.

Maëva Zumbiehl, *Vivre en collectif. Outils et retours d'expérience*, Ulmer, 2022.

Films et documentaires

Édouard Bergeon, *Au nom de la terre*, Nord-Ouest Films, 2019.

Hubert Charuel, *Petit paysan*, Domino Films, France 2, 2017.

Gabrielle Culand, *Sacrifice paysan*, Elephant Adventure et Arte France, 2022.

REMERCIEMENTS

Avec vous, cela a été possible

Mes premiers remerciements vont à ceux qui m'ont invitée sur le chemin de ce livre et qui m'ont mise en contact avec le mouvement Terre de Liens : Christophe et Chantalita, ainsi qu'à ceux qui m'ont accompagnée dans ce projet au long cours : Jérome, Nathalie, Aïté, Mathilde et l'équipe d'Actes Sud. Je suis profondément reconnaissante au mouvement Terre de Liens de son implication dans cette aventure qui m'a fait vivre une expérience d'écriture singulière, entre cheminement intérieur et processus collectif. Je remercie celles et ceux – fondateurs, salariés, bénévoles – qui ont apporté leurs contributions et leur regard critique. Ma reconnaissance va également aux fermiers Terre de Liens qui ont accepté de raconter leur histoire et m'ont fait confiance pour la transmettre dans ce livre, comme à chacune des personnes interviewées qui ont pris le temps de répondre à mes questions. Merci enfin à mon compagnon qui s'est montré un constant supporter tout au long de cette quête vers la terre comme bien commun.

CATALOGUE DU DOMAINE DU POSSIBLE

ÉDUCATION

… Et je ne suis jamais allé à l'école, André Stern, 2011.
La Ferme des enfants, Sophie Bouquet-Rabhi, 2011.
Ces écoles qui rendent nos enfants heureux, Antonella Verdiani, 2012.
Enseigner à vivre, Edgar Morin, 2014.
L'École du Colibri, Isabelle Peloux et Anne Lamy, 2014.
Libre pour apprendre, Peter Gray, 2016.
La paix ça s'apprend !, Thomas d'Ansembourg et David Van Reybrouck, 2016.
Jouer, André Stern, 2017.
Pourquoi j'ai créé une école où les enfants font ce qu'ils veulent, Ramïn Farhangi, 2018.
Guide du cerveau pour parents éclairés, Stéphanie Brillant, 2019.
Les Yeux dans les yeux, Sherry Turkle, 2020.
Dessine-moi un avenir, Rodrigo Arenas, Édouard Gaudot et Nathalie Laville, 2020.

ALIMENTATION

Manger local, Lionel Astruc et Cécile Cros, 2011.
Le Manuel de cuisine alternative, Gilles Daveau, 2014.
Poisons cachés ou plaisirs cuisinés, Gilles-Éric Séralini et Jérôme Douzelet, 2014, 2017.
À la recherche du pain vivant, Roland Feuillas et Jean-Philippe de Tonnac, 2017.
Ensemble pour mieux se nourrir, Frédéric Denhez et Alexis Jenni, 2021.
À la recherche du blé vivant, Roland Feuillas et Jean-Philippe de Tonnac, 2021.
Du bon sens dans notre assiette, Anthony Berthou, 2023.

AGRICULTURE ET PÊCHE

L'Agriculture biologique pour nourrir l'humanité, Jacques Caplat, 2012.

Le Manuel des jardins agroécologiques, Terre et humanisme, préface de Pierre Rabhi, 2012.

Changeons d'agriculture, Jacques Caplat, 2014.

L'Agroécologie, une éthique de vie, Pierre Rabhi, 2015.

Permaculture, Perrine et Charles Hervé-Gruyer, 2017.

Pour une révolution dans la mer, Didier Gascuel, 2019.

L'agroécologie peut vous sauver, Marc Dufumier et Olivier Le Naire, 2019.

Qui nourrit réellement l'humanité ?, Vandana Shiva, 2020.

Une agriculture qui répare la planète, Vandana Shiva, André Leu et Jacques Caplat, 2021.

Vers la sobriété heureuse, Pierre Rabhi, 2021.

La Ferme du rail, Clara et Philippe Simay, 2022.

Le Réensauvagement de la ferme à Knepp, Isabella Tree, 2022.

ÉCONOMIE, MANAGEMENT ET POLITIQUE

Le Syndrome du poisson lune, Emmanuel Druon, 2015, 2023.

Équicoaching. L'intelligence émotionnelle au cœur de l'entreprise, Jean-Paul Bérard, Arnaud Camus et Laurence Flichy, 2016.

Écolonomie, Emmanuel Druon, 2016.

Le Pouvoir de faire, Jack Lang et Patrick Bouchain, 2016.

Le Revenu de base, Olivier Le Naire et Clémentine Lebon, 2017.

Ces maires qui changent tout, Mathieu Rivat, 2017.

L'Économie symbiotique, Isabelle Delannoy, 2017.

Le Maire qui aimait les arbres, Jean Chalendas, 2017.

À mon allure, William Kriegel, 2018.

La Voie des paysans, Frans van der Hoff Boersma, 2019.

Écolonomie 2 : la transformation créatrice, Emmanuel Druon, 2020.

Libérer son entreprise, Pierre-Yves Antras, 2021.

Reconstruire sur les ruines du capitalisme, George Monbiot, 2021.

Demain, une Europe agroécologique, Xavier Poux et Pierre-Marie Aubert, 2021.
Quand écologie & économie font cause commune, Emmanuel Druon, 2023 (nouvelle édition d'*Écolonomie 2*).

ÉNERGIE

Manifeste négaWatt, Marc Jedliczka, Yves Marignac et Thierry Salomon, 2012, 2015.
Changeons d'énergies, Marc Jedliczka et Thierry Salomon, 2013, 2015.
Dieselgate, Karima Delli, avec Xavier Maurel, 2019.

INITIATIVES DE LA SOCIÉTÉ CIVILE

Éloge du génie créateur de la société civile, Pierre Rabhi, 2011.
(R)évolutions, Lionel Astruc, 2012, 2014.
Pierre Rabhi, semeur d'espoirs, Olivier Le Naire et Pierre Rabhi, 2013.
Vandana Shiva. Pour une désobéissance créatrice, Lionel Astruc, 2014.
Les Incroyables Comestibles, Pam Warhurst et Joanna Dobson, 2015.
Demain. Un monde nouveau en marche, Cyril Dion, 2015, 2018.
Le Pouvoir d'agir ensemble, ici et maintenant, Rob Hopkins et Lionel Astruc, 2015.
Le Cercle vertueux, Nicolas Hulot et Vandana Shiva, entretiens avec Lionel Astruc, 2018.
Petit manuel de résistance contemporaine, Cyril Dion, 2018.
Coffret *Manifeste* et *Plaidoyer pour la Terre*, Pierre Rabhi et Sabah Rahmani, 2019.
Paroles des peuples racines, Sabah Rahmani, 2019.
Les Médias, le monde et nous, Anne-Sophie Novel, 2019.
François Sarano, réconcilier les hommes avec la vie sauvage, Coralie Schaub, 2020.
Imaginer le monde de demain, Gilles Vanderpooten, 2020.
Vers un numérique responsable, Vincent Courboulay, 2021.
L'Avenir de Terre-Patrie, collectif sous la direction d'Alfredo Pena-Vega, 2021.

Passage délicat, Pierre Leroy, 2021.
Animal, Cyril Dion, 2021.
Pour une politique culturelle renouvelée, Bernard Latarjet et Jean-François Marguerin, 2022.
2030 Glorieuses, Julien Vidal, 2022.
Algocratie, Arthur Grimonpont, 2022.
La Ville stationnaire, Philippe Bihouix, Clémence de Selva et Sophie Jeantet, 2022.
Reliance. Manuel de transition intérieure, Michel Maxime Egger, Tylie Grosjean et Elie Wattelet, 2023.

ÉCOLOGIE ET BIODIVERSITÉ

Du bon usage des arbres, Francis Hallé, 2011.
Plaidoyer pour l'herboristerie, Thierry Thévenin, 2013.
La Biodiversité, une chance, Sandrine Bélier et Gilles Luneau, 2013.
Earthforce, capitaine Paul Watson, 2015.
Arne Næss. Pour une écologie joyeuse, Mathilde Ramadier, 2017.
Le Syndrome de l'autruche, George Marshall, 2017.
Drawdown. Comment inverser le cours du réchauffement planétaire, Paul Hawken, 2018.
Renaissance écologique, Julien Dossier, 2019.
Marseille ville sauvage, Baptiste Lanaspèze, 2020.
Raviver les braises du vivant, Baptiste Morizot, 2020.
Océan plastique, Nelly Pons, 2020.
L'Utopie et la vie !, Sabrina Delarue et Joël Labbé, 2023.

MÉDECINE, NAISSANCE ET PRÉPARATION À L'ACCOUCHEMENT

Mère et père en devenir, Esther Wiedmer, 2015.
Pour une grossesse et une naissance heureuses, Magali Dieux, Patrice Van Eersel et Benoît Le Goëdec, 2015.
Bougez, faites confiance à votre dos !, Marc Picard, 2018.
Artemisia. Une plante pour éradiquer le paludisme, Lucile Cornet-Vernet, avec Laurence Couquiaud, 2018.

Le Pouvoir du lien, Hélène Viruega-Bogros et Manuel Gaviria, 2020.

L'Incroyable Pouvoir du souffle, Stéphanie Brillant, 2021.

Revivre. 12 étapes pour sortir de l'addiction, Philippe Cavaroz et Michel Henry, 2022.

L'Incroyable Pouvoir de l'amour, Stéphanie Brillant, 2022.

Ouvrage réalisé par Nord Compo
Achevé d'imprimer en août 2023
par Normandie Roto Impression s.a.s. 61250 Lonrai
pour le compte des éditions Actes Sud
Le Méjan
Place Nina-Berberova
13200 Arles

Dépôt légal : septembre 2023
N° d'impression : 2302209
(Imprimé en France)